함께 사는 세상 함께 하는 교회

기독교협동조합

| 이현웅 著 |

Living together Sharing together
Understanding Christian
Cooperative

쿰란출판사

이 저서는 2017년 정부(교육과학기술부)의 재원으로
한국연구재단의 지원을 받아 수행된 연구임(NRF~2017S1A6A4A01018876)

함께 사는 세상 함께 하는 교회

기독교협동조합

| 이현웅 著 |

쿰란출판사

This work was supported by the National Research Foundation of Korea
Grant funded by the Korean Government (NRF-2017S1A6A4A01018876)

Living together Sharing together

Understanding Christian Cooperative

| Hyun Woong Rhee, Th. D. |

Professor of Worship and Preaching

Hanil University & Presbyterian Theological Seminary

Jeonju, Korea

 서언

한국교회는 지금 심각한 위기에 직면해 있다. 그러나 더 큰 문제는 그 위기를 극복하기 위한 확실한 대안을 찾지 못하고 있다는 데 있다.

특별히 한국교회는 그 동안 교회 자체에 대한 활동(사역)은 열심히 했지만, 한국 사회가 처한 상황들에 대해서는 적극적 관심을 갖지 못했다. 그 결과, 교회는 사회로부터 더욱 멀어지게 되었고, 교회의 위기는 더욱 심화되고 있다.

이제 한국교회는 우리가 처한 사회에 더욱 관심을 갖고, 지역사회와 함께해야 한다. 지역사회의 문제가 무엇인지, 교회는 지역사회를 위해서 무엇을 할 수 있는지를 고민하면서, 교회는 이 일에 적극적으로 참여해야 한다. 교회는 더 이상 지역사회와 분리된 조직이 아니라 교회 역시 지역사회의 일원이라는 공동체 의식을 가져야 한다. 이제 교회는 자신의 교회를 살리는 일에만 매달릴 것이 아니라 교회가 지

역사회를 살림으로써 교회 또한 함께 살 수 있다는 공존공생(共存共生)의 사실을 분명히 인식해야 한다.

직설적인 표현을 하자면 지역사회가 죽으면 교회도 죽는다. 지역사회 없이 교회는 이 땅에 홀로 존재할 수 없고, 존속이 가능하지도 않다. 이 시대 교회는 최소한 자신을 위해서라도 지역사회에 적극 관심을 가지고, 그 일에 최선을 다해 참여해야 한다.

특별히 지금 한국 사회의 상황도 심각하기는 마찬가지다. 신자유주의로 인한 부의 집중, 경제적 불평등, 빈부격차의 심화 등으로 인해서 한국 사회 역시 위기의 국면에 처해 있다. 지금 협동조합은 이런 사회적 문제들을 해결하기 위한 하나의 대안으로 등장하였다. 그리고 현재 협동조합운동은 우리나라뿐만 아니라 전 세계적으로 광범위하게 확산되어 가고 있다. 이제는 지나친 경쟁이 아니라 인류는 함께 협동(協同)하고, 그 협동을 통해서 상생(相生)할 수 있어야 한다는 자각이 이런 결과를 가져온 것이다.

본서는 이런 상황들을 고려하면서, 오늘 한국교회에 목회의 한 대안으로서 협동조합을 소개하고자 하는 목적으로 저술한 것이다. 교회 역시 세상의 변화에 주목해야 한다. 그리고 그런 상황에서 교회는 무엇을 할 수 있는가를 고민하고, 마땅히 '세상의' 빛과 소금으로서 자신의 사명을 다할 수 있어야 한다. 그렇게 함으로써 한국교회는 이 땅에 하나님의 나라를 실현하고, 더 나은 미래, 더 나은 세상을 함께 만들어 나갈 수 있을 것이다.

본서는 기독교협동조합에 관한 국내 최초의 저술이다. 일반 협동조합에 관한 책들은 상당히 출간되어 있지만, 기독교협동조합에 관한 책은 찾아볼 수 없었는데, 마침 정부(한국연구재단)의 지원으로 본서를 출간할 수 있어서 감사할 따름이다. 이 책은 기독교협동조합에

관한 개론적인 책이기 때문에 이를 계기로 앞으로 이 분야에 대한 더 많은 연구가 이루어지기를 기대해 본다. 그리고 한국교회와 기독교협동조합의 발전에 밑거름이 되었으면 하는 마음 간절하다.

2021년 4월
고덕산 기슭에서
이 현 웅

목차

서언 · 6

1부 _ 세상을 바꾸는 협동조합

1장 협동조합이란 무엇인가

1. 왜 협동조합인가 · 17
2. 협동조합의 정의 · 19
    1) 협동조합의 정의와 가치 · 21
    2) 협동조합의 특징: 영리회사와의 차이 · 26
    3) 협동조합의 가치 · 28
3. 협동조합의 원칙 · 29
4. 협동조합의 유형 · 39

2장 협동조합의 역사

1. 세계 협동조합의 역사 · 45
    1) 협동조합의 선구자들 · 46
    2) 협동조합의 출발과 발전 · 51
    3) 국제 협동조합운동의 결실: 국제협동조합연맹(ICA) · 60
2. 한국의 협동조합 · 62
    1) 근대 협동조합의 태동(일제 강점기) · 63
    2) 협동조합의 초창기 · 65
    3) 자율적 민간협동조합의 정착과 발전 · 69

II부 _교회·목회·협동조합

3장 성서와 협동조합

1. 성서와 협동, 그 신학적 근거 · 75
   1) 삼위일체 하나님의 협동 · 76
   2) 협동하는 존재로서의 인간 창조 · 78
   3) '그리스도의 몸'으로서의 교회 공동체 · 80
2. 구약 속의 협동 공동체 · 83
   1) 구약의 지파 공동체 · 84
   2) 출애굽 공동체 · 86
   3) 포로 귀환 후의 예루살렘 재건 공동체 · 91
3. 신약의 협동 공동체 · 93
   1) 예수 그리스도의 제자 공동체 · 93
   2) 사도행전의 유무상통 공동체 · 96

4장 실천 현장으로서의 교회에 대한 이해

1. 교회란 무엇인가 · 100
   1) 교회의 정의 · 100
   2) 교회의 특성 · 107
2. 교회의 임무: 교회, 무엇을 하는가 · 112
   1) 예배하는 공동체로서의 교회 · 113
   2) 선교하는 공동체로서의 교회 · 115
   3) 교육하는 공동체로서의 교회 · 116
   4) 봉사하는 공동체로서의 교회 · 117
   5) 친교하는 공동체로서의 교회 · 118
3. 교회와 세상: 세상의 빛과 소금으로서의 교회 · 119

5장 목회와 협동조합

1. 목회의 변혁, 시대적 요청 · 124
2. 목회는 무엇인가: 목양(牧羊)—목회(牧會)—목민(牧民) · 126
3. 한국교회 목회 현장의 위기 · 132
   1) 교회 밖의 환경 · 133
   2) 교회 안에서 일어나는 풍랑들 · 135
   3) 맛을 잃은 소금 · 136
4. 전환기에 선 한국교회 목회 패러다임의 변화와 지역사회 섬김을 위한 실천 · 137
   1) 목회 패러다임의 변화 · 138
   2) 지역사회 섬김을 위한 미래 목회 실천 방안 · 143
5. 한국교회 목회 실천의 한 대안으로서의 협동조합 · 150
   1) 목민목회(牧民牧會): 지역사회를 위한 목회 · 150
   2) 교회 공동체성의 회복 · 152
   3) 협동조합을 통한 교회의 사회적 기여 · 153
   4) 선교적 교회(missional church) 실현 · 158
6. 세상을 위한 교회, 세상을 위한 목회 · 159

III부 _ 기독교협동조합의 역사와 전망

6장 교회사 속에 일어난 협동 공동체

1. 중세 수도원 공동체 · 166
   1) 동방교회의 수도원 · 166
   2) 서방교회의 수도원 · 169
2. 종교개혁 후 등장한 근대 기독교 공동체 운동 · 173
   1) 재세례파 계열의 공동체: 후터라이트, 메노나이트, 아미쉬 · 174
   2) 퀘이커 공동체 · 184
   3) 모라비안 공동체 · 187
3. 20세기 이후 현대 개신교 공동체 운동: 떼제 공동체와 라브리 공동체 · 189

7장 기독교협동조합의 역사와 발자취

1. 유럽의 기독교협동조합 · 194
   1) 영국: 기독교 정신이 깃든 협동조합의 출발 · 195
   2) 프랑스: 기독교(가톨릭) 신앙 위에 세운 생산자협동조합 · 201
   3) 독일: 기독교(루터교) 정신 위에 세운 신용협동조합 · 204
   4) 덴마크: 농업협동조합 · 208
   5) 이탈리아: 사회적 협동조합 · 211
   6) 스페인: 협동조합의 새 역사 몬드라곤 · 214
2. 북미 지역의 기독교협동조합 · 218
   1) 캐나다: 가톨릭 신앙과 신용협동조합 · 219
   2) 미국: 사회적 그룹 중심의 협동조합 · 223
3. 아시아 지역의 기독교협동조합(일본) · 228

8장 한국교회 협동조합의 역사

1. 한국 개신교 협동조합의 역사 · 234
   1) 일제 강점기 개신교 협동조합운동 · 235
   2) 1950년대 이후 개신교 협동조합 · 239
   3) 1980년대 이후 최근의 개신교 협동조합 · 252
2. 한국 가톨릭교회의 협동조합 · 256
   1) 한국 최초의 신용협동조합 · 257
   2) 가톨릭 원주교구를 중심으로 한 협동조합운동 · 259
   3) 임실 지역을 중심으로 한 지정환 신부의 협동조합운동 · 262

9장 함께 사는 세상 함께 하는 교회

1. 한국 사회에 대한 전망 · 268
2. 미래의 한국교회 · 281
3. 협동조합의 미래 · 289

마치면서_ 변화하는 사회 변화해야 할 교회 · 304
참고문헌 · 308

1부

세상을 바꾸는 협동조합

1장 협동조합이란 무엇인가

1. 왜 협동조합인가
2. 협동조합의 정의
3. 협동조합의 원칙
4. 협동조합의 유형

2장 협동조합의 역사

1. 세계 협동조합의 역사
2. 한국의 협동조합

1장
협동조합이란 무엇인가

교회가 협동조합을 알아야 하는가? 교회가 협동조합을 해야 하는가? 교회는 순수하게 복음을 전하는 일에 전념하는 것이 교회가 해야 할 일이 아닌가?

물론 교회는 복음을 전하는 일을 최우선으로 한다. 그러나 교회가 복음을 전하는 방법에 있어서는 어느 한 가지만을 고집해서는 안 된다. 복음은 하나이되 그것을 전하는 방법은 다양해야 한다. 복음 전도는 개인과 개인을 통해서 이루어지기도 하지만, 또 한편으로는 사회적 참여를 통해서 더 큰 복음의 사역을 수행할 수 있다는 것도 인식해야 한다.

복음 전파와 함께 교회는 자신이 속한 사회에 대하여 책임을 진다. 자신이 속한 사회의 상황과 변화들, 그 사회가 속한 문제들을 보면서, 교회는 거기서 자신이 해야 할 사명이 무엇인가를 찾고 마땅히 그 일에 동참해야 한다.

협동조합은 오늘 우리 사회의 중요한 움직임이요 현상이 되고 있다. 그것 역시 우리 사회가 안고 있는 상황과 문제들과 관련하여 등장한 것이다. 즉 20세기 후반 자본주의 사회가 안고 있는 심각한 문제와 부작용들을 목격하면서, 세상은 협동조합에 다시 관심을 갖고 자본주의의 한 대안으로 협동조합운동을 전개하고 있는 것이다.

교회 역시 이런 상황을 헤아리고, 그것이 오늘 우리 세상에 의미하는 것이 무엇인지, 그리고 우리 교회에 의미하는 바는 무엇인지를 바로 이해하고, 교회 현장에서 이를 적용할 수 있는 길을 찾아야 한다.

1. 왜 협동조합인가

한 사회가 선택한 체제나 제도는 거기에 속한 모든 구성원의 삶을 지배하거나 지대한 영향을 미치게 된다. 현재 세계 대부분 나라는 자본주의라는 경제 체제를 받아들인 후 그것을 계속 유지하고 있다.

자본주의는 인류 역사에서 여러 가지 기여한 점들이 많다. 경쟁을 통한 산업의 발전과 경제적 성장 등은 우리 사회를 보다 풍요롭고 윤택하게 하는 결과를 가져오도록 했고, 오늘의 인류가 그 혜택을 크게 누리고 있음 또한 부인할 수 없다. 그러나 20세기 후반으로 접어들면서 세계는 자본주의가 갖는 모순과 문제점들을 보게 되었고, 그로 인한 심각한 사회적 문제들로 인해 큰 고민에 빠지게 되었다. 신자유주의로 대표되는 20세기 말의 자본주의는 무한경쟁(無限競爭)으로 말미암은 약육강식(弱肉强食)과 승자독식(勝者獨食)의 시장, 소득의 불평등으로 인한 부의 집중과 그로 인한 빈부격차와 경제적 양극화, 고용시장의 불안, 인간의 탐욕과 자원의 낭비, 반복되는 금융위기로 말미암은 개인과 국가의 불안 증대(자산시장의 불안정성) 등 심각한 문제점들을 드러내고 있다. 이러한 현상에 대하여 『자본주의를 넘어』(After Capitalism)의 저자인 다다 마헤슈와라난다(Dada Maheshvarananda)는 "글로벌 자본주의는 회복 불가능한 채로 죽어가는 병환 상태에 있다."[1]고까지 지적하고 있다.

자본주의는 '경쟁'과 '협동'이라는 두 개의 수레바퀴가 제대로 굴러가야 하지만, 그동안의 세계 자본주의 시장은 오직 경쟁에 몰두하였고, 그 결과 경제적 성장과 부의 열매는 소수의 사람만이 고스란히 향유하도록 만들었다. 그리고 나머지는 그들이 남긴 부스러기를 가지고 다시 경쟁을 해야 하는 악순환이 지금 반복되고 있다.[2]

협동조합 분야의 세계적 학자인 이탈리아의 스테파노 자마니(Stefano Zamagni) 교수는 이런 현상을 보면서, 자본주의가 "산업화를 거치는 오랜 기간 동안 경쟁이 협동보다 더욱 큰 역할"[3]을 하게 되었기 때문이라고 분석하고 있다. 그러면서 그는 계속하여 지금은 산업화 시대가 아니라 '탈산업화'의 시기라는 것을 강조하면서, 이제는 경쟁이 아닌 협동의 시기가 왔음을 인식하고 이에 대해 대비를 해야 할 것이라고 주장한다.[4]

협동조합은 이런 시대적 흐름과 깊은 연관을 갖는다. 물론 협동조합은 몇백 년의 역사를 갖고 있지만, 최근 한국뿐만 아니라 전 세계적으로 협동조합이 다시 주목을 받는 이유는 오늘의 시대적 상황과

---

1) Dada Maheshvarananda, *After Capitalism*, 다다 첫따란잔아난다 역, 『자본주의를 넘어』(서울: 한살림, 2014), 37.
2) 대표적으로 2011년 미국 뉴욕에서 일어난 "월가를 점령하라!"(Occupy Wall Street!)는 시민들의 시위는 "상위 1% 부유층의 탐욕 때문에 99%의 사람들이 정당한 몫을 받지 못하고 있다."라는 사실을 상기토록 하였다.
3) Stefano Zamagni and Vera Zamagni, *La Cooperazone*, 송성호 역, 『협동조합으로 기업하라』 (서울: 한국협동조합연구소, 2013), 14.
4) 위의 책, 15.

긴밀한 관계가 있기 때문이다. 무엇보다 협동조합은 자본주의 시장경제 체제에서 그것이 갖는 문제점을 극복하고 해결하는 하나의 대안이 될 수 있다는 점에서 지대한 관심의 대상이 되고 있다.

이런 시대적 상황과 배경 속에서 협동조합에 대한 기본적인 이해와 새로운 인식을 갖는 것은 매우 중요한 일이 될 것이라 본다. 따라서 본 장에서는 먼저 협동조합에 대한 이해를 위해 협동조합이 무엇인지 그 정의와 함께 협동조합의 원칙, 그리고 협동조합에는 어떤 유형들이 있는지를 개괄적으로 살펴보려고 한다.

2. 협동조합의 정의

협동조합은 자본주의 사회에서 살고 있는 다양한 사람들이 서로 협동함으로 말미암아 보다 나은 삶과 사회를 만들려는 데 그 뜻이 있다. 협동조합은 인간 존중의 바탕에서 이루어지는 협동을 통하여 인격적인 평등과 경제적 지위 향상을 목적으로 하며, 이를 위해 상부상조(相扶相助), 자주(自主), 자조(自助), 자립(自立)을 실천해 나가는 것이다.[5]

그러면 협동조합 사상은 어디로부터 비롯되는 것인가? 이에 대하여 독일학자인 헬무트 파우스트(Helmut Faust)는 협동조합 사상이 "사회적 존재인 인간이 개인의 힘으로는 달성하기 어려운 경제적, 사회적, 문화적 목적을 협동적 활동을 통해서 성취하려는 자연스러운 본능으로부터 시작된다."[6]고 말하고 있다. 우리가 잘 알고 있는 "뭉치면

---

5) 농협대학교 협동조합경영연구소 편, 『협동조합학원론』(서울: 청목출판사, 2013), 18.
6) Helmut Faust, *Ursprung und Aufbruch der Genossenschaftbewegung*(1958), 임영선, 『협동

살고, 흩어지면 죽는다."라는 말은 인간의 협동이 갖는 자연적 힘과 효과를 가장 적절하게 표현해 주는 것이라 하겠다. 근대 신용협동조합의 효시라고 할 수 있는 슐체델리치(Schulze-Delitzsch) 협동조합도 이런 협동의 중요성을 반영하여 자신들의 구호를 "일인은 만인을 위하여, 만인은 일인을 위하여"(Einer für alle, alle für einen)[7]라고 정하였다.

그러면 먼저 협동이란 의미는 무엇인가를 살펴보도록 하자. 협동은 한자로 '協同'이라고 하는데, '協'은 '여럿' 또는 '무리'를 의미하는 '十'(십) 자와 "셋이 힘을 합하다"는 '劦'(협) 자로 되어 있는데, 이것은 곧 "여럿이 힘을 합한다"는 의미라고 하겠다. 그리고 '同'은 "일정한 장소에 사람(口)이 모이다"라는 의미로 "같게 하다, 하나로 합하다"의 뜻을 갖는다. 그러므로 협동이란 "여러 사람이 하나로 힘을 합하는 것"이라고 해석할 수 있을 것이다. 참고로 협동에서 '협' 자를 '協' 대신에 '恊'으로도 쓰는데, '忄' 자는 마음을 나타내는 것(心)으로 이것은 "마음과 힘을 합하다"라는 의미가 된다. 그러므로 협동을 恊同으로 표기를 한다면 그것은 "여러 사람이 마음과 힘을 하나로 합하는 것"이라고 말할 수 있겠다.

영어에서 '협동하다'라는 단어는 cooperate인데, 이는 접두사 co(com-)와 operate의 합성어이다. 즉 cooperate는 "함께, 상호 간에, 서로, 공동으로"(together, mutually, in common)를 의미하는 co(라틴어 com- 또는 cum-에서 유래)와 "일하다, 노동하다, 수고하다, 전력하다"(work, labor, toil, take pains)를 뜻하는 operate(라틴어 operari에서 유

조합의 이론과 현실』(서울: 한국협동조합연구소, 2014), 23에서 재인용.
7) 이 말은 원래 라틴어 "Unus pro omnibus, omnes pro uno"(One for all, all for one)에서 유래한 것이다.

래)가 합성된 것으로, "함께 일하다, 서로 수고하다, 공동으로 노동하다" 등의 의미가 있다.

협동조합은 본디 개개인의 약자들로부터 출발한 것이다. 기업주나 거대 자본에 맞서 힘없고 자본이 취약한 사람들이 모여 협동을 통해 경제적 이익을 창출하고 결과적으로 자신들의 지위를 향상하도록 한 것이 협동조합의 기본 취지요 목적이었던 것이다. 그런 의미에서 "협동조합은 사회경제적 약자들이 협동해 자본의 지배에 대항하여 사회경제적 지위 향상을 도모하는 것이며, 방법상 자본의 지배를 배격하고 인간 중심을 실천하는 것이다."[8] 그러나 협동조합은 여기서 머무르지 않고, 즉 조합원들의 경제적 자립이나 지위 향상에서 한 걸음 더 나아가 자신이 속한 사회의 구조나 제도의 개혁까지 지향한다는 점에서 사회적 책임도 함께 하고 있다.

1) 협동조합의 정의와 가치

그러면 협동조합은 어떻게 정의할 수 있는가?
먼저 1987년 미국 농무부(USDA, United States Department of Agriculture)가 미국 의회에 제출한 보고서에서는 협동조합을 다음과 같이 정의하고 있다.

협동조합은 그것을 이용하는 사람들에 의해 소유되고 통제되며, 이용자의 이용 규모에 따라서 그 이익을 배분하는 하나의 사업체

---

8) 정재돈, "왜 협동조합인가?", 「사목정보」 제5권 10호(2012. 10), 107.

(business)이다.[A cooperative is a business that is owned and controlled by the people who use its services and whose benefits (services received and earnings allocations) are shared by the users on the basis of use.]

미국 농무부의 정의에 따르면 협동조합은 '이용자 소유 회사', 즉 협동조합의 사업을 이용하려는 사람들이 출자하여 만든 사업체이다. 따라서 협동조합의 조합원(member)은 이용자인 동시에 소유자가 되는 것이다. 그러나 협동조합의 조합원은 투자 이익이 아니라 사업 이용에 따른 편익을 추구하기 위해서 협동조합에 참여한다는 것이 다른 영리 사업체와 다른 점이다.[9] 즉 이들은 협동조합을 통해 많은 이익을 남겨 그 이익을 나누려는 데 우선적인 목적이 있는 것이 아니라, 조합원들이 필요로 하는 사업을 공동으로 하여 조합원의 필요를 채우려는 데 첫째 목적이 있다. 그러므로 협동조합은 원칙적으로 '원가경영'을 기본으로 하여 최소한의 이익을 남기도록 한다.[10]

미국 농무부의 '협동조합에 대한 정의' 이후, 오늘날 세계적으로 협동조합에 관해 가장 보편적으로 받아들여지고 있는 정의는 1995년 국제협동조합연맹(ICA, International Cooperative Alliance)[11]에 의해서 만들어진 것이다. 1995년 국제협동조합연맹은 "협동조합의 정체성에 관한 ICA 성명"(The ICA Statement on Cooperative Identity)[12]이라는 문서를 발표하게

---

9) 임영선,『협동조합의 이론과 현실』, 67.
10) 서울시 협동조합 상담센터,『협동조합 이해하기』(서울: 서울시 협동조합 상담센터, 2013), 4.
11) 1895년에 창설된 국제협동조합연맹은 협동조합사업을 세계적으로 보급하고, 조합원의 이익을 도모하기 위해 활동하는 국제적 기구로 현재 스위스 제네바에 본부를 두고 있다.
12) 1995년 ICA가 작성한 협동조합의 정체성에 관한 문서(the State on the Co-operative Identity)에는 협동조합의 정의(definition), 협동조합의 가치(value), 그리고 협동조합의

되는데, 여기서는 협동조합에 대한 정의를 다음과 같이 내리고 있다.

> 협동조합은 공동 소유와 민주적 운영을 하는 사업체를 통해서 자신들의 공통된 경제적, 사회적, 문화적 필요와 열망을 달성하기 위해 자발적으로 결성된 사람들의 자율적 조직체(결사체)이다.(A co-operative is an autonomous association of persons united voluntarily to meet their common economic, social, and cultural needs and aspirations through a jointly-owned and democratically-controlled enterprise.)

위의 정의를 보면 먼저 협동조합은 그 본질상 "자치(자율)적인 조직체"(또는 결사체, an autonomous association)라는 점이다. 즉 협동조합은 어떤 공통의 목적이나 관심을 가진 사람들이 자발적으로 모여서 만들게 된다는 측면에서 정부의 조직이나 기타 민간 기업들과 구분되는 것이다. 그러므로 협동조합은 거기에 대한 구성원들의 참여도 자발적일 뿐만 아니라 그것을 운영하는 것 역시 구성원들에 의해 자치(자율)적으로 이루어지게 된다.[13] 협동조합은 어떤 의무나 강제에 의한 조직이 아니라, 구성원들의 자발성과 자율성에 근거한다는 점에서 다른 조직과 본질적 차이를 갖는 것이다.

둘째로 협동조합의 주체가 누구인가 하는 점이다. 국제협동조합연맹은 이 점에 있어서 "자발적으로 결성된 사람들"(persons united voluntarily)이라고 명시하고 있다. 다시 말하면 그 조합의 공동 목표에 뜻을

일곱 가지 원칙(principle)들에 관한 내용을 담고 있다.
13) 김기섭, 『깨어나라 협동조합: 더 좋은 세상을 만드는 정직한 노력』(경기도 파주: 도서출판 들녘, 2013), 89~93.

같이하여 자발적으로 참여하는 조합원들이 협동조합의 주체가 된다는 말이다. 이에 대해 김기섭은 "협동조합은 돈이나 권위가 아닌 사람이 주체인 조직이고, 그 사람은 협동조합에 자발적으로 결합하여 협동조합을 자율적인 결사체가 되게 하는 조합원이며, 협동조합의 주권은 그런 조합원에게 있다는 의미"라고 설명하고 있다.[14]

셋째로 협동조합의 목적이 무엇인가 하는 점이다. 국제협동조합연맹의 정의에서 협동조합의 목적은 "공통된 경제적, 사회적, 문화적 필요와 열망을 달성하기 위해서"(to meet their common economic, social, and cultural needs and aspirations)라고 언급하고 있다. 즉 협동조합은 거기에 참여하는 모든 조합원이 필요로 하는 경제적 사회적 문화적인 면들을 충족하고, 또한 그들이 이루기를 원하는 열망(꿈과 목표)을 달성하기 위해서 존재하는 것이다. 초기 협동조합은 대부분 경제적 약자들이 어떤 경제적 목표를 충족하기 위해서 출발하였었다. 그러나 오늘의 협동조합은 이런 차원을 뛰어넘어, 조합원들이 더욱 넓은 삶의 영역으로 그 목표를 확대하고 있음을 보게 된다.

넷째로 협동조합의 운영 방식이다. 국제협동조합은 협동조합을 운영하는 데 있어서, 반드시 "공동 소유와 민주적 운영"(a jointly-owned and democratically-controlled)이 되어야 함을 명시하고 있다. 즉 협동조합은 조합원들에 의해 공동으로 소유되어야 하고, 그 운영은 조합원 전체가 참여하는 민주적 방식으로 이루어져야 한다는 것이다. 협동조합은 주식회사처럼 소수의 일부 투자자들만이 소유하는 것이 아니고, 조합원 전체가 공동으로 투자하여 소유하는 기업이며, 조합의 운영 역시 모든 조합원이 동등한 자격을 가지고 참여하여 운영하는 민

---

[14] 위의 책, 95.

주적 사업체라는 것이다.

끝으로 협동조합의 성격에 관한 것이다. 협동조합은 사업체(enterprise)라는 점에서 영리적인 특성을 갖는다. 즉 협동조합은 그 조합의 목적을 달성하기 위해 특정한 사업을 하며, 그 사업을 통해서 일정한 이익을 발생케 한다는 측면에서 하나의 기업과 같은 것이다. 그러나 협동조합이 일반 영리 기업과 다른 점은 투자자들의 이익을 위해서가 아니라 이용하는 조합원들의 이익을 위해서 사업을 한다는 것이다. 그러므로 협동조합은 이윤을 극대화하는 데 첫째 목적이 있는 것이 아니고, 조합원들이 최소한의 비용으로 조합을 이용할 수 있도록 하여 그 비용을 절감하도록 하는 데 도움을 주는 기업이다.

한국에서는 2012년 12월 1일 협동조합기본법이 제정 시행됨으로써 협동조합 사업이 보다 체계적으로 본격화되기 시작하는데, 여기서는 협동조합에 대한 정의를 다음과 같이 하고 있다.

> "협동조합"이란 재화 또는 용역의 구매, 생산, 판매, 제공 등을 협동으로 영위함으로써 조합원의 권익을 향상하고 지역사회에 공헌하고자 하는 사업조직을 말한다.(협동조합기본법 제2조 1항)

한국에서 제정된 협동조합기본법에 따르면, 협동조합은 그 운영 방식에 있어서 재화 또는 용역의 구매, 생산, 판매, 제공 등을 협동으로 영위하게 된다고 한다. 이는 협동조합의 기본 정신과 원리인 '협동을 통한 소유와 운영'을 그대로 따르는 것이라고 하겠다.

둘째로 한국 협동조합기본법에서는 협동조합의 목적을 두 가지로 기술하고 있는데, 조합원의 권익 향상과 지역사회에 대한 공헌이 그것이다. 일반적으로 협동조합은 그 조합을 구성하는 조합원들의 권익을 위하는 것이 가장 우선된 목적이다. 그러나 이를 더욱 확대하여 협동조합의 목적을 지역사회에 대한 공헌으로까지 넓힌 것은 매우 의미 있는 진전이라고 하겠다.

끝으로 한국 협동조합기본법은 협동조합의 성격을 사업조직으로 규정함으로써 사실상 영리 기업의 한 형태로 간주하고 있다. 그러나 협동조합을 '영리법인'으로만 명시하지 않고, 일반 법인으로 봄으로써 협동조합의 비영리적 성격을 반영하고 있다고 하겠다.[15]

2) 협동조합의 특징: 영리회사와의 차이

협동조합에 대한 보다 정확한 이해를 위해 협동조합과 영리회사(주식회사)의 차이점들을 간단히 살펴보면, 먼저 소유권에 있어서 영리회사는 '투자자(주주)의 소유 기업'인 데 비해서 협동조합은 사업 이용자가 출자하여 소유하는 '이용자 소유 기업'이라는 점이다. 따라서 주식회사는 투자자, 즉 주주의 이익을 극대화하기 위해서 사업을 운영하게 된다. 그러나 협동조합은 주주가 아닌 협동조합의 이용자, 즉 조합원의 이익을 극대화하기 위해서 사업을 운영한다.[16] 협동조합은 '투자자 소유 회사'인 영리회사와 달리 '이용자 소유 회사'라는 독특한 소유권 제도를 가지고 있는 것이 가장 큰 차이라고 하겠다.

둘째로 통제권(의사결정권)과 관련하여 주식회사는 자본이 중심이므로 '1주 1표'의 의결권을 가지지만, 협동조합은 출자액과 관계없이 '1인 1표'라는 사람 중심의 의결권을 가지고 민주적으로 운영된다. 주

---

15) 서울시 협동조합 상담센터, 『협동조합 이해하기』, 66.
16) 위의 책, 5.

식회사가 자본을 중심으로 하여 운영되는 곳이라면, 협동조합은 사람을 중심으로 하여 운영되는 곳이다. 따라서 주식회사의 경우 실제적인 의사결정권이 소수의 대주주에게 집중된 데 비해, 협동조합은 다수의 사람에게 평등한 권리를 주고 있는 것이 또 다른 차이인 것이다.[17]

셋째로 수익권과 관련하여 비교하면, 주식회사는 투자자의 이윤을 위해서 모든 것을 집중하게 된다. 그러나 협동조합은 '이용자 수익 원칙'에 따라 이용자의 편익을 우선 생각한다. 따라서 이용자 편익을 위한 원가경영 가격정책과 이용자 중심의 배당정책을 시행한다는 점에서 주식회사와 차이를 가지고 있다.[18] 이러한 영리회사와 협동조합의 차이를 표로 비교하면 다음과 같다.

* 주식회사(영리 기업)와 협동조합의 비교

구 분		주 식 회 사	협 동 조 합
소유	소유자	투자자(주주)	이용자(조합원)
	투자 한도	원칙적으로 제한 없음	개인 출자 한도 제한
	지분 거래	가능(주식 거래)	없음
운영	의결권	1주 1표제 (자본 중심-주식 수에 비례)	1인 1표제 (사람 중심-민주적)
	의사 결정	- 주주에 의해 선출된 이사회 - 이사회에서 선출한 경영자 또는 대주주의 자체 경영	- 조합원에 의해 선출된 이사회 - 이사회에서 선출한 경영자 또는 조합장
수익	가격 전략	수익 경영을 원칙으로 함	원가 경영을 원칙으로 함
	배당	투자 중심 배당	이용 중심 배당

---

17) 위의 책, 6.
18) 임영선, 「협동조합의 이론과 현실」, 88.

3) 협동조합의 가치

그러면 협동조합이 가져야 할 가치(value)는 어떤 것들인가? 이에 대하여 1995년 국제협동조합연맹에 의해 작성된 "협동조합의 정체성에 관한 ICA 성명"은 다음과 같이 언급하고 있다.

> 협동조합은 자조(自助), 자기 책임, 민주, 평등, 공정(公正)과 연대의 가치를 기반으로 한다. 협동조합 설립자들의 전통에 따라 협동조합의 조합원들은 정직, 개방, 사회적 책임과 타자에 대한 돌봄의 윤리적 가치를 신조로 삼는다.(Co-operatives are based on the values of self-help, self-responsibility, democracy, equality, equity and solidarity. In the tradition of their founders, co-operative members believe in the ethical values of honesty, openness, social responsibility and caring for others.)

협동조합의 근간을 이루는 정신은 자조, 자기 책임, 민주, 평등, 공정, 연대의 여섯 가지 가치이다. 이런 정신적 기조(基調)가 제대로 받침될 때 협동조합은 건강하게 세워질 수 있는 것이다. 협동조합은 무엇보다 조합원들 스스로가 힘을 합하여 자신들의 목표한 바를 성취하고자 한다는 점에서 의존적이지 않고 자조 정신이 확고해야 한다. 그리고 모든 조합원은 자기에게 주어진 책임을 성실히 감당해야 한다. 더 나아가 협동조합은 민주 정신에 기초하여 모든 의사의 진행이나 결정 과정이 민주적으로 이루어지도록 해야 하며, 협동조합의 구성원들은 사회적, 정치적, 종교적 차별 없이 모든 면에서 평등해야 한다. 또한, 모든 분배 과정 등이 공정해야 하며, 상부상조(相扶相助)의 연대가 이루어지도록 해야 한다.

특별히 국제협동조합의 진술은 협동조합에 속한 조합원들의 윤리적 가치를 중요하게 여기고 있다. 정직성, 개방성, 사회적 책임, 타자에 대한 돌봄은 조합원들이 추구해야 할 4대 윤리적 가치들이다. 협동조합의 조합원은 자신에 대해서 뿐만 아니라 타인에 대해서 언제나 정직해야 하며, 모든 사람에 대해서 편견이나 오해가 없이 항상 열려 있어야 한다. 그리고 협동조합의 조합원은 자신의 책임에 투철할 뿐만 아니라 자신이 속한 사회 속에서의 책임에도 최선을 다함으로써 보다 나은 사회로의 진보가 이루어지도록 해야 한다. 조합원들은 협동조합을 통해 자신들의 공동 목표를 성취하기 위해 노력해야 함과 동시에 자신의 주변에 있는 다른 사람들에 대한 관심과 배려와 돌봄도 지속할 수 있어야 한다. 협동조합의 기능과 역할이 중요한 것 못지않게 협동조합에 속한 조합원들의 책임과 사명도 중요함을 국제협동조합의 성명은 강조하고 있다.

3. 협동조합의 원칙

그러면 협동조합은 어떤 원칙을 가지고 운영되어야 하는가? 협동조합이 가야 할 방향과 지켜야 할 원리는 어떤 것들이 있는가? 어떤 원칙을 가지고 나아갈 때 협동조합이 본래의 목적과 취지를 보존하면서, 협동조합으로서의 성공적인 사업을 이루어갈 수 있겠는가?

이에 대한 해답 역시 국제협동조합연맹의 문서에서 잘 정리되고 있다. 물론 각각의 협동조합이 처한 상황에 따라서 약간의 차이는 있을 수 있겠지만, 큰 틀에서 국제협동조합이 제시한 협동조합의 원칙은 매우 유용한 것이라 생각한다.

국제협동조합연맹은 "협동조합의 원칙은 협동조합이 자신의 가치를 현장으로 실천하도록 하는 가이드라인"이라고 하면서, 협동조합의 7대 원칙(principle)을 제시하고 있는데 그 제목은 다음과 같다.

1) 자발적이고 개방된 조합원 제도(Voluntary and Open Membership)
2) 조합원에 의한 민주적 관리(Democratic Member Control)
3) 조합원의 경제적 참여(Member Economic Participation)
4) 자율과 독립(Autonomy and Independence)
5) 교육, 훈련 및 정보 제공(Education, Training and Information)
6) 협동조합 간의 협동(Co-operation among Co-operatives)
7) 지역사회에 대한 기여(Concern for Community)

각 원칙에 대해서 간략하게 설명하면 다음과 같다.

1) 자발적이고 개방된 조합원 제도(협동조합의 가입 원칙)

협동조합은 자발적인 조직으로, 조합원으로서의 책임을 다하려는 모든 사람들이 성(gender)이나 사회적, 인종적, 정치적, 종교적으로 차별 없이 협동조합의 서비스를 이용할 수 있도록 열려 있어야 한다.(Co-operatives are voluntary organisations, open to all persons able to use their services and willing to accept the responsibilities of membership, without gender, social, racial, political or religious discrimination.)

이 원칙은 협동조합에 대한 가입의 자유를 말한다.[19] 즉 협동조합의 목적과 취지 등에 대한 원칙을 자발적으로 받아들이는 모든 사람에게 협동조합은 그 문호를 개방해야 한다는 것이다. 이것은 협동조합의 자발성과 개방성이 무엇보다 우선된 원칙임을 언급한 것이다.

협동조합은 조합원들이 자발적으로 조합에 참여하도록 해야 한다. 만일 자발적으로 참여하지 않고 다른 이유로 참여한 조합원이 많으면 협동조합의 본래 취지는 퇴색될 수밖에 없고, 그 운영 역시 바르게 될 수 없다. 협동조합의 성공에 가장 중요한 동력은 협동조합의 취지와 이념에 동의하여 자발적으로 참여한 조합원들이라는 점을 잊지 않아야 한다. 그러므로 협동조합은 조합원이 가입도록 하는 데 있어서, 조합의 설립 목적과 취지, 조합원의 권리와 의무 등을 정확하게 알려주고, 사업을 투명하게 공개함으로써 조합원들이 조합의 모든 일에 자발적으로 참여하도록 해야 한다.[20]

이러한 자발성과 함께 협동조합은 조합원을 구성하는 데 있어서 모든 사람에게 열려 있어야 한다. 거기에는 남녀의 성차별이나 사회적, 인종적, 정치적, 종교적 차별 등 어떠한 차별이 있어서는 안 된다. 하지만 하나 기억해야 할 것은 협동조합이 개방적이어야 한다고 해서 모든 사람을 구별하지 않고 받아들이라는 말은 아니다. 개방성이란 것도 분명한 하나의 전제가 있어야 하는데, 그것은 그 사람이 협동조합의 취지와 목적, 기능 등에 반드시 자발적으로 동의하는 사람이어야 한다는 것이다. 따라서 협동조합은 모든 사람에게 열려 있되, 그 기능에 적실한 사람을 조합원으로 받아들여야 한다는 것도 잊지 않아야 한다.

---

19) 위의 책, 78.
20) 서울시 협동조합 상담센터, 『협동조합 이해하기』, 9~10.

2) 조합원에 의한 민주적 관리(협동조합의 운영 원칙)

협동조합은 자신들의 정책과 의사 결정에 적극적으로 참여하는 조합원들에 의해 통제(관리)되는 민주적 조직이다. 대표로 선출되어 봉사하는 사람들은 조합원에 대한 책임을 진다. 단위조합에서 모든 조합원은 동등한 투표권을 가지며(1인 1표), 단위조합 이상의 조합 역시 민주적 방식으로 조직되어야 한다.(Co-operatives are democratic organisations controlled by their members, who actively participate in setting their policies and making decisions. Men and women serving as elected representatives are accountable to the membership. In primary co-operatives members have equal voting rights (one member, one vote) and co-operatives at other levels are also organised in a democratic manner.)

협동조합을 운영하는 데는 크게 세 가지의 원칙이 있다. 하나는 협동조합은 조합원들에 의해서 관리되는 민주적인 조직이라는 점, 또 하나는 대표로 선출된 사람들(임원)은 조합원에 대한 봉사와 책임을 갖게 된다는 점, 그리고 마지막으로 모든 조합원은 동등한 투표권, 즉 1인 1표를 갖는다는 것이다.

협동조합은 자발적으로 참여한 조합원들에 의해 민주적 방식으로 관리 운영되어야(control) 한다. 모든 조합원은 조합의 정책 수립과 의사 결정 과정에 적극적으로 참여해야 하며, 여기서 민주적 절차를 따라 결정된 사항들은 모두가 책임을 지고 실행하도록 해야 한다.

또한, 조합원들에 의해 민주적 절차로 선출된 대표(임원)들은 조합원 위에 군림하는 것이 아니라 봉사와 책임을 다해야 한다. 국제협동조합연맹은 이에 대한 해설에서 다음과 같이 언급하고 있다.

> 임원(대표)은 조합원에 의해서 선출되며, 조합의 이익 증진을 위해 봉사하여야 한다. 협동조합은 선출된 임원의 것이 아니다. …… 협동조합은 조합원의 것이며, 선출된 임원은 선출된 때부터 조합원에게 책임을 다해야 한다.

그리고 협동조합이 가장 민주적으로 관리 운영되기 위해서 제도적으로 만든 것이 1인 1표제이다. 협동조합은 자본이나 사업 규모가 중심되는 조직이 아니라 기본적으로 '인간'이 중심되는 조직이기에, 조합원은 누구를 막론하고 '1인 1표'의 동등한 의사결정권을 갖는 것이다.[21]

3) 조합원의 경제적 참여(협동조합의 경제 원칙)

> 조합원은 협동조합의 자본(capital)을 조달하는 데에 공정하게 참여하고, 그것을 민주적으로 관리해야 한다. 최소한도에서 자본금의 일부는 협동조합의 공동재산으로 한다. 만약 출자배당이 있을 경우, 조합원은 출자액에 따라 제한된 배당금을 받는다. 조합원은 다음 목적의 일부 또는 전부를 위해서 잉여금을 충당한다. 즉, 유보금 적립을 통한 협동조합의 발전을 위해서, 조합원의 사업 이용 실적에 비례한 편익을 제공하기 위해서, 조합

---

21) 위의 책, 12~13.

원의 동의로 기타 활동을 지원하기 위해서.(Members contribute equitably to, and democratically control, the capital of their co-operative. At least part of that capital is usually the common property of the co-operative. Members usually receive limited compensation, if any, on capital subscribed as a condition of membership. Members allocate surpluses for any or all of the following purposes: developing their co-operative, possibly by setting up reserves, part of which at least would be indivisible; benefiting members in proportion to their transactions with the co-operative; and supporting other activities approved by the membership.)

'조합원의 경제적 참여'는 협동조합의 경제에 관한 원칙을 제시한 것으로, 조합원에 의한 자본조달의 참여와 관리를 강조하고 있다.[22] 이를 위해서, (1) 조합원은 협동조합의 자본을 조달하는 일에 공정하게 참여하고 민주적으로 관리하며, (2) 출자액에 따라 이용 배당금을 받을 수 있고, (3) 필요시에는 잉여금의 일부를 조합원에게 배당하지 않고 유보금으로 적립하여 협동조합의 확장과 발전을 꾀하는 데 사용할 수 있다는 것이다.

협동조합의 가장 기본적이고 중심된 사업 자본은 조합원들의 출자에 의해 형성되기 때문에 조합원 모두는 자본을 조달하는 일에 균등하고 책임 있는 자세로 참여해야 한다. 그리고 잉여금은 조합원들에게 배분하는 것을 원칙으로 하되, 일부는 유보금으로 적립함으로

---

22) 김기섭, 『깨어나라 협동조합: 더 좋은 세상을 만드는 정직한 노력』, 126.

써 협동조합의 발전을 지속할 수 있도록 해야 한다. 특별히 협동조합 역시 외부의 기업들과 경쟁 관계에 있다는 것을 고려하면서, 든든한 자본이 협동조합 사업을 더욱 견고하게 성장 발전시킬 수 있다는 점에서 조합원들은 공동책임과 연대의식을 가져야 한다.

4) 자율과 독립(협동조합과 외부 조직과의 관계 원칙)

협동조합은 조합원들에 의해서 스스로 관리되는 자조(自助) 조직이다. 만약 협동조합이 정부나 다른 조직과 약정을 맺거나 외부에서 자본을 조달하고자 할 때는, 조합원들에 의한 민주적 관리가 보장되고, 협동조합의 자율성이 유지되도록 해야 한다.(Co-operatives are autonomous, self-help organisations controlled by their members. If they enter into agreements with other organisations, including governments, or raise capital from external sources, they do so on terms that ensure democratic control by their members and maintain their co-operative autonomy.)

제4원칙은 협동조합과 외부 조직과의 관계에 대한 원칙을 말해 주고 있는데,[23] 이것은 협동조합이 다른 조직과의 거래에서 조합원의 민주적인 권리를 보장하고, 협동조합의 자율성을 유지하도록 하기 위한 원칙이라고 하겠다.

협동조합은 정부와의 관계에 있어서도 어떤 경우는 도움이 되지만

---

23) 위의 책, 126.

어떤 경우는 오히려 저해 요인이 될 수 있음을 알고, 정부와의 관계를 공개적이고 투명하게 갖도록 함으로써 협동조합의 자율성을 지키도록 해야 한다. 정부와의 관계가 잘못되면 협동조합은 자율성을 잃고 정부에 예속될 수도 있다는 것을 알아야 한다.

정부뿐만 아니라 타 기업이나 단체들과도 협력을 하되 그것은 어디까지나 조합의 자율성과 독립성이 저해되지 않는 범위 내에서 진행되어야 한다는 것도 유념해야 한다. 예를 들어 타 기업에 자본이 예속된다면, 협동조합은 그 순간 자율성과 독립성을 잃게 될 것이다. 그러므로 정부의 권력이나 기업의 자본으로부터 협동조합은 언제나 자유롭고 자치적으로 운영되도록 해나가야 한다.

5) 교육, 훈련 및 정보 제공(협동조합의 발전 원칙)

협동조합은 조합원, 선출된 대표(임원), 경영자, 직원들이 자신들의 협동조합 발전에 효과적으로 기여하도록 교육과 훈련을 제공하여야 한다. 협동조합은 일반 대중, 특별히 젊은 세대와 여론 지도층에게 협동의 본질과 장점에 대한 정보를 제공하도록 한다.(Co-operatives provide education and training for their members, elected representatives, managers, and employees so they can contribute effectively to the development of their co-operatives. They inform the general public - particularly young people and opinion leaders - about the nature and benefits of co-operation.)

제5원칙은 교육, 홍보, 정보 제공을 통해서 협동조합이 발전하는 원칙을 말하고 있다. 협동조합은 조합원과 임직원 등이 협동조합의 발전에 실질적으로 참여하고 이바지하도록 교육과 훈련을 제공해야 한다.[24] 무엇보다 먼저 협동조합에 대한 분명한 이해를 갖도록 교육해야 한다. 협동조합이 무엇인지, 협동조합은 어떻게 운영되는지 등에 대한 철저한 교육이 있을 때, 협동조합은 본래의 취지대로 발전해 나갈 수 있을 것이다. 그러나 임직원들에 대한 이런 교육이 제대로 되지 않으면, 자칫 협동조합을 경영 중심으로 몰아가기 쉽고 그것은 끝내 협동조합의 실패로 이어지게 된다. 이런 사례들은 협동조합의 역사에서 수없이 나타나고 있다. 따라서 협동조합에 대한 교육이 제대로 이루어질 때 협동조합은 가장 큰 경쟁력을 갖게 된다는 점을 언제나 잊지 않아야 한다.

또한, 여기에 더하여 협동조합은 일반 시민들에게도 협동조합 활동에 대한 정보를 제공(홍보)함으로써 협동조합에 대한 이해를 돕도록 해야 한다. 국제협동조합연맹은 젊은 세대와 여론 지도층의 사람들이 협동의 본질과 장점에 대해 관심을 기울이도록 노력해야 한다고 강조하고 있다. 그렇게 함으로써 협동조합의 필요성과 장점들을 사람들이 알게 되고, 이에 대한 참여와 관심을 고조시킬 수 있게 되기 때문이다.

6) 협동조합 간의 협동(협동조합 간의 관계 원칙)

협동조합은 지방과 전국, 지역과 국제적 구조를 통해 함께 일함으로써, 조합원들에게 가장 효과적으로 봉사하고 협동조합

---

24) 임영선, 『협동조합의 이론과 현실』, 78.

운동을 강화하도록 한다.(Co-operatives serve their members most effectively and strengthen the co-operative movement by working together through local, national, regional and international structures.)

협동조합은 어떤 지방과 전국, 또는 어떤 권역과 국제적 차원에서의 연대 등을 통해 조합원에게 더 나은 서비스를 제공하고, 협동조합 운동을 더욱 공고하게 만들어 나가야 한다. 한 지역에 위치한 협동조합이 더욱 크게 성장하기 위해서는 다른 조합들과 제휴가 반드시 필요한 것이다. 개인들이 협동조합을 통해서 협동해 나가듯이 협동조합 역시 협동조합들과의 협동을 통해서 더욱 발전해 나가야 한다.

특별히 오늘의 경제적 상황은 어디나 거대 기업들이 주도하고 있다. 이런 거대 기업들과 경쟁을 하려면 협동조합들은 반드시 서로 간에 적극적으로 협동해서 더 큰 힘을 모아야만 한다.

7) 지역사회에 대한 기여(협동조합과 지역사회와의 관계 원칙)

협동조합은 조합원들의 동의를 얻은 정책들을 통해서 자신들이 속한 지역사회의 지속적인 발전을 위해 일해야 한다.(Co-operatives work for the sustainable development of their communities through policies approved by their members.)

제7원칙은 협동조합이 지역사회와의 관계에서 어떻게 해야 할 것인가에 대한 원칙을 말하고 있다. 협동조합은 협동조합 자신의 목표를 위해서 일해야 할 뿐만 아니라 자신이 속한 지역사회를 위해서 또한 일할 수 있어야 한다. 지역사회를 배제한 협동조합운동은 오히려 협동조합을 지역사회로부터 고립시키는 결과를 가져올 것이다. 따라서 협동조합은 언제나 지역사회의 문제(자연과 환경, 교육 등)에 관심을 가지고 협동조합을 통해서 지역사회의 발전과 개선에 이바지할 수 있어야 한다.

국제협동조합연맹은 협동조합의 지역사회에 대한 기여의 필요성을 다음과 같이 언급하고 있다.

"협동조합은 특정한 지역 공간에서 조합원과의 강한 결합력을 갖기 때문에 지역사회와 밀접한 관계를 갖고 있다. 따라서 협동조합은 지역사회에 대한 특별한 책임을 가지게 된다."

그런 의미에서 협동조합은 지역사회에 대한 사회적 책임과 함께, 지역사회와 그 발전도 같이해 나갈 수 있어야 할 것이다. 이것이 협동조합이 갖는 사회적 책임이다.

4. 협동조합의 유형

그러면 협동조합의 유형에는 어떤 것들이 있을까? 협동조합은 그것이 추구하는 목적, 협동조합에 참여하는 동기, 협동조합이 시행하는 사업 등 어떤 시각에서 보느냐에 따라 다양한 형태들이 있다. 하지만 여기서는 협동조합의 다섯 가지 형태, 즉 소비자협동조합, 생산자(사업자)협동조합, 직원협동조합, 다중이해관계자협동조합, 사회적 협동조합을 중심으로 하여 알아보도록 하겠다.

첫째, **소비자협동조합**은 말 그대로 소비자가 중심이 되어 구성된 협동조합으로, 소비자들이 협동하여 보다 나은 소비 생활을 하기 위해 설립한 것이다. 따라서 소비자협동조합의 목적은 '조합원들로 하여금 보다 나은 소비생활을 할 수 있도록 하기 위해서 물품의 공동구매 또는 서비스의 공동 이용'을 하는 데 있다.

소비자협동조합에도 이용 목적에 따라 두 가지 유형으로 분류할 수 있는데, 하나는 조합원들이 공동구매를 중심으로 하는 '소비자구매협동조합'이요, 다른 하나는 자산과 서비스의 공동 이용을 중심으로 하는 '소비자이용협동조합'이다.[25]

소비자구매협동조합은 상부상조의 협동 정신을 바탕으로 하여 조합원의 소비 생활을 향상토록 하는 데 목적이 있는 반면에, 소비자이용협동조합은 협동조합 활동을 통해 조합이 공동으로 구성한 자산이나 서비스를 함께 이용하는 데 그 목적이 있다. 예를 들어 육아용품구매협동조합이나 산악장비구매협동조합 같은 경우는 소비자구매협동조합에 속하고, 주택임대협동조합이나 공동육아협동조합, 렌트카이용협동조합 같은 경우는 소비자이용협동조합에 속하게 될 것이다.

둘째, **생산자(사업자)협동조합**은 생산자(사업자)들이 중심이 되어 공동 자재 구매, 공동 브랜드 개발, 공동 생산과 판매 등을 통해 협동하여 수익을 창출하는 데 목적이 있다. 생산자협동조합의 가장 대표적인 예는 생산 농민들이 중심된 농업협동조합, 어민들이 중심된 수산업협동조합, 축산농가가 중심된 축산업협동조합, 중소기업의 사업자들이 중심된 중소기업협동조합 등이 있으며, 그 외에도 미용사업주들이 중심된 미용업협동조합, 전통시장 상인들을 중심으로 한 전통시장상인협동조합, 기타 식당이나 어린이집 등 다양한 사업자들이 만든 협동조합들이 여기에 속하게 된다.

---

25) 농협대학교 협동조합경영연구소 편, 『협동조합학원론』, 111.

셋째, **직원(노동자)협동조합**은 협동조합의 활동을 통해 조합원(직원)이 함께 조합을 소유하고 관리하며 안정적인 일자리를 늘려나가는 것을 목적으로 한다.[26] 여기서는 직원(사무직 또는 생산직 노동자)이 직접 출자자이면서 조합원이 된다. 그런 의미에서 직원협동조합은 "함께 출자하고, 함께 책임진다."라는 원칙이 적용되기도 한다. 대표적인 직원협동조합은 대리운전협동조합, 청소협동조합, 퀵서비스협동조합 등을 들 수 있으며, 세계적으로 가장 성공한 직원협동조합의 예로는 스페인의 몬드라곤(Mondragon) 협동조합을 들 수 있다.

여기서 한 가지 고려할 것은 직원(노동자)협동조합과 노동조합에 관한 것이다. 직원협동조합은 직원(조합원)이 노동자이면서 또한 출자자(주인)라는 점에서 노동조합과는 차이가 있다. 노동조합은 주인에게 고용된 사람(노동자)들에 의해서 결성된 단체이지만, 직원협동조합은 노동자가 주인이 되어 결성된 단체이다.

넷째, **다중이해관계자협동조합(혼합형 협동조합)**이다. 일반적으로 협동조합은 공동의 이해관계를 가진 사람들이 모인 동질적인 집단이라고 할 수 있다. 그러나 오늘날 이런 차원을 넘어선 새로운 협동조합 형태가 등장하고 있는데, 그것이 바로 다중이해관계자협동조합이다.

다중이해관계자협동조합은 두 가지 유형 이상의 조합원들이 모여 상호 배려하면서 조합원의 경영 개선과 생활 향상을 도모하기 위한 목적으로 만들어진 것이다. 여기서 조합원은 조합에 물품을 공급하는 생산자 조합원, 조합의 공급 물품을 이용하는 소비자 조합원, 그리고 조합의 직원인 조합원 등으로 구성된다.

다중이해관계자협동조합은 서로 다른 이해관계를 가진 사람들이

---

26) 위의 책, 119.

조합원이 된다는 점에서 장점과 함께 한계점을 갖고 있다. 다양한 조합원들이 모인 만큼 서로 협동함으로써 더 큰 시너지(synergy) 효과를 가져올 수 있다. 예를 들어 소비자조합원이 생산자나 직원조합원들에게 소비자로서의 좋은 아이디어나 제안을 함으로써 이것을 반영하여 더 좋은 품질의 물건을 만들고 유통 과정도 개선할 수 있을 것이다. 이런 것은 소비자, 생산자, 직원 조합원이 함께 모여 의논을 함으로써 얻을 수 있는 장점 중의 하나다. 그러나 한편으로 서로 이해관계가 다른 사람들이 조합원으로 구성된다는 점에서 자기들의 입장에 유리한 의견만을 주장할 경우 의사 결정을 하는 데 있어서 많은 시간과 비용을 소모하게 될 것이다.

다섯째, 일반 협동조합과 또 다른 형태의 조합으로 최근 등장한 것이 사회적 협동조합이다. "사회적 협동조합은 협동조합 중 지역주민들의 권익과 복리 증진에 관련된 사업을 수행하거나 취약 계층에게 사회 서비스 또는 일자리를 제공하는 등 영리를 목적으로 하지 아니하는 협동조합"[27]을 말한다. 다시 말해 일반 협동조합은 영리적인 목적을 가지고 운영되는 영리법인이지만, 사회적 협동조합은 영리 추구가 목적이 아닌 비영리 법인이라는 것이다.

따라서 일반 협동조합들이 자신에 속한 조합원들의 필요를 채우는 데 첫째 목적을 두고 있다면, 사회적 협동조합은 공익적 목적을 실현하는 데 근본 목적을 두고 있다. 즉 일반 협동조합의 조합원들은 자기에게 필요한 것을 채우기 위해 협동조합에 가입을 하지만, 사회적 협동조합의 조합원은 자기가 가진 것을 타인들에게 베풀기 위해서 협동조합에 가입한다는 것이다.

---

27) 서울시 협동조합 상담센터, 『협동조합 이해하기』, 54.

사회적 협동조합은 그 구성원(조합원) 역시 생산자, 소비자, 직원뿐만 아니라 그 협동조합과 관련된 자원봉사자나 후원자까지도 포함된다. 예를 들어 취약 계층들에 육아 서비스를 제공하는 사회적 협동조합일 경우, 거기는 교사와 함께 자원봉사자, 더 나아가 후원자들도 조합원으로 함께 활동할 수 있게 되는 것이다.

사회적 협동조합은 영리를 목적으로 하지 않기 때문에 영리를 목적으로 하는 기업이나 또는 국가 기관 등에서 지원할 수 없는 영역들에 복지 서비스를 제공할 수 있고, 영리를 추구하지 않고 이윤을 배분하지 않기 때문에 그만큼 서비스의 가격 인하나 질 향상, 내부 유보를 통한 투자 확대 등에 그 돈을 사용할 수 있다는 장점이 있다.

2장

협동조합의 역사

지구상에 협동조합이 출현하게 된 가장 중요하고 직접적인 두 가지 배경을 들라고 한다면, 그것은 자본주의와 산업혁명이다. 자본주의(capitalism)는 사유재산제도를 근본으로 하여 자유 경쟁과 사적 이윤을 추구하는 시장경제 체제를 말한다. 이런 자본주의는 생산 증대와 경제 발전, 부의 축적 등 인류의 경제 사회적 발전에 중요한 역할을 했고, 지금도 그렇게 하고 있다.

그러나 자본주의의 이런 기여와 공헌이 있음에도 불구하고, 그 속에는 대자본의 지배 아래서 임금노동자, 농어민, 중소기업자 등 소위 사회적 약자들이 상대적으로 손해를 보거나 불평등한 대우를 받아야 하는 문제들이 발생하게 된다. 따라서 이런 사회적 약자들은 서로 힘을 합하여 대자본에 대한 자기방어적 수단으로 자주적인 조직체를 만들게 되는데, 그것이 바로 협동조합이 등장하게 된 배경이 되었다.

그리고 이런 협동조합이 최초로 시작된 직접적인 계기는 산업혁명(Industrial Revolution)과 관련이 있다. 1700년대 후반으로 접어들면서 영국을 중심으로 하여 일어난 산업혁명은 그동안의 영국 사회가 가진 생산체제에 놀라운 변화를 가져오게 만들었다. 전통적으로 수공업을 중심하여 생산을 해오던 방식이 이제는 기계가 발명되고 도입됨으로써 기계를 통한 대량 생산 체제로 전환하게 된 것이다. 따라서 방적기가 발명되면서 그동안 해왔던 가내수공업은 설 자리를 잃게 되고 방적 공장이 그 자리를 대신하게 되었으며, 증기기관차 등의 발명은 교통체제와 산업의 유통 과정 전반에 획기적인 변화를 가져오도록 하였다.

그러나 양지가 있으면 음지가 있듯이 산업혁명 역시 많은 어두운 그늘들을 만들어 놓았다. 농민들이 도시로 몰려들면서 자연스럽게 이들은 빈민으로 전락했고, 농민을 포함한 대다수의 소규모 자영업자들은 거대 자본과 대량 생산 앞에서 설 자리를 잃고 그 신분이 노동자로 바뀌게 될 수밖에 없었다. 그리고 그들은 하루에 14시간 이상의 중노동을 하면서도 턱없이 낮은 임금 등 최악의 근로조건에 처하게 되었다. "인류를 신세기로 이끈 산업혁명은 수많은 사람들을 '문명화된 야만' 상태로 내몰고" 있었던 것이다.[1] 협동조합은 바로 이런 배경하에서 노동자들 스스로가 자신의 생존권을 확보하려는 차원에서 시작된 것이었다.

1. 세계 협동조합의 역사

그러면 협동조합은 어떤 과정을 통해서 세상에 그 모습을 드러내

---

[1] 윤형근, 『협동조합의 오래된 미래 선구자들』(충남 홍성: 그물코, 2014), 14.

게 되었을까? 협동조합 사상이 등장하여 그 실험이 이루어지고 완성되기까지, 여기서는 협동조합의 태동과 함께 그것이 발전해온 과정을 간략하게 살펴보도록 하겠다.

1) 협동조합의 선구자들

먼저 근대적 협동조합이 정식으로 등장하기 전 협동 사상을 가지고 이를 사회에 적용한 사람들이 있었는데, 우리는 그들을 가리켜 협동조합의 선구자들이라고 할 수 있을 것이다. 그들이 당시의 사회적 모순을 직시하면서 그것을 극복하기 위한 방안으로 시도했던 여러 가지 사상과 업적들은 근대 협동조합의 탄생에 결정적인 기여가 되었기 때문이다. 여기에는 여러 인물들이 있지만, 대표적으로 영국의 로버트 오웬과 윌리엄 킹을 중심으로 하여 간단히 살펴보도록 하겠다.

(1) 협동조합의 실험: 로버트 오웬(Robert Owen, 1771~1858)

로버트 오웬

흔히 '협동조합의 아버지'[2]로 불리는 로버트 오웬은 사회 개혁자요, 사회주의를 창시한 사람들 중의 하나라고 평가된다. 오웬이 활동한 당시의 영국 사회는 이미 언급한 것처럼 산업혁명의 여파로 인해서 사회적 갈등, 자본가와 노동자 계급 간의 대립 등이 발생하면서 심각한 위기를 경험하게 되었다.

---

2) 농협대학교 협동조합경영연구소 편, 『협동조합학원론』(서울: 청목출판사, 2013), 64.

따라서 많은 사람들이 이에 대한 대안적 방안을 모색하게 되는데, 그중의 하나로 제기된 것이 바로 협동조합 사상이었다. 그들은 산업혁명과 자본주의가 갖는 모순을 극복하기 위해 협동의 원리를 바탕으로 한 이상 사회를 건설하려고 했는데, 이를 위한 이념과 대중적 기반을 최초로 마련한 사람이 바로 로버트 오웬이었다.[3]

오웬은 1771년 웨일즈(Wales) 지방에 있는 몽고메리셔(Mongomeryshire)의 뉴타운(Newtown)에서 철물상의 아들로 태어났다. 그는 매우 독립심이 강했으며, 열 살이 되면서부터 상점 점원으로 런던에서 일을 시작하였다. 그러면서 그는 생산 노동자 못지않게 상점 점원들 역시 노동에 혹사당하고 있는 것을 보게 되었고, 이런 경험이 훗날 그로 하여금 노동자들의 권익을 향상하는 일에 헌신하도록 한 계기로 작용하였다.

그 후 그는 29세가 되던 1800년 뉴라나크(New Lanark)에 있는 2,000명이 넘는 규모의 한 방적 공장을 인수하여 운영하게 되면서 새로운 실험을 하게 되는데, 노동 시간을 17시간에서 10시간으로 단축하고, 10세 미만 어린이의 노동을 금지시켰으며, 노동자와 그 자녀들을 위한 교육 시설들(유치원, 노동자 야간학교 등)을 설립하였다. 또한, 공장 내 노동자들을 위한 주택을 짓고, 노동자들이 식량과 생활필수품을 쉽고 싸게 구입할 수 있도록 하는 노동자 점포(일종의 소비협동조합)를 만들었는데, 이런 일들은 당시의 사회적 상황에서는 감히 상상하기도 힘든 획기적인 변화였다.[4]

이런 모든 것들은 오웬 자신이 추구하면서 이루고자 했던 사상이 반영된 결과들이었다. 그는 당시 자본가들이 노동자들의 능력을 무

---

[3] 윤형근, 『협동조합의 오래된 미래 선구자들』, 21.
[4] 김기섭, 『깨어나라 협동조합: 더 좋은 세상을 만드는 정직한 노력』(경기도 파주: 도서출판 들녘, 2013), 51.

시하고 최대한 그들의 노동력을 착취하려고 한 데 비해 노동자들을 위한 복지가 오히려 생산성의 향상을 가져온다고 믿었으며, 노동자와 그 자녀들이 교육을 통해서 얼마든지 새로운 인간으로 성장할 수 있다고 확신하였다. 그리고 무엇보다 그는 협동을 통한 이상 사회의 건설을 위해 생산과 소비를 협동화하고자 했다는 점에서 그의 시도는 매우 가치가 있는 일이었다. 뉴라나크의 공장촌을 모범적인 공동사회로 만들고자 했던 오웬의 이러한 실험은 대단한 성공을 가져왔으며, 당시 영국 사회와 경제에 큰 영향을 미쳤다.

오웬은 뉴라나크에서의 성공에 힘입어 그것을 다시 미국 땅에서 실현하고자 1824년 미국의 인디애나(Indiana) 주로 건너가 거기서 뉴하모니(New Harmony) 협동촌을 건설하게 된다. 약 800명으로 구성된 뉴하모니 공동체는 모든 성인의 평등한 권리, 육체적 정신적 능력에 따른 의무와 평등, 재산의 공유, 협동 노동과 충분한 휴식, 자립적 생산과 소비를 통한 공산주의적 공동사회 건설이라는 원칙을 가지고 시작하였다.

그러나 뉴하모니 협동촌은 기대와 달리 실패로 끝나고 말았다. 자본의 부족과 구성원들의 공동체 생활에 대한 부적응, 그리고 무엇보다 자급자족을 위한 생산적 노동력과 조직의 미비 등은 오웬이 애초에 생각했던 이상과는 완전히 다른 결과를 가져오고 말았던 것이다.

New Harmony의 한 공동체

그럼에도 불구하고 로버트 오웬의 이런 시도와 실험은 그 후 많은 사람들에게 지대한 영향을 미치게 되었다. 그가 자본주의의 모순을 극복하기 위해서 시도한 협동적 생산과 소비, 노동자들의 협동을 통한 이상 사회의 건설 등은 인류에 새로운 가능성을 보여주기에 충분했던 것이다.

(2) 윌리엄 킹(William King, 1786~1865)의 협동조합운동: 협동조합 사상과 방법론의 제시

윌리엄 킹

윌리엄 킹은 원래 직업이 의사였다. 그는 1786년 영국의 입스위치(Ipswich)에서 아버지가 중학교 교장이었던 가정에서 태어나 후에 케임브리지 의과대학을 마치고, 1821년 자신의 처가가 있던 브라이튼(Brighton)에서 의사로 활동하였다. 이때 그는 그 도시 노동자들의 비참한 삶과 심각한 실업 문제 등을 목격하면서, 이를 계기로 사회사업에 깊은 관심을 가지게 되었다. 그 결과 그는 1823년에 영국 최초 유아 교육기관 중의 하나인 유아 학교를 개설하고, 1825년에는 브라이튼 직공학교(the Mechanics Institution)를 세워서 노동자 자녀들을 교육하는 일을 하였으며, 1824년에는 브라이튼 지구협회(Brighton District Society)를 설립하여 빈민을 구제하는 사업을 하고, 1827년에는 협동조합자선기금협회(Cooperative Benevolent Fund Association)를 만들어 협동조합의 자금을 마련하여 돕는 일을 하기도 하였다. 이와 함께 1827년 7월에는 소비조합을 설립하여 노동자들이 스스로의 힘과 상부상조를 통해서 빈곤을 벗어날 수 있도록 하는 운동을 벌이기도 하였다.[5]

그러나 윌리엄 킹이 협동조합과 관련하여 세운 가장 큰 공헌은 무

---

5) 농협대학교 협동조합경영연구소 편, 『협동조합학원론』, 66.

엇보다도 협동조합에 대한 사상과 방법론들을 구체적으로 연구하고 발표하여 이를 당시 영국 사회에 꾸준하게 제공하였다는 점이다. 그는 「협동조합인」(The Co-operator)이라는 월간지를 1828년 5월부터 발행하여 1830년 8월까지 이 일을 계속하였다. 그는 이 잡지에서 "지식과 단결이 힘이다."(Knowledge and union are power.)라는 표어를 언제나 사용하여, 노동자들로 하여금 아는 것과 함께 서로 단결하여 협동하는 것이 가장 큰 힘이 된다는 것을 강조하였다.

그는 협동조합의 목적을 '빈곤에 대해 저항하는 조합원들이 서로를 보호하고(mutual protection), 노동자들이 더 안락한 생활을 누리도록 하며, 공동자본(common capital)을 통해서 노동자들이 독립을 성취하는 것'이라고 말한다.(「협동조합인」 제1, 3, 6호)[6]

그러면서 그는 협동조합의 목적을 달성하기 위한 방법론으로, 노동자들이 매주 소액의 자본을 모아 축적하고, 축적된 자본금으로 노동자들이 공동매장을 만들어 사업을 하며, 모든 조합원들은 그 매장에서만 구매하고, 거기서 나오는 매장의 이익금과 조합원의 출자금으로 조합원의 일자리를 창출할 수 있는 공장을 세워 나가도록 한다. 그리고 모든 자산은 공동 자산으로 하며, 조합원 중 누가 병이 들면 공동경비로 치료해 주고, 자본이 충분히 축적되면 토지를 구입해서 조합원들 스스로 경작 생산하며, 은퇴한 노인들은 공동체 안에서 노후를 평안하게 살도록 하고, 아이들은 공동경비로 먹이고 입히고 교육을 시키도록 한다고 한다.

윌리엄 킹의 이런 주장은 매우 큰 영향을 미쳐서 1832년에는 약 500개 정도의 매장이 설립될 정도로 발전하였다. 그러나 자본가들

---

[6] 김형미, "협동조합에 스며든 기독교 사상 - 약한 이에게 부여하는 우애의 경제조직", 「기독교사상」 제655호(2013. 7), 14.

의 조직적인 방해와 경기 침체, 그리고 무엇보다 협동조합 운영에 대한 보다 구체적인 제도나 방법 등이 자체적으로 갖추어지지 못함으로써 이런 매장들은 제대로 뿌리를 내리지 못하고 막을 내리게 되었다.

이 무렵 영국을 중심한 로버트 오웬과 윌리엄 킹 외에도 협동조합과 관련한 유럽의 사상적 선구자들이 상당수 있었는데, 대표적으로 독일에서 도시 신용협동조합을 최초로 만든 프란츠 슐체델리치(Franz Hermann Schulze-Delitzsch, 1808~1883), 독일 농촌 신용조합의 창설자이면서 농업협동조합의 원조로 평가받는 빌헬름 라이파이젠(Wihelm Raiffeisen, 1818~1888), 그리고 프랑스에서 최초 협동조합 사상을 주장한 철학자 푸리에(Franois Marie Charles Fourier, 1772~1837)와 노동자생산협동조합 사상을 제시한 필리프 뷔세(Philippe Buchez, 1796~1865) 같은 사람들이 그들이다.

2) 협동조합의 출발과 발전

이미 언급했듯이 협동조합은 산업혁명과 함께 유럽을 중심으로 하여 탄생하였는데, 그 출발점은 영국에서부터였다. 18세기 후반에 접어들면서 시작된 영국의 협동조합운동은 그 후 프랑스, 독일을 포함한 유럽과 더 나아가서는 미국 지역으로 확산되었다.

그러면서 협동조합의 형태 역시 소비자협동조합, 노동자협동조합, 신용협동조합, 농업협동조합, 사회적 협동조합 등 다양한 방법으로 발전하여 오늘에 이르게 되었다.

(1) 최초 성공한 근대적 협동조합으로서의 '로치데일(Rochdale) 협동조합'

로버트 오웬과 윌리엄 킹 등을 통해 보았듯이 협동조합에 대한 운동과 실험들은 이미 있어 왔었다. 그러나 불행스럽게도 그 결과는 대부분 실패로 끝나고 말았다. 그러나 이런 우여곡절의 과정을 거친 후 드디어 협동조합을 성공적으로 만든 모델이 등장하게 되는데, 그것이 바로 1884년 영국 로치데일에서 소비자협동조합의 형태로 설립된 '로치데일 공정개척자조합'(Rochdale Equitable Pioneers Society)이었다.

로치데일은 당시 영국 면직물 산업의 중심지인 랭커셔(Lancashire) 지역에 위치한 인구 약 6만 5천 명 정도의 도시였는데, 1840년대 당시 로치데일 노동자들의 생활상은 비참하기 그지없었다. 열악한 노동 환경과 과도한 노동 시간, 저임금, 실업과 빈곤 등으로 노동자들은 엄청난 고통을 받아야만 했었다.[7] 이를 극복하고자 노동운동과 임금투쟁 등을 전개해 보았지만 결과는 모두 실패로 끝나고 말았다.

이렇게 힘든 상황에서 1843년 찰스 하워트(Chalres Howart)를 중심으로 한 가난한 노동자 몇 명이 모여 협동조합을 결성하기로 하고, 노동자들이 서로 협력하여 스스로 빈곤한 삶과 열악한 환경을 극복해 나가자는 결의를 하였다.

로치데일 공정개척자조합의 선구자들(1865년)

---

[7] 이 시대 영국의 경제적 상황은 너무 빈곤하여 '굶주림의 40년대'(Hungry Forties)로 불리기도 했다.

그리고 1844년 최초 28명의 조합원을 규합하여 로치데일 공정개척자 조합을 설립하게 된 것이다.

그들은 먼저 1인이 1파운드씩을 출자금으로 내어 28파운드를 모은 다음, 1844년 12월 21일 마침내 밀가루, 버터, 설탕, 오트밀, 그리고 양초 등을 파는 매장을 개설함으로써 본격적인 협동조합 사업을 시작하였다. 당시 식료품 등 모든 물건은 자본을 가진 사람들이 운영하는 상점에서 팔았는데, 이들은 더 많은 이윤을 남기기 위해 품질이 좋지 않은 물건들을 가져다가 값은 오히려 더 비싸게 팔았다. 그렇지 않아도 가난한 노동자들에게 이런 가격은 더 큰 경제적 부담이 되었었다. 그러나 이제 로치데일 협동조합의 매장에서 파는 제품들은 거기에 비해 품질이 좋으면서 값이 비싸지 않아 많은 노동자들에게 좋은 호응을 얻을 수 있게 되었다.

따라서 사업은 매우 성공적으로 진행되었고, 첫해에 710파운드의 매출을 올리며 22파운드의 이익을 남기는 좋은 실적을 기록하였다. 그해 말에는 조합원도 74명으로 늘어났으며 자본금도 181파운드로 증가했다. 로치데일 협동조합은 시간이 갈수록 발전하여 1880년에 이르러서는 조합원 수가 1,000명을 넘어서게 되었고, 자본금도 30만 파운드, 매출액 30만 파운드, 순이익 5만 파운드를 기록할 정도로 성장하였다.

로치데일 공정개척자조합이 협동조합의 역사에서 의미를 갖는 것은 단순히 그들의 사업이 성공한 데만 있는 것이 아니다. 중요한 것은 그들이 협동조합을 시작하면서 조합의 규약을 만들어서, 협동조합의 목적과 원칙을 분명히 정하고 현장에서 그것을 실천하며 적용하였다는 점이다. 그리고 그들이 만든 이런 협동조합의 목적과 원칙 등은 그 후 세계 모든 협동조합들에게 중요한 영향을 미쳤으며 현 국제협동조합연맹의 원칙에도 그 정신이 그대로 반영되고 있을 정도다.

로치데일 공정개척자조합은 1844년 만든 규약(Law the First)에서 "본 조합(Society)의 목적과 계획은 조합원의 재정적 이익과 사회적, 가정적인 상황을 개선하기 위한 해결책을 세우기 위한 것이다……."라고 명시함으로써, 협동조합의 목적이 무엇인지, 왜 협동조합을 세우는지, 협동조합을 통해서 무엇을 하려고 하는지를 분명하게 밝히고 있다.[8]

그리고 로치데일은 1844년 창립 이후 1860년에 이르러 규약을 다시 수정 통과하게 되는데, 거기서 언급한 아홉 가지 협동조합의 원칙(Rochdale Practices, 1860)은 다음과 같다.

① 자본금(capital)은 자체 조달(자급)하고 이자율은 고정(a fixed rate of interest)하도록 한다.
② 할 수 있는 한 최상의 제품(the purest provisions)을 조합원들에게

---

[8] 참고로 당시 규약에 나온 내용을 영문으로 싣는다. Objects of the Rochdale Pioneers, *From the Statutes of 1844*, Law the First: "The objects and plans of this Society are to form arrangements for the pecuniary benefit, and improvement of the social and domestic condition of its members, by raising a sufficient amount of capital in shares of one pound each, to bring into operation the following plans and arrangements. The establishment of a store for the sale of provisions and clothing, etc. The building, purchasing or erecting of a number of houses, in which those members, desiring to assist each other in improving their domestic and social condition, may reside. To commence the manufacture of such articles as the Society may determine upon, for the employment of such members as may be without employment, or who may be suffering in consequence of repeated reductions in their wages. As a further benefit and security to the members of this Society, the Society shall purchase or rent and estate or estates of land, which shall be cultivated by the members who may be out of employment, or whose labour may be badly remunerated. That as soon as practicable, this Society shall proceed to arrange the powers of production, distribution, education, and government, or in other words to establish a self-supporting home-colony of united interests, or assist other Societies in establishing such colonies. That, for the promotion of sobriety, a temperance hotel be opened in one of the Society's houses as soon as convenient."

공급하도록 한다.

③ (제품의) 정확한 양과 크기(full weight and measure)를 제공하여야 한다.

④ (비싸게 팔지 말고) 시장 가격(market prices)으로 판매하고, 외상은 요구하지도 말고 주지도 말아야 한다.

⑤ 이윤(profits)은 각 조합원이 이용한 실적에 따라 배분한다.

⑥ 일인 일표(one member one vote)의 원칙과 조합원들의 성적 평등(the equality of the sexes)을 지키도록 한다.

⑦ 조합의 경영(management)은 정기적으로 선출된 임원과 위원회에서 맡는다.

⑧ 이윤의 일정 부분은 교육을 위해 사용해야 한다.

⑨ 사업보고서와 대차대조표는 조합원들에게 보고되어야 한다.

1860년 로치데일의 경영원칙은 자본의 조달을 조합원들 스스로가 하며, 질 좋은 상품들을 팔되 속이지 않고 정직하게 비싸지 않은 시장 가격으로 팔고, 이익은 조합원의 이용 실적에 따라 배분하며, 모든 조합원은 동등한 의결권을 가지며 어떤 차별이 있어서도 안 된다는 것을 명시하고 있다. 여기에는 협동조합의 경영원칙과 함께 윤리적 민주적 가치들을 함께 담고 있는데, 이런 정신과 원칙은 그 후 출현한 모든 협동조합들의 이론적 토대가 되었다. 오늘날 많은 협동조합 이론가들이 로치데일을 '근대 협동조합의 효시'라고 부르는 이유가 바로 여기에 있는 것이다. 국제협동조합연맹 역시 로치데일이야말로 "근대 협동조합의 원형"(the prototype of the modern co-operative society)이요, 그 개척자들은 "협동조합운동의 창시자들"(the founders of the

Co-operative Movement)이라고 평가하고 있다.[9]

(2) 다양한 협동조합의 출현과 발전

영국에서 출발한 로치데일 공정개척자조합은 소비자가 중심된 일종의 소비협동조합이었다. 그러나 영국과 함께 유럽 여러 나라들에서도 협동조합운동이 성공적으로 시작 발전해 나갔는데 대표적인 것들을 보면 다음과 같다.

먼저 프랑스에서 시작된 **노동자협동조합**(또는 노동자생산협동조합)을 들 수 있다. 프랑스는 산업혁명 과정에서 대규모 공장보다는 중소규모의 공장들이 많이 설립되었고 발전하였는데, 그 과정에서 노동자들의 현실은 매우 비참했으며 무엇보다도 자본가들의 착취가 심각하였다. 따라서 노동자들 스스로가 자본가들의 착취로부터 벗어나 자신들의 권익과 생활 증진을 위해 만든 것이 바로 노동자협동조합이다.[10] 노동자협동조합은 노동자 자신이 직접 소유주(조합원)가 되어 생산에 참여함으로써, 노동에 의한 수익이 자본가가 아닌 조합원 자신들에게 돌아올 수 있었고, 이것은 빈곤에 시달리는 많은 노동자들에게 경제적으로 큰 유익이 되었다.

1831년 파리에서는 목수들이 중심이 되어 노동자협동조합을 처음으로 만들었고, 그 후 금세공인, 석공, 제빵사 등의 단체들이 잇따라서 협동조합을 결성하였다. 1848년 파리에는 노동자단체들이 255개 정도가 있었으며, 노동자단체 지원 법령이 제정되어 노동자협동조합 기금이 조성되기도 하였다. 1884년에는 29개 조합의 참여로 노동자들

---

9) ICA 홈페이지(http://ica.coop/) 참조.
10) 임영선, 『협동조합의 이론과 현실』(서울: 한국협동조합연구소, 2014), 41.

의 생산협동조합 자문협의체가 발족하였고, 1904년에는 359개 조합 중 200개 조합이 이 단체에 참여를 하기도 했다.[11]

그러나 노동자들이 중심된 노동자협동조합은 여러 가지 면에서 어려움이 많아 대부분 역사 속에서 사라졌고, 현재 가장 성공적으로 노동자협동조합을 하고 있는 곳이라면 스페인의 몬드라곤 협동조합을 들 수 있을 정도다.

둘째로 협동조합의 한 유형으로 발전한 것이 독일을 중심으로 한 **신용협동조합**이다. 1849년 독일의 라인강 중류 지역인 바이어부쉬(Weyerbusch)의 시장이었던 프리드리히 빌헬름 라이파이젠(Friedrich Wilhelm Raiffeisen, 1818~1888)은 독일 농촌 지역에 최초의 상호금융은행을 설립하였다. 당시 독일의 농민들 역시 영농자재의 외상값과 고리(高利)의 부채 등으로 인해 자본의 수탈에 시달리고 있었다. 라이파이젠은 농촌의 이런 금융 문제들을 해결하기 위해서 1849년 조합원 60명으로 "빈농구제조합"을 설립하였고, 조합은 가축을 구입하여 농민에게 양도하고 그 대금은 5년에 나누어서 내도록 함으로써 농민들의 경제적 부담을 덜어주었다.[12] 그 후 이 협동조합은 1862년에 라이파이젠 은행으로 성장하였고 대표적인 독일 협동조합으로 자리를 잡게 되었으며, 1910년에는 조합 수가 5,517개에 조합원 수 260만 명에 이를 정도로 발전하였다.

독일에서 일어난 또 하나의 신용협동조합 모델이 있는데, 그것은 1850년 헤르만 슐체 델리치(Hermann Schulze Delitzsch, 1808~1883)에 의

---

11) Stefano Zamagni and Vera Zamagni, *La Cooperazone*, 송성호 역, 『협동조합으로 기업하라』(서울: 한국협동조합연구소, 2013), 49.
12) 임영선, 『협동조합의 이론과 현실』, 44~45.

해 델리치 시에 세워진 "공민은행"(Vorschussvereine, peoples' banks)이다. 슐체 델리치는 판사와 베를린의 국회의원을 지냈는데, 그는 도시의 소규모 수공업자들 역시 고리채와 빈곤에 시달리고 있는 비참한 현실을 보고 그들의 어려움을 해결하고자 신용협동조합(credit union)을 조직하였던 것이다. 최초 조합원은 10명의 수공업자들이었으며, 조합은 이들에게 원료 구입 등에 필요한 자금을 대출해 주는 것을 주목적으로 하였다. 1859년에는 은행이 111개로 늘어났고, 1864년에는 중앙회가 결성되었으며, 1910년에는 조합이 2,103개에 조합원이 100만 명에 이르게 되었다.[13] 라이파이젠의 신용협동조합이 농촌을 중심으로 한 것이라면, 슐체 델리치는 도시를 중심으로 하여 설립된 신용협동조합이었던 것이다.

셋째로 또 하나의 협동조합 모델로 출현한 것이 **농업협동조합**이다. 농업협동조합은 대표적 농업 국가인 덴마크를 중심으로 하여 발전하였는데, 여기에는 덴마크 중흥의 아버지요 농민 교육자였던 니콜라이 그룬트비(Nikolai Frederik Severin Grundtvig, 1783~1872) 목사의 공헌이 지대하였다. 그는 농민들을 교육하고 설득하여 농업협동조합과 학교를 세우도록 했는데, 그의 사후에 이런 조합들은 덴마크의 대표 산업으로 떠오르던 낙농 가공 분야에서 특별히 크게 발전하였다.[14]

최초의 낙농업협동조합은 1882년 닐센(Neilsen)에 의해 덴마크 주트랜드(Jutland) 반도의 서부 지역에 있는 예딩(Hjedding)이라는 곳에서 만들어졌고, 1890년부터는 버터 수출을 위한 낙농업협동조합들이 모여 협회를 결성하게 되었으며, 1901년에는 덴마크 전국 낙농가협동조

---

13) Stefano Zamagni and Vera Zamagni, *La Cooperazone*, 50.
14) 위의 책, 50.

합연합이 설립되었고 이것은 후에 전국 낙농산업을 관장하는 덴마크 낙농가연맹으로 발전하였다.[15]

또한, 덴마크에서는 낙농조합 외에도 농업과 관련한 협동조합들이 계속 설립 발전되었는데, 1887년에는 도축가공협동조합이 결성되었고, 1898년에는 가축수출협동조합이 만들어졌다. 그리고 1899년에는 덴마크의 모든 협동조합을 대표하는 덴마크협동조합중앙위원회가 창설되기에 이르렀다. 제1차 세계대전 당시 전체 농가의 절반 이상이 소비자협동조합의 조합원이었고, 모든 가축의 86%가 낙농업협동조합에 속해 있었으며, 사육돈의 50%가 베이컨가공협동조합과 계약을 맺을 정도로 덴마크는 가히 '농업협동조합 공화국'의 모습을 갖추게 되었다.[16] 이런 덴마크의 농업협동조합은 그 후 인접한 스웨덴과 핀란드뿐만 아니라 더 나아가 유럽, 미국, 그리고 전 세계에 이르기까지 확산되었다.

끝으로 최근에 새롭게 등장하여 주목을 받고 있는 하나의 협동조합의 형태가 **사회적 협동조합**이다. 이것은 기존의 협동조합과는 상당히 다른 특징을 갖는 것으로 이탈리아에서 시작이 되었다. 이미 언급했듯이 기존의 협동조합은 그 조합에 속한 조합원들의 권익과 편의를 위해 영리적인 목적을 가지고 운영되는 곳이다. 그러나 사회적 협동조합은 그 지역주민들의 권익과 복리 증진을 위해 운영되는 비영리 조합이다. 즉 지역주민들의 권익과 복리 증진을 위한 사업과 취약계층에 대한 사회 서비스나 일자리를 제공하는 일 등을 수행하는 것이 사회적 협동조합의 역할이라는 것이다.

---

15) 위의 책, 50.
16) 농협대학교 협동조합경영연구소 편, 『협동조합학원론』, 86.

최초의 사회적 협동조합은 1963년 1월 23일 가톨릭 운동가인 주세페 필리피니(Giuseppe Filippini)의 주도로 이탈리아의 브레시아(Brescia)에서 시작이 되었다.[17] 당시 필리피니는 사회적 협동조합이 교육, 훈련, 돌봄, 오락, 장애인 지원과 같이 주로 사람들의 정신적 필요를 채워주는 일을 여러 사람이 협동하여 함께 한다는 것과 조합원뿐만 아니라 조합원 이외의 다른 사람들을 위해서도 활동을 한다는 것이 기존의 협동조합과 다르다고 하였다. 따라서 사회적 협동조합은 전혀 새로운 방식으로 상호협력을 하게 되는데, 이를 위해서 서비스를 담당하는 조합원들뿐만 아니라 서비스를 받는 수혜자들, 그리고 지역공동체의 대표들까지 의사결정권을 가지고 참여하게 된다.

현재 이런 사회적 협동조합은 좋은 호응을 얻으며 세계로 확산되어 나가고 있는데, 프랑스는 2001년 '공익 사회적 협동조합' 제도를 승인했으며, 스페인은 1999년에 '사회적 목적 협동조합'을, 포르투갈은 1998년에 '사회적 연대 협동조합'을, 그리스는 1999년에 '유한책임 사회적 협동조합' 제도를 도입하여 실행하고 있다.[18] 한국 역시 사회적 협동조합이 오늘의 다양하고 복잡한 사회를 위한 하나의 모델로 도입되어 활발하게 사업들이 진행되고 있다.

3) 국제 협동조합운동의 결실: 국제협동조합연맹(ICA)

각 나라에서 자발적으로 출발하여 발전한 협동조합들은 이제 국가의 경계를 넘어 전 세계적 차원에서의 연대와 협동의 필요성을 느끼기 시작하였다. 그 결과 1895년 8월 19일 영국 런던에서 각국의 협

---

17) Stefano Zamagni and Vera Zamagni, *La Cooperazone*, 51.
18) 위의 책, 52.

동조합 대표들이 최초로 모임을 갖고 국제협동조합연맹(International Co-operative Alliance)을 창설하게 된다. 이것은 13개국에서 온 대표자 200여 명이 런던에서 국제협동조합연맹(ICA) 창설을 위한 일주일 동안의 모임 끝에 얻어진 결과였다.[19] 이들 중 9개국은 유럽이었고, 나머지 4개국은 당시 유럽의 문화가 보급된 미국, 아르헨티나, 오스트레일리아, 인도였다.[20] 또한, 이 모임에서 대표자들은 국제협동조합연맹의 목표와 함께 협동조합에 대한 정의와 원칙들을 제정하고 국제적인 무역을 개발시켜 나가기로 결정함으로써, 협동조합에 대한 분명한 입장을 정리하고 나아가 협동조합운동이 국제적 차원으로 더욱 확대 발전될 수 있도록 하였다.

특별한 것은 1, 2차 세계대전을 거치면서 각국의 정치적 입장과 이해관계 때문에 거의 모든 국제기구들이 와해되었지만, 오직 유일하게 생존한 것이 국제협동조합연맹이었다. 그것은 국제협동조합연맹이 평화와 민주, 그리고 정치적 중립을 지킴으로써 가능했던 일이었다.

1946년 ICA는 국제노동기구(ILO)와 식량농업기구(FAO)처럼 UN의 고문 자격을 부여받았으며, 현재 국제협동조합연맹은 세계 각국의 협동조합을 대표하는 세계 최대의 비정부기구로 성장하였다. 명실공히 ICA는 전 세계 94개국의 268개 협동조합에 소속하고 있는 10억 명 이상의 조합원(2013년 기준)을 대표하는 기구가 된 것이다. ICA의 본부는 창설 당시부터 영국 런던에 두었는데, 1982년 스위스 제네바로 옮겼고, 다시 2011년 벨기에 브뤼셀로 옮겨 현재는 브뤼셀에 그 본부를 두고 있다.

---

19) 국제협동조합연맹의 창설 모임에 참석한 나라들은 아르헨티나, 오스트레일리아, 벨기에, 영국, 덴마크, 프랑스, 독일, 네덜란드, 인도, 이탈리아, 스위스, 세르비아, 미국 등 13개국이었다.
20) Stefano Zamagni and Vera Zamagni, *La Cooperazone*, 84.

ICA의 조직은 전체 총회(General Assembly)와 함께 4개의 지역 총회 (Regional Assembly, 유럽, 아시아-태평양, 아프리카, 남북아메리카)가 있으며, 23명의 이사회와 함께 4개의 전문위원회, 8개의 분과기구, 감사관리위원회, 지역사무소 등이 있다.

총회는 최고정책기관으로서 2년마다 개최된다. 지역총회 역시 2년마다 열리나 전체 총회와 겹치지 않도록 개최한다. 위원회에서는 ICA를 전체적으로 감독하고 예산을 설정하며 회원 문제에 관한 결정권을 가진다. 참고로 한국은 1963년 농업협동조합중앙회가 ICA에 회원으로 가입하여 활발한 활동을 하고 있다.

2. 한국의 협동조합

그러면 한국의 협동조합은 어떤 역사를 가지고 출발하여 지금까지 발전해 왔는가? 물론 근대적 협동조합이 시작된 것은 오랜 일이 아니지만, 우리나라 역시 오래전부터 협동 사상과 함께 사람들이 모이고 합력(合力)하여 일하는 협동조직들이 있어 왔다. 그중의 대표적인 것이 우리가 잘 알고 있는 '두레'와 '계' 같은 것이다.

두레는 중남부지방을 중심으로 하여 논농사를 짓는 지역에서 한 마을의 성인 남자들이 함께 협력하여 농사를 짓거나, 부녀자들이 서로 협력하여 길쌈을 하던 공동노동조직을 말한다. 두레가 언제부터 시작되었는가에 대한 정확한 근거는 찾기 어려우나, 두레가 농경 사회에서 모내기나 김매기, 타작 등을 서로 상부상조(相扶相助)하면서 시작된 것으로 볼 때 고대 씨족공동체인 삼한 시대부터 시작된 것이 아닌가 하는 견해들이 있다.

다음으로 계(契)를 들 수 있는데, 계는 '모인다'(會)는 의미를 갖는 것으로 여러 사람이 어떤 일을 함께 하려고 모인 단체를 일컫는다. 계에는 단체성에 의한 자율적 기능과 모임의 목적을 달성하기 위한 경제적 기능을 가지고 있는데, 여러 사람들이 자율적으로 결합하여 공동으로 정한 목적에 따라 규약을 정하고 돈을 출자하여 사업을 수행하였다. 따라서 돈을 모아 이자를 불려 그것을 계원들과 나누거나, 농지를 구매하여 공동으로 생산하여 나누는 것 등을 통해서 계원 간에 상부상조하는 일을 하였던 것이다. 계원이 되기 위해서는 일정한 심사의 과정이 있었으나, 일단 계원이 되면 신분의 고하를 따지지 않고 평등한 발언권 등을 가짐으로써 계는 민주주의의 싹을 품고 있기도 했다.[21]

1) 근대 협동조합의 태동(일제 강점기)

한국에서 근대적 협동조합이 본격적으로 시작된 것은 일제 침략기부터라고 본다.[22] 1905년 을사늑약으로 실질적 국권이 일본으로 넘어간 후 1907년 조선총독부는 조선에 '금융조합'을 만들었다. 물론 이것은 조선인들을 위한 것이 아니라 일본인들이 조선을 수탈하기 위한 하나의 방편으로 만들어진 것이었다.

그 후 1926년 1월에는 조선총독부가 당시 민간을 중심으로 하여 확산되고 있던 협동조합운동을 포섭 통합하여 식민지 지배를 강화하고자 하는 목적으로 '산업조합'을 설립하였다. 그러나 이것 역시 외형적으로 협동조합의 형태를 갖고 있기는 했지만 사실 조선총독부 식

---

21) 김기태, "한국협동조합의 역사와 동향", http://kwwnet224.com. 2.
22) 정원각, "한국의 협동조합운동의 역사와 현재", 「진보평론」제57호(2013. 9), 114.

산국(殖産局)에서 관할하는 조직으로 금융조합과 함께 조선총독부의 식민정책사업을 수행하는 준(準) 관조직이었다. 당시 금융조합이 신용사업을 중심으로 하였다면, 산업조합은 신용사업을 제외한 판매 구매 이용 사업을 중심으로 하여 중소 생산자의 구제와 산업의 발전에 도움을 주고자 했다고 하겠다.

또 하나 일제 강점기 협동조합과 관련하여 등장한 것이 식산계(殖産契)라는 것이었다. 식산계는 1935년 금융조합과 산업조합의 하부조직으로 각 부락에 거주하는 사람들이 소규모로 만든 조합이었다. 그러나 내용적인 면에서는 협동조합적인 성격을 제대로 갖추지 못하고 금융조합과 산업조합의 대행기관 구실을 하는 데 불과하였다. 1935년 공포된 식산계령에 따라 당시 금융조합은 1개 조합당 4~5개의 부락을 선정하여 계(契)를 설치하도록 하였으며, 1938년 이후에는 식산계를 확충하기 위한 5개년계획을 수립하여 1944년 무렵에는 전국에 약 48,838개의 금융조합계를 설립을 할 정도가 되었다.[23]

그러나 일제 식민 시대에도 조선인들을 중심으로 한 협동조합운동이 자발적으로 일어났었는데, 이러한 것은 최초 일본 유학생들과 종교계를 중심으로 하여 진행이 되었다. 무엇보다 당시 조선인들에 의해 일어난 이런 협동조합운동은 단순히 협동조합 차원에서만 머무른 것이 아니라 독립운동의 한 형태로 연계되어 조선인들에게 희망을 주었고, 농민과 노동자들의 조직과도 연결이 되었다는데 또 다른 의미가 있었다.[24]

문헌상 조선인들에 의해 최초 자발적으로 만들어진 협동조합은

---

23) 광복 후에도 식산계의 활동은 계속 유지되었으나, 1957년 제정된 '농업협동조합법'에 의해 그 재산과 사업 등이 '이동(異洞)농업협동조합'으로 이전되면서 식산계는 역사 속으로 자취를 감추게 된다.
24) 김기태, "한국협동조합의 역사와 동향", 2.

1920년에 설립된 '경성소비조합'과 '목포소비조합'이었다. 그 후 1926년에는 일본 유학생을 중심으로 하여 '협동조합운동사'(協同組合運動社)가 조직되고, 천도교 교인들을 주축으로 하여 만든 '농민공생조합'과 YMCA가 마을 단위를 중심으로 하여 조직한 마을 단위 협동조합들이 만들어져 확산되었다.[25]

일제 강점기 우리 민족에 의해 자발적으로 만들어진 이런 협동조합들은 일제의 탄압 가운데서도 큰 호응을 얻어 발전해 나갔는데, 1930년대 중반에는 무려 1,000여 개의 협동조합과 100,000여 명의 조합원이 협동조합에 가입할 정도였다. 그러나 이런 발전도 1937년 일본 총독부에 의해 협동조합 폐쇄 명령이 내려짐으로써 조선인들에 의한 협동조합운동은 그 막을 내리게 되었다.[26]

2) 협동조합의 초창기

해방된 이후 한국은 1957년 정부 주도로 '농업협동조합법'을 제정함으로써 협동조합 역사에 새로운 전기를 마련하게 된다. 물론 협동조합의 본래 취지가 조합원들의 자발성에 근거한 것이어야 한다는 점에서 정부가 주도한 협동조합은 문제가 없는 것은 아니었으나, 당시 여러 가지 열악한 상황 속에서도 정부가 협동조합에 관심을 갖고 이를 새롭게 시작했다는 점은 높이 평가해야 할 것이다.

1957년 농업협동조합법에 따라 만들어진 **농업협동조합**(**농협**)은 내용적으로는 일제 시대의 금융조합과 산업조합, 식산계 등을 계승하

---

25) 위의 글, 2.
26) 위의 글, 2.

여 새롭게 조직된 것이라고 할 수 있다.[27] 농업협동조합법에 따라 그 이듬해인 1958년 5월 7일 최초 농협중앙회가 설립되는데, 이것이 농업협동조합의 시작이라고 하겠다.

당시 농업협동조합법은 농업은행과 농업협동조합을 이원적으로 분리하도록 하였는데, 신용업무는 농업은행이 맡고 경제 사업은 주로 농업협동조합이 맡도록 하였다. 그리고 농업협동조합은 이동농협, 시군(市郡)조합, 농협중앙회 등으로 구성되었는데, 이동농협은 과거 식산계의 업무를, 시군농협은 금융조합과 시군농회의 사업을, 농협중앙회는 금융조합연합회와 대한농회의 사업과 함께 서울시 및 도농회의 업무를 인수하여 담당하도록 하는 식이었다.[28]

참고로 농업은행과 농협은 신용사업과 경제 사업을 서로 보완 협력할 목적으로 1961년 통폐합되었다. 그리고 1988년 농협법 개정으로 농협은 자율적인 운영체제를 확립하게 되었으며, 그 결과 정부 주도를 벗어나 조합장과 중앙회장을 직선제로 선출할 수 있게 되었다. 그 후 1997년의 외환위기를 겪은 후 축협과 인삼협동조합이 경영 위기를 겪게 되자 2000년 7월 1일 농협과 축협, 인삼협동조합이 통합되어 새로운 농협중앙회로 발족하였으며, 2011년 농협의 '사업구조 개편법안'이 국회를 통과하면서 농협의 경제 사업과 신용사업이 다시 분리되는 일이 있었다.

농업협동조합 외에도 축산업협동조합, 수산업협동조합, 중소기업협동조합 등이 이 시기에 발족하여 중요한 기능을 하게 되는데, 먼저 **축산업협동조합(축협)**은 원래 1957년 공포된 농업협동조합법에 따라 농협에 소속된 기관이었다. 그러나 1981년 제정된 축산업협동조합법

---

27) 정원각, "한국의 협동조합운동의 역사와 현재", 114.
28) 농협대학교 협동조합경영연구소 편, 『협동조합학원론』, 102.

에 따라 1981년 독립하게 되었으나, 2000년 다시 농협과 통합이 되고 만다.

수산업협동조합(**수협**)은 일제 강점기 관제조합으로 만들어진 '어업조합'에 뿌리를 두고 있다. 어업조합은 1944년 사단법인 '조선수산회'를 조직하였고, 해방 후 1949년에 그것은 '한국수산회'로 개편되었다. 다시 1952년 '대한수산중앙회'로 개칭되었다가, 1962년 제정된 수산업협동조합법에 따라 정식 수산업협동조합으로 출발을 하게 되었다. 수협은 중앙회와 그 산하에 지구별 어업협동조합과 수산제조업협동조합으로 구성되어 있다.[29]

그리고 1961년 중소기업협동조합법이 제정되면서 **중소기업협동조합**이 출현하게 되는데, 이것은 중소기업 조합원들에 대한 원자재 구매와 제품의 판매, 조합원 간의 사업 협력, 제품의 품질 향상, 사업자금 대여, 기업 경영 합리화와 기술 향상을 위한 지도와 교육 등을 목표로 하여 세워진 협동조합 조직이다. 조합의 구성은 중소기업협동조합중앙회와 그 산하에 전국조합과 업종별연합회로 되어 있다.

이 시기 협동조합과 관련하여 주목해야 할 또 하나가 있는데, 바로 **신용협동조합**(**신협**)이다. 농협을 중심으로 한 축협, 수협, 그리고 중소기업협동조합이 대부분 정부의 주도와 지원하에 체제를 갖추고 시작하여 발전하게 된 것들이라면, 신용협동조합은 조금 다른 차원에서 시작이 되었다. 농협 등이 위에서 아래로 시작된 협동조합들인 데 비해 신협은 아래로부터 시작된 협동조합운동이었다.

한국에서의 정식 신용협동조합은 1960년 5월 1일 부산의 메리놀 수녀원의 메리 가별(원명, Mary Gabriella Mulberin) 수녀에 의해 세워진

---

29) 위의 책, 103~104.

'성가신용협동조합'이 그 시작이라고 볼 수 있다. 당시 한국은 6·25전쟁 이후 전쟁의 후유증과 함께 가난에서 허덕이고 있을 때였다. 이런 상황을 목격한 메리 가별 수녀는 비참한 한국인들의 생활을 돕기 위해서 부산에서 신협을 처음으로 세웠던 것이다. 이어서 6월에는 서울에서 장대익 신부를 중심으로 두 번째 신협이 세워지는데, 이름은 '가톨릭중앙신협'이었다.

1962년에는 가별 수녀의 주도로 '협동조합교도봉사회'가 설치되어 신용조합을 운영할 지도자들을 교육하였으며, 여기서 교육을 받은 이들을 중심으로 하여 신협이 전국에 세워지면서 확산될 수 있었다. 그리고 1963년에는 협동조합봉사회가 서울에 협동교육연구원으로 이전 발전하면서, 신용조합 지도자뿐만 아니라 소비조합과 노동조합의 지도자들을 양성하게 되었다. 이어서 1964년에는 한국신용조합연합회가 결성되었으며, 신협운동이 가톨릭을 넘어 개신교회와 산업별 노동조합 단위로 확대되었다. 특별히 신협은 1972년 '신용협동조합법'이 제정 공포됨으로써 또 한 번의 발전 계기를 마련하였고, 현재는 지역단위조합이나 직장단위조합 및 단체조합 등 다양한 조직이 활동하고 있다.[30] 이 시대 모든 협동조합이 정부의 주도로 세워지고 발전한 반면에 신협은 아래서부터 자발적으로 생성 발전하였다는 점에서 한국협동조합의 역사에서 중요한 의미를 갖는다 하겠다.

이 시대를 다시 한번 요약 정리하면 1950~1970년대의 초창기 한국협동조합은 정부 주도하에 추진이 되고, 정부의 지원과 함께 간섭을 받으며 발전하였다. 이 시기에 협동조합의 본래 취지는 지켜지지 않

---

[30] 위의 책, 105.

았지만, 그럼에도 불구하고 정부의 다양한 지원이 함께함으로써 협동조합의 사업적 효과는 매우 크게 증대될 수 있었으며, 그나마 협동조합이 한국에 자리 잡을 수 있는 기본적 토대를 마련할 수 있었던 시기가 되었던 것이다.

3) 자율적 민간협동조합의 정착과 발전

1980년대 한국의 민주화는 한국 사회뿐만 아니라 협동조합의 역사에도 새로운 변화를 가져왔다. 그동안 정부 주도의 협동조합운동이 이제 민간을 중심으로 한 자발적인 형태로 더욱 발전하게 된 것이다.

1980년대를 들어서면서 한국 협동조합에 새롭게 등장하여 큰 관심을 불러일으킨 부분이 있다면 그것은 바로 **생활협동조합**(생협)운동이다. 한국의 최초 생협은 1985년 무점포 생협사업 방식을 도입한 안양의 '바른생협'과 1986년 도농 직거래를 위한 '한살림농산'을 들 수 있는데,[31] 한국의 생협은 소비자협동조합의 한 형태로 주로 도농(都農) 교류, 윤리적 소비, 로컬 푸드(local food), 친환경 농산물의 생산과 판매 등의 사업에 역점을 두면서 성장하였다. 이후 생협은 1999년 생활협동조합법이 제정되면서 더욱 발전의 계기를 마련하게 되는데, 2000년에는 조합원이 46,000명 정도에 이르게 되었고, 2010년에는 430,000명으로 10년 사이에 10배 정도의 성장을 보였다. 공급액도 2000년에는 300억 정도였는데, 2010년에는 5200억 정도의 규모가 되

---

31) 한살림농산은 1988년 '한살림공동체소비자협동조합'으로 발전하여 오늘에 이르고 있다.

어 15배의 성장을 이루었다.32) 그리고 지금도 생협은 한살림생협연합회, 아이쿱(icoop)생협연합회, 두레생협연합회, 여성민우회의 행복중심생협연합회 등 4개의 대표적인 생활협동조합연합회가 조직되어 활발히 사업을 전개하고 있다.

생협뿐만 아니라 이 시기에 농협도 보다 민주적이고 자율적인 조직으로 탈바꿈하면서 1989년 조합장 직선제가 이루어지고, 농협중앙회의 신용사업과 경제사업이 분리되고, 농민단체들을 통한 협동조합의 정체성을 찾고자 하는 노력이 계속되고 있다. 신협 역시 1980년대까지 활발한 사업 활동을 하다가, 1997년 외환위기를 겪으면서 공적자금이 투입되는 등 어려움을 겪기도 했지만, 다시 새로운 출발을 하면서 도약을 준비하고 있다.

무엇보다 한국에서는 2012년 12월 1일 '협동조합기본법'이 제정되면서, 그동안 전통적으로 해왔던 협동조합사업 역시 새로운 전기를 맞게 되었을 뿐만 아니라 '사회적 협동조합'이 새롭게 등장하여 활동할 수 있는 자유로운 장이 마련되었다. 조합원 중심의 협동조합이 이제는 그 범위를 넘어서 사회적 책임과 기여에 대해서도 그 역할을 담당할 수 있게 된 것이다. 다양한 협동조합이 자유롭게 그 사업을 할 수 있는 환경, 그야말로 본격적인 협동조합의 시대가 우리에게 열리게 된 것이다.

1884년 영국의 조그만 도시 로치데일에서 시작된 협동조합운동은 100여 년의 역사를 거치면서 세계적으로 놀라운 성장과 발전을 거듭해 왔다. 그리고 지금 우리가 사는 시대에 중요한 역할과 기능을 수

---

32) 정재돈, "한국의 협동조합운동과 국내외 협동조합 모범사례," 「사목정보」 5권 12호 (2012. 12), 103~104.

행하고 있다. 국제협동조합연맹의 2014년 자료(the 2014 World Cooperative Monitor)에 의하면 현재 우리가 사는 세계에는 약 10억 명의 협동조합원들이 있으며, 협동조합을 통해 직간접적으로 고용된 사람들만 2억 5천만 명에 이르고, 세계 300대 협동조합의 총매출액이 2조 2천억 달러에 이르고 있다.[33]

협동조합의 이런 성장에 못지않게 협동조합은 지금 우리 시대가 안고 있는 사회경제적 모순과 문제점들을 해결할 수 있는 중요한 대안으로 부상하고 있다. 자본주의가 갖는 여러 가지 문제들, 즉 인간의 탐욕에 근거한 사유재산과 개인적인 과도한 경쟁, 그로 인한 약육강식과 승자독식의 야만적 사회 현상, 자본에 의한 노동의 수탈, 황금만능주의로 인한 인간 존엄성의 상실과 자본에 의한 인간 지배, 빈부의 격차와 경제적 양극화의 확대, 개인 또는 국가 간의 경제적 불평등 심화 등은 오늘 우리가 사는 세상을 절망적으로 만들고 있다.

그러나 협동조합의 역사는 '경쟁보다는 협동'이 인간이 사는 세상을 보다 인간적으로 만들 수 있다는 것을 교훈으로 보여주고 있다. 그런 의미에서 우리가 사는 세상은 협동에 의해서 보다 희망적으로 변화할 수 있을 것이다. 이것이 이 시대 사람들이 협동조합에 대해 관심을 가져야 할 이유이다.

---

33) ICA 홈페이지(http://ica.coop/) 참조.

II부

교회·목회·협동조합

3장 성서와 협동조합

1. 성서와 협동, 그 신학적 근거
2. 구약 속의 협동 공동체
3. 신약의 협동 공동체

4장 실천 현장으로서의 교회에 대한 이해

1. 교회란 무엇인가
2. 교회의 임무: 교회, 무엇을 하는가
3. 교회와 세상: 세상의 빛과 소금으로서의 교회

5장 목회와 협동조합

1. 목회의 변혁, 시대적 요청
2. 목회는 무엇인가: 목양(牧羊)―목회(牧會)―목민(牧民)
3. 한국교회 목회 현장의 위기
4. 전환기에 선 한국교회 목회 패러다임의 변화와 지역사회 섬김을 위한 실천
5. 한국교회 목회 실천의 한 대안으로서의 협동조합
6. 세상을 위한 교회, 세상을 위한 목회

3장

성서와 협동조합

협동은 기독교 역사 가운데 큰 역할을 수행해 왔다. …… 예수의 첫 제자들도 구약 성경의 정의의 전통에 뿌리박은 공동체 생활을 영위했고, 이는 후대의 그리스도인들에게 많은 영감을 주었다.[1]

17세기 후반 영국을 중심으로 하여 서양에 뿌리를 내린 협동조합은 기독교 토양 위에서 세워진 것이었다.[2] 그리고 이 협동조합운동은 기독교 정신을 바탕으로 하여 발전해 왔으며, 현재도 협동조합의 기본 정신 속에는 기독교의 인간관과 박애 정신 등이 깊이 스며들어 있다.[3] 그런 의미에서 기독교 공동체는 오늘의 협동조합이 있게 한 산실이라고 해도 지나치지 않을 것이다.

---

1) Andrew McLeod, *Holy Cooperation!: Building Graceful Economies*, 홍병룡 역, 『협동조합, 성경의 눈으로 보다』(서울: 아바서원, 2013), 14.
2) 김형미, "협동조합운동에 스며든 기독교 사상", 「기독교사상」 제655호(2013. 7), 11.
3) 최혁진, "사회적 협동조합의 등장과 교회의 역할", 「기독교사상」 제655호(2013. 7), 70.

성서 속에 나타난 이스라엘의 역사는 공동체의 역사다.[4] 여호와 하나님 한 분에 대한 믿음으로 그들은 신앙공동체를 형성하면서, 그것을 지금까지 계승해 오고 있다. 이스라엘은 역사 속에서 많은 고난과 시련을 당하였다. 그러나 그들이 오늘까지 그 모든 것을 이기고 자신들을 지킬 수 있었던 힘은 바로 신앙을 기반으로 하는 공동체 정신이 있었기 때문이다.

신약시대 이후 탄생한 교회 역시 마찬가지다. 교회 역시 많은 박해와 고난을 받았지만, 오늘까지 그것이 소멸하지 않고 존속 가능했던 것은 교회가 신앙에 기초한 공동체로 이 땅에서 존재했기 때문이다.

공동체란 개인이 개별적으로 사는 것이 아니라 다른 사람들과 더불어 마음을 합하고 힘을 합하여 서로 협동하며 사는 것이다. 성경은 오늘 우리에게 이스라엘 공동체와 교회 공동체를 통해서 이런 역사를 잘 보여주고 있다.

본 장에서는 '협동'의 측면에서 성서를 조망(眺望)하면서, 성서 속에 나타난 협동의 신학적 근거와 함께 신구약 성경에 나타난 협동 공동체의 모습을 살펴보도록 하겠다.

1. 성서와 협동, 그 신학적 근거

"보라 형제가 연합하여 동거함이 어찌 그리 선하고 아름다운고"(시 133:1).

---

4) Victor H. Matthews and Don C. Benjamin, *Social World of Ancient Israel(1250~587 BCE)* (Peabody: Hendrickson Publishers, 1993), x vii- x viii.

"또 두 사람이 함께 누우면 따뜻하거니와 한 사람이면 어찌 따뜻하랴 한 사람이면 패하겠거니와 두 사람이면 맞설 수 있나니 세 겹 줄은 쉽게 끊어지지 아니하느니라"(전 4:11~12).

이 두 성경 구절은 성경 속에서 협동의 중요성을 나타내는 가장 핵심적인 구절이라 본다. 시편 133편 1절에서 '연합'을 의미하는 히브리어 원어는 יַחַד(야하드)인데, 이 단어는 "연합, 합동, 협력, 힘을 합침" 등을 의미한다.[5] 따라서 시편 133편 1절은 "형제가 연합하고 형제가 협력하여 함께 살아가는 것이 보기에 얼마나 선하고 아름다운 것인가."라는 의미가 된다.

또한, 전도서 4장 11~12절은 홀로 사는 사람의 삶이 편안할 수 없고, 싸움을 하더라도 함께 싸워야 이길 수 있음을 말하면서, 사람들이 합력할 때 더 큰 힘을 얻을 수 있다는 것을 강조하고 있다. 이렇게 성경은 우리 인간이 분열하고 분리되어 홀로 사는 것이 아니라 다른 이들과 함께하며 더불어 살아가는 것이 진정으로 복되고 강하다는 것을 말하고 있다.

그러면 협동에 대한 신학적 근거를 성경에서 우리는 어떻게 확인할 수 있을까?

1) 삼위일체(三位一體) 하나님의 협동

성경에서 협동에 대한 신학적 근거는 무엇보다도 우리가 믿는 하나

---

[5] G. Johannes Botterweck and Helmer Ringgren, ed., *Theological Dictionary of the Old Testament*, trans. David E. Green(Grand Rapids: William B. Eerdmans Publishing Co. 1990), 40~48.

님 자신의 협동에서부터 출발한다. 하나님은 한 분이시되, 성부, 성자, 성령 삼위가 함께 협동하여 하나님의 사역을 이루어 나가신다.

성부 하나님은 천지를 창조하시고, 그 아들 성자 예수 그리스도를 이 땅에 보내셔서 인류를 구속하는 일을 이루셨다. 성자 예수 그리스도는 성부 하나님의 뜻을 따라 이 땅에 인간의 몸을 입고 성육신(incarnation)하셔서, 우리 인간들과 함께 사시고 마지막 십자가에서 온 인류의 죄를 대신 지고 죽으심으로써 인류 구속의 대역사를 이루셨다. 성자 예수님은 이 땅에 자신의 뜻을 이루기 위해서 오신 것이 아니라, 자신을 보내신 분, 즉 성부 하나님의 뜻을 이루기 위해서 이 땅에 오셔서 그 일을 완성하셨다.

> "내가 하늘에서 내려온 것은 내 뜻을 행하려 함이 아니요 나를 보내신 이의 뜻을 행하려 함이니라 나를 보내신 이의 뜻은 내게 주신 자 중에 내가 하나도 잃어버리지 아니하고 마지막 날에 다시 살리는 이것이니라"
> (요 6:38~39).

성자 예수 그리스도께서는 인류 구속의 역사를 십자가에서 이루시고, 죽으셨다가 삼 일 만에 다시 부활하시고 승천하셨다. 그때 성부 하나님께서는 약속하신 성령을 보내셔서 모든 믿는 신자들과 교회를 신앙의 반석 위에 굳건히 서도록 하셨다. 예수님은 승천하시기 전 사도와 함께 모이사 그들에게 분부하여 이르시되 "예루살렘을 떠나지 말고 내게서 들은 바 아버지께서 약속하신 것을 기다리라"(행 1:4)고 말씀하셨다. 그리고 사도 베드로는 오순절 성령 강림을 체험하고, "하나님이 오른손으로 예수를 높이시매 그가 약속하신 성령을 아버지께 받아서 너희가 보고 듣는 이것을 부어 주셨느니라"(행 2:33)고 전하고 있다.

삼위일체 하나님은 과거에만 함께 역사하신 것이 아니라 지금도 동일하게 성부, 성자, 성령 삼위(三位)가 일체(一體)를 이루셔서, 협동하여 하나님의 사역을 우리 인류 역사 속에서 이루고 계신다. 그리고 협동을 통해서 역사하시는 하나님은 피조물 된 우리 인간들 역시 협동을 통해 함께 일하기를 원하고 계신다.

2) 협동하는 존재로서의 인간 창조

하나님은 천지 만물을 창조하시고, 마지막에 하나님의 형상(Imago Dei)을 부여하여 인간을 창조하셨다. 그 첫 작품이 바로 아담이었다. 하나님은 모든 만물과 인간을 창조하신 후 그 모든 것이 보시기에 심히 좋았다고 하신다.

"하나님이 지으신 그 모든 것을 보시니 보시기에 심히 좋았더라(very good)"(창 1:31).

그러나 하나님은 아담을 창조하신 후 한 가지 보시기에 좋지 않은 것이 있었다. 그것은 아담이 홀로 사는 것이었다.

"여호와 하나님이 이르시되 사람이 혼자 사는 것이 좋지 아니하니(not good)······"(창 2:18).

그래서 하나님께서는 아담을 위해 함께 돕고 협력할 배필을 만드셨는데, 그가 바로 하와다. 하나님께서는 하와를 만들어 아담에게로 인도하여 주셨다. 그리고 말씀하셨다.

"이러므로 남자가 부모를 떠나 그의 아내와 연합하여 둘이 한 몸을 이 룰지로다"(창 2:24).

여기서 '연합하다'라는 동사가 히브리어로는 דבק(다바크)인데, 이 말의 원뜻은 "착 달라붙다, 굳게 잡다, 굳게 결합하다"라는 의미를 가진다. 아담이 홀로 독처하는 것이 좋지 않게 보이신 하나님은 그와 함께 협력하며 돕는 배필 하와를 만드셔서, 서로가 착 달라붙어서, 굳게 결합하고 협동해서 둘이 아니라 한 몸과 같이 살라고 하신 것이다.

이와 같이 인간은 창조로부터 홀로 살 수 없는 존재로 만들어졌다. 서로가 도와야 하고, 서로가 협력해야 하고, 서로 협동함으로써 서로의 부족함을 메우고 진정한 인간으로서의 삶을 영위할 수 있도록 창조받은 것이 바로 우리 인간인 것이다.

그러나 그 후 인간의 문명은 협동보다는 경쟁의 길을 택함으로써 많은 비극이 인류 사회에 발생하게 되었다.(최초 아담의 후예였던 가인과 아벨, 가인은 동생 아벨을 협력하고 서로 도우며 살아야 할 존재로 보지 않고 경쟁의 대상으로 봄으로써, 결국 동생을 죽이는 살인을 저지르고 말았다.) 인간 스스로 창조의 질서를 깨뜨린 것이다. 그 결과 갈등과 싸움과 전쟁으로 이어지면서, 인간의 비극적 역사는 지금까지 반복되어 오고 있다.

특별히 현대 사회는 개인주의, 더 나아가서는 나만 홀로 더 잘 먹고 더 잘살아 보겠다는 극단적 이기주의가 팽배해 있다. 여기에 자본(돈)에 대한 인간들의 탐욕은 더 큰 경쟁과 싸움을 부추기면서, 세상

3장 성서와 협동조합

을 '인간을 위한 사회'가 아니라 '자본을 위한 사회'로, '돈을 위한 사회'로 변질시켜 버리고 있다. 돈이 주인인 세상이 되면서 인간은 돈의 노예처럼 살게 되고, 그 결과 인간이 돈의 지배를 받고, 돈을 가진 자가 다시 인간을 지배하는 모순된 사회를 우리는 지금 살아가고 있다.

이 모든 비극은 우리 인간이 스스로 창조의 질서를 파괴한 데서 비롯된 것이다. 창조 질서의 파괴가 지금 우리 사회에 더 큰 비극을 가져온 원인으로 작용하고 있다. 하나님은 인간을 창조하시되 경쟁이 아니라 협동하는 존재로 인간을 창조하셨다. 이제 우리는 창조의 원상태로 돌아가야 한다. 거기에 우리 인류의 희망이 있다.

하나님께서 우리 인간을 하나님의 형상을 담은 고귀한 존재로 창조하셨듯이, 우리 인간 역시 인간의 소중함을 바로 알고, 서로를 고귀한 존재로 인정하면서 서로 협동할 때, 비로소 이 땅은 지금도 하나님 보시기에 좋은 땅, 하나님 보시기에 좋은 사회, 하나님 보시기에 좋은 세상으로 회복될 수 있을 것이다.

3) '그리스도의 몸'으로서의 교회 공동체

신약시대로 접어들면서 이 지상에는 교회가 출현하게 된다. 그리스도인들의 신앙공동체이다. 그런데 성경에서는 이 교회가 '그리스도의 몸'이라고 정의를 한다.

> "또 만물을 그의 발 아래에 복종하게 하시고 그를 만물 위에 교회의 머리로 삼으셨느니라 교회는 그의 몸이니 만물 안에서 만물을 충만하게 하시는 이의 충만함이니라"(엡 1:22~23).

교회는 눈에 보이는 사람들의 모임이지만 그 사람들이 모여서 그리스도의 몸을 이룬다는 사실이다. 그래서 교회는 예수 그리스도에 대한 신앙 안에서 한 하나님, 한 주님을 섬기고, 한 믿음을 가지고 한 몸을 이루면서 사는 공동체인 것이다.

교회의 머리는 예수 그리스도가 되고, 모든 신자들은 그 몸을 이루는 지체가 된다. 그런 측면에서 교회는 유기체적 조직(organic organization)이라 할 수 있다. 특별히 고린도전서 12장 12~27절 말씀은 유기체로서의 교회의 구성에 대해서 자세한 언급을 하고 있다.

> "몸은 하나인데 많은 지체가 있고 몸의 지체가 많으나 한 몸임과 같이 그리스도도 그러하니라"(고전 12:12).
> "너희는 그리스도의 몸이요 지체의 각 부분이라"(고전 12:27).

교회의 머리는 예수 그리스도이지만, 그분을 믿는 모든 신자들은 몸의 각 부분을 이루는 지체가 된다. 따라서 몸의 각 부분은 자신의 고유한 기능을 가지면서 그 임무를 충실하게 수행해야 할 뿐만 아니라, 더 나아가서는 다른 지체의 소중함을 인정하고 상호 협력해야 한다. 그럴 때 몸은 전체적으로 건강하고, 자신의 할 일을 온전하게 감당할 수 있을 것이다. 그런 측면에서 교회가 그리스도의 몸이라는 점은 신앙에 바탕한 공동체라는 의미이며, 또 한편으로는 협동하는 공동체라는 의미다.

고린도전서 12장 14~27절은 협력하는 공동체로서의 교회에 대한 특징을 오늘 우리에게 잘 설명해 주고 있다.

"몸은 한 지체뿐만 아니요 여럿이니 만일 발이 이르되 나는 손이 아니니 몸에 붙지 아니하였다 할지라도 이로써 몸에 붙지 아니한 것이 아니요 또 귀가 이르되 나는 눈이 아니니 몸에 붙지 아니하였다 할지라도 이로써 몸에 붙지 아니한 것이 아니니 만일 온몸이 눈이면 듣는 곳은 어디며 온몸이 듣는 곳이면 냄새 맡는 곳은 어디냐 그러나 이제 하나님이 그 원하시는 대로 지체를 각각 몸에 두셨으니 만일 다 한 지체뿐이면 몸은 어디냐 이제 지체는 많으나 몸은 하나라 눈이 손더러 내가 너를 쓸 데가 없다 하거나 또한 머리가 발더러 내가 너를 쓸 데가 없다 하지 못하리라 그뿐 아니라 더 약하게 보이는 몸의 지체가 도리어 요긴하고 우리가 몸의 덜 귀히 여기는 그것들을 더욱 귀한 것들로 입혀 주며 우리의 아름답지 못한 지체는 더욱 아름다운 것을 얻느니라 그런즉 우리의 아름다운 지체는 그럴 필요가 없느니라 오직 하나님이 몸을 고르게 하여 부족한 지체에게 귀중함을 더하사 몸 가운데서 분쟁이 없고 오직 여러 지체가 서로 같이 돌보게 하셨느니라 만일 한 지체가 고통을 받으면 모든 지체가 함께 고통을 받고 한 지체가 영광을 얻으면 모든 지체가 함께 즐거워하느니라 너희는 그리스도의 몸이요 지체의 각 부분이라."

그리스도의 몸으로서 협력하는 공동체인 교회는 먼저 각 신자들이 그리스도의 몸을 이루는 지체라는 사실을 인식하고, 또한 그 지체들의 소중함을 알고 서로 협력해야 할 뿐만 아니라, 몸을 이루는 지체 중에 약한 지체는 더욱 귀히 여길 수 있어야 한다. 이것이 한 몸을 이루는 공동체로서의 교회가 지향해야 할 이상적인 모습이다.

2. 구약 속의 협동 공동체

고대 이스라엘 사회를 연구한 빅터 매튜(Victor H. Matthews)와 돈 벤자민(Don C. Benjamin)은 자신들의 저서 『고대 이스라엘 사회』(Social World of Ancient Israel)에서 원시 이스라엘 공동체는 개별 사회(individual world)가 아니라 공동체적(communal) 사회였음을 특정하면서 다음과 같이 언급하고 있다.

> 성서 시대에는 개인으로서 홀로 생존한다는 것(개별적으로 산다는 것)이 불가능하였다. 개인은 사회적으로 경제적으로 또는 정치적으로 혼자 살 수가 없었다. 개인 혼자서는 결혼이나 양육, 물건을 사고 파는 생활도 할 수 없었다. 성서 시대의 사회는 상호적이고 공동적인 생활, 즉 어느 가족이나 마을이나 지파의 한 구성원으로서만 생존할 수 있었다.[6]

구약 사회는 공동체 사회였다. 특별히 이스라엘 백성들은 하나님에 대한 신앙을 기반으로 하여 신앙공동체로서의 삶을 영위하였던 것이다. 그들은 이스라엘이라고 불리는 야곱의 후손으로 12지파를 형성하며 살았고, 출애굽해서는 40년 동안을 광야에서 이스라엘 공동체가 함께 생활하였다. 구약 시대 이스라엘 역사에 나타난 몇 가지 협동하는 공동체로서의 자취를 살펴보면 다음과 같다.

---

6) Victor H. Matthews and Don C. Benjamin, *Social World of Ancient Israel*(1250~587 BCE), xⅷ.

1) 구약의 지파 공동체

구약의 이스라엘은 지파 공동체로부터 형성이 된다. 원래 이스라엘이라는 말은 족장 야곱으로부터 비롯된 것이다. 야곱은 이삭의 아들로 태어나 형 에서와 아버지 이삭을 속이고, 장자인 형 에서가 받아야 할 축복을 가로채버렸다. 이 일로 인해서 에서는 야곱을 죽이려 했고, 야곱은 에서의 복수를 피해서 먼 이방 땅 밧담아람에 있는 외삼촌 라반의 집에서 20여 년의 타향살이를 해야만 했다.

그리고 이제는 큰 부자가 되어 귀향을 하던 중이었다. 얍복 강가에서 하나님의 사자와 씨름하면서, 야곱은 그를 끝까지 붙들고 늘어지면서 축복을 구했는데, 이때 하나님의 사자가 그에게 축복해 주면서 야곱의 이름을 '이스라엘'로 바꿔주었다. 이스라엘(ישראל)이란 말은 "하나님과 겨루어서 이겼다."라는 의미를 갖는다.[7]

야곱은 결혼 후 열두 명의 아들을 갖게 되는데, 그 열두 명의 아들을 통해서 이스라엘 12지파가 만들어진다. 12지파는 열두 아들의 이름을 따서 르우벤, 시므온, 레위, 유다, 단, 납달리, 갓, 아셀, 잇사갈, 스불론, 요셉, 베냐민 지파로 불리게 된다.[8]

그 후 이스라엘은 애굽으로 이주하여 400여 년을 살다가 출애굽하여 가나안 땅으로 되돌아와 정착하게 되는데, 이때 이스라엘은 각 지파별로 지역을 할당해서 거주하게 되고, 본격적으로 지파 공동체를 형성하면서 생활하게 되었다.

고대 이스라엘 사회에 관해 전문적 연구를 한 롤랑 드 보(Roland de

---

7) 자세한 사항은 창세기 32장 참조.
8) 창 35:23~26.

Vaux)는 지파(tribe)란 "한 조상으로부터 내려온 후손들이 자치적으로 만든 가문의 그룹(a group of families)"9)이라고 정의하고 있다. 그리고 각 지파는 그 조상의 이름을 붙여서 "ㅇㅇ 지파"라고 불렸으며, 어떤 경우에는 "ㅇㅇ의 후손"이라 하기도 했다.

따라서 지파라고 할 때는 대체로 혈연적 관계(blood-relationship)로 연결되어 있었으며, 넓은 의미로 자신들 스스로를 '형제'라고 부르기도 했다. 사사기 9장 2절에서 아비멜렉은 그의 어머니의 모든 씨족(clan, 또는 문중)에게 나아가, "나는 너희의 골육임(I am of your bones and of your flesh)을 기억하라."고 말한다. 다윗은 자신과 같은 지파인 유다 장로들에게 "너희는 내 형제(my brothers)요, 내 골육(my flesh and bones)"이라고 부르고 있다(삼하 19:12).10)

이와 같이 이스라엘 지파는 혈연을 중심으로 하여 공동생활을 하면서, 자신들의 고유한 전통을 만들고 계승해 나갔다. 특별히 롤랑 드 보는 한 지파 안에도 혈통에 따라 몇 단위 그룹이 있었는데, 벧압(בֵּית אָב), 미쉬파하(מִשְׁפָּחָה), 그리고 쉐베트(שֵׁבֶט) 또는 마테(מַטֶּה)라는 것이 있었다.

벧 아브는 "한 아버지의 집"(house of one's father)이라는 의미인데, 한 가정을 구성하는 아버지, 그의 아내(혹은 아내들), 결혼하지 않은 자녀들과 함께 결혼한 아들들이나 그의 아내와 자녀들, 그리고 종들을 포함한 것이었다. 미쉬파하는 몇 가정으로 구성된 문중(clan)을 가리키는 것인데, 보통 이들은 같은 지역에서 살았고, 공동의 종교의식에 참여하고, 제사음식을 함께 나누었다. 각각의 미쉬파하에는 지도자

---

9) Roland de Vaux, *Ancient Israel: Its Life and Institutions*, trans. John Mchugh (Grand Rapids: William B. Eerdmans Publishing Co., 1997), 4.
10) 위의 책, 5.

로 장로(elder)가 세워져서 그들을 지도하였다. 그리고 각 미쉬파하가 모여 쉐베트(또는 마테)를 구성하였는데, 이것은 한 부족을 이루게 되며 여기서는 족장이 다스렸다.[11]

각 지파는 그들 자신의 영토를 가졌으며, 작물을 재배하는 경작지는 개인 소유로 인정이 되었고, 목초지는 공동으로 관리가 되었다. 특별히 혈연을 중심으로 하여 형성된 지파는 모든 지파의 구성원들로 하여금 확고한 연대의식(solidarity)을 갖도록 만들었다. 지파 공동체 내의 이런 연대와 결속 의식은 모든 구성원들에게 뿌리 깊이 박혀 있었으며, 가나안 정착 후에도 오랫동안 지속되었다.[12]

이스라엘은 이처럼 각 지파 내 공동체 생활을 통해서 자신들의 삶을 서로 협동하면서 영위하였던 것이다. 그리고 이런 지파 공동체는 더욱 확대되어 12지파의 '지파동맹'(amphictyony)으로 이어지면서, 전쟁 등의 사태가 발생할 때는 함께 힘을 합하여 자신들을 스스로 지키기도 하였다.

구약의 지파 공동체는 혈연을 중심으로 하여 형성된 원시적 협동 공동체라고 할 수 있다. 그들은 하나의 신앙으로 종교와 종교의식 등을 함께 행하면서, 더 나아가 지파 공동체를 통해서 자신들의 사회와 실제 생활을 함께할 수 있었던 것이다.

2) 출애굽 공동체

한 민족이 40년 동안 광야를 이동하면서 겪은 공동체 생활은 인류

---

11) 위의 책, 7~8.
12) 위의 책, 10~11.

역사상 이스라엘을 제외하고는 없을 것이다. 400년 동안 이집트에서 노예 생활을 한 이스라엘은 하나님의 은혜로 출애굽을 하게 된다. 하나님께서는 이때 이스라엘 민족의 지도자로 모세를 세워서, 그로 하여금 백성들을 하나님이 약속하신 가나안 땅으로 인도하도록 하신다.

광야 40년은 매 순간이 생존 투쟁의 시간이었다. 먹고 마시는 것에서부터 시작하여, 공동체 내에서 일어나는 수많은 문제들, 끊임없이 지속되는 적들과의 전쟁, 여호와 하나님께 대한 신앙과 이를 지키기 위한 공동체의 노력 등 이스라엘에게는 이 광야 생활이 도전의 40년이었다.

먼저 이스라엘이 광야에서 함께한 생활은 온 민족이 함께한 공동체라는 특징을 가진다. 성경에서는 남자만 60만이라고 기록하고 있지만, 거기에 여자의 수와 자녀들의 수를 합한다면 그 규모는 몇 백만 명이 넘을 것이다. 그러나 이런 민족적 차원의 대이동은 이스라엘 민족공동체 형성에 매우 중요한 의미를 가지게 되었다. 구약학자 조지 앤더슨(Geroge W. Anderson)은 그 의미를 다음과 같이 언급하고 있다.

> (출애굽 사건은) 이스라엘의 민족적 자아의식에 있어서나 종교적 자아의식에 있어서 가장 중요한 요소로 지목되고 있다. 이스라엘의 지파 동맹의 결성을 가능하게 한 것 역시 그들의 혈연이 아니라 그들의 공동 경험이 내포되어 있는 출애굽 정신과 계약 사상이다.[13]

---

13) George W. Anderson, *The History and Religion of Israel*, 김찬국 역, 『이스라엘 역사와 종교』 (서울: 대한기독교서회, 2005), 33.

이스라엘 민족 전체가 함께 이동하며 모든 고난과 역경을 함께 경험하고 또한 그것을 함께 극복해 나가는 과정을 통해서 그들은 무엇보다 자신들이 한 민족이며 한 공동체라는 사실을 확고하게 할 수 있었다는 사실이다. 그런 의미에서 출애굽 공동체는 이스라엘 역사에서 언제나 중요한 의미를 가지며, 지금도 이스라엘은 출애굽 사건을 민족적 차원에서 '유월절'과 '초막절'로 지키고 있다. 잘 아는 바대로 유월절은 이스라엘이 애굽으로부터 해방된 날을 기리며, 초막절을 이스라엘이 40년 동안 광야 생활을 했던 것을 민족적 차원에서 기리는 절기이다.14)

둘째로 출애굽 공동체는 신앙공동체라는 특징을 가진다. 이스라엘이 출애굽하여 40년 동안 광야 생활을 하는 과정의 중심에는 이스라엘 공동체의 하나님을 향한 신앙이 자리하고 있다. 우리가 잘 아는 대로 이스라엘 민족의 출애굽 과정을 자세히 기록한 구약의 출애굽기, 레위기, 민수기, 신명기서를 읽어보면, 대부분의 내용이 하나님에 대한 종교와 신앙에 대한 것들로 기록되어 있다. 즉 자신들이 섬기는 하나님께서 이스라엘에게 주신 말씀(율법)과 그 하나님께 예배하는 법(제사)이 이 책의 중심 주제가 되어 있다.

이스라엘이 광야 생활을 하면서 신앙공동체로서 얼마나 철저했는지는 그들이 행진하는 과정에서부터 잘 나타나고 있다. 하나님은 이스라엘 백성들을 위해 밤에는 추운 사막에서 불기둥으로 보호하시고, 낮에는 구름기둥으로 더위로부터 보호해 주셨다(출 13:21). 특별히

---

14) 이스라엘 절기에 대한 더 자세한 사항은 Roland de Vaux, *Ancient Israel: Its Life and Institutions*의 '제17장 The Ancient Feasts of Israel'을 참조하면 도움이 될 것이다. Roland de Vaux, Ancient Israel: Its Life and Institutions, 484~506.

구름은 하나님께서 이스라엘을 친히 인도하시는 표가 되기도 했는데, 이스라엘 백성들이 행진하다가 구름이 어느 지역에 머무르면 거기에 진을 치고 머물렀고, 다시 구름이 떠오르면 구름을 따라 진행하였다(출 40:36~38; 민 9:15~23). 철저히 하나님의 인도하심을 따랐던 것이다.

민수기 2장의 기록에 따르면, 이스라엘 백성들이 어느 곳에 머물러 진을 칠 때도 그들은 철저히 하나님 중심이었다. 성막은 하나님의 임재를 나타내는 곳이었는데, 그들은 성막을 가운데 두고 12지파가 동서남북에 각각 세 지파씩(성막 동편에 유다와 잇사갈과 스불론 지파, 남편에 르우벤과 시므온과 갓 지파, 서편에 에브라임과 므낫세와 베냐민 지파, 북편에 단과 아셀과 납달리 지파) 진을 침으로써 하나님의 성막을 중심으로 하여 진을 쳤다. 레위인들은 성막이 있는 중앙에 자리를 잡았다.

또한 이스라엘은 광야 길을 행진하게 될 때는 언제나 하나님께 예배드리는 성막(Tabernacle)을 가장 먼저 앞세우고, 그 뒤를 제사장들이 따르며, 이어서 이스라엘 백성들이 지파별로 따라갔다. 이스라엘이 광야 길을 걸어갈 때 하나님의 임재를 상징하는 성막을 앞세우고 자신들이 그 뒤를 따라갔다는 의미는 언제나 하나님이 그들 앞서서 인도하시고, 이스라엘 백성들은 그분의 뒤를 따랐다는 사실이다. 여호수아가 요단 강을 건널 때, 그리고 여리고 성을 점령할 때도 그는 하나님의 임재를 의미하는 언약궤를 앞세우고 나아갔다.

이렇게 이스라엘은 광야 생활을 하는 동안 길을 갈 때는 언제나 하나님을 앞세우고, 진을 칠 때는 언제나 하나님을 중심으로 하여 생활하였던 것이다. 출애굽 공동체는 하나님에 대한 신앙 안에서 함께 결속하여 그 험난한 광야 길을 걸어가고 마침내 젖과 꿀이 흐르는 가나안 땅에 이를 수 있었다. 이것은 오늘 우리 크리스천들의 삶에도 매우 중요한 의미로 받아들여져야 할 것이라 본다.

셋째로 출애굽 공동체의 특징을 보면 공동체의 제도적 틀을 만든 것을 볼 수가 있다. 출애굽 초기에는 모든 지도력을 모세가 가지고 이끌어 나갔다. 그러나 그 많은 사람들을 모세 혼자 이끌어 나간다는 것은 거의 불가능에 가까운 일이었다.

출애굽기 18장에서는 이에 대한 대안으로 새로운 제도를 만들게 된다. 모세는 자신이 혼자 모든 것을 감당하면서, 그 업무로 인해서 하루 종일 쉴 틈이 없었다. 이를 본 그의 장인인 미디안의 제사장 이드로는 모세의 하는 일에 대하여 다음과 같이 말을 한다.

"그대의 하는 것이 선하지(옳지) 못하도다"(출 18:17).
"그대와 그대와 함께한 이 백성이 필연 기력이 쇠하리니 이 일이 그대에게 너무 중함이라(힘에 겨운 일이라)"(출 18: 18상).
"그대가 혼자 할 수 없으리라"(출 18: 18하).

그러면서 그는 모세에게 이스라엘 공동체를 위한 제도적 장치를 제안하는데, 그것은 "천부장, 백부장, 오십부장, 십부장 제도"를 만들어서 과중한 업무를 분담하도록 하는 것이었다. 1,000명을 담당할 천부장, 100명을 담당할 백부장, 50명을 담당할 오십부장, 10명을 담당할 십부장을 세움으로써, 이스라엘 공동체를 보다 효율적으로 인도하고 모세 자신도 업무의 부담을 덜 수 있도록 하는 것이었다.

여기서 우리는 공동체의 리더십(leadership)에 대해서 중요한 아이디어를 얻어야 할 것이다. 리더십 자체도 협동이 필요하다. 혼자서 다 하는 것은 좋은 리더십이 아니다. 그것은 이드로의 말대로 옳지 않은 방법이다. 그렇게 하다가 많은 지도자들이 자신의 업무로 인해 힘에 겨워하다가 탈진하기까지 한다. 모든 것을 "그대가 혼자 할 수 없다."라는 것을 알고, 우리는 리더십 자체에서부터 협동하는 지혜를 배워야 한다.

그리고 또 하나는 공동체에도 반드시 제도적인 규범이나 조직 등 합리적 장치가 필요하다는 점이다. 협동조합을 비롯하여 많은 공동체가 실패하는 이유 가운데 하나는 그들의 목적과 뜻은 매우 좋으나, 그것을 합리적으로 운영하고 관리하고 지도할 적합한 제도나 장치를 갖지 못한다는 것이다.

3) 포로 귀환 후의 예루살렘 재건 공동체

다음으로 이스라엘 역사에서 중요한 공동체의 모습을 관찰할 수 있는 것이 이스라엘 백성들이 바벨론 포로로부터 귀환한 이후에 예루살렘을 재건하는 과정에서다. B.C. 586년 이스라엘의 패망과 함께 많은 이스라엘 백성들이 바벨론에 포로로 잡혀갔다. 그리고 그곳에서 70여 년의 포로 생활을 하다가 다시 귀환하게 되었다.(참고로 바벨론 포로귀환은 B.C. 537년 스룹바벨을 중심한 1차 귀환, B.C. 458년 에스라를 중심한 2차 귀환, 그리고 B.C. 444년 느헤미야를 중심한 제3차 귀환이 있었다.)

그러나 가장 심각한 문제는 긴 포로 생활로 인하여 이스라엘이 신앙공동체로서의 자기 정체성을 상실해 가고 있었다는 사실이다. 이것은 단순히 이스라엘 백성들의 영적 공동체성의 상실만을 의미하는 것이 아니고, 민족 공동체성도 함께 무너져 가는 위기의 시기였음을 의미하였다.

그래서 하나님께서는 1차 포로귀환 후 스룹바벨을 중심으로 하여 예루살렘에 무너진 성전을 다시 수축하도록 하셨다(B.C. 515년). 그리고 2차 선지자 에스라를 통해서는 이스라엘 백성들이 내적으로 다시 하나님께 돌아오도록 하여 영적인 회복을 이루도록 하셨다. 이와 함께 하나님께서는 3차 귀환하는 느헤미야를 통해 예루살렘 성의 재건을 공동으로 추진케 함으로써 외적으로 민족적 협동 공동체를 다시 이루어가도록 하셨다.15) 지역적으로 흩어지고 영적으로 무너지고 민족적 공동체성을 상실한 이스라엘을 하나님께서는 다시 이 시기를 통해서 재건토록 하신 것이다.

구약 성서학자인 존 브라이트(John Bright)는 이 시기를 이렇게 정리하고 있다. 스룹바벨을 통한 "성전의 완공은 유대인들에게 집회하는 장소를 제공함과 동시에 유대인들을 예배하는 공동체(worshiping community)로 만들어주었다."16) 그리고 다시 두 사람, 느헤미야와 에스라를 통해서 이스라엘 공동체가 더욱 견고하게 재편되는데, "느헤미야는 정치적, 행정적 측면에서 공동체가 새롭게 정립되도록 하였고, 에스라는 공동체의 영적 생활을 재편하고 개혁하였다."17)

이 시기에 관한 자세한 기록은 구약 에스라서와 느헤미야서에 나와 있다. 특별히 예루살렘 성벽을 재건하면서, 사마리아인들의 방해에도 불구하고 느헤미야는 백성들로 하여금 한 손엔 일할 도구를, 한 손엔 무기를 들도록 하면서(느 4:17) 성벽 재건 사업을 완성하기도 했다.18)

---

15) George W. Anderson, *The History and Religion of Israel*, 190.
16) John Bright, *A History of Israel*(Louisville: Westminster John Knox Press, 2000), 378.
17) 위의 책, 379.
18) 포로귀환 후 바벨론에서 돌아온 유대인들은 내부적으로는 바벨론에 포로로 잡혀가지 않고 본토에 남아 있었던 유대인들로부터, 그리고 외부적으로는 사마리아인들로부터 많은 갈등과 위협을 겪게 된다. Bernhard W. Anderson, *Understanding the Old Testament*, 강성열, 노항규 역, 『구약성서 이해』(서울: 크리스천 다이제스트, 2009), 616~617.

역사 속에 등장하는 공동체는 언제나 이렇게 도전에 직면한다. 따라서 그 공동체의 본래적 목적과 존재 가치를 지키는 것은 쉬운 일이 아니다. 이스라엘 공동체 역시 국가의 멸망과 바벨론 포로기를 거치면서, 공동체의 정체성을 상실할 위기를 맞았었다. 그러나 B.C. 5세기 포로귀환과 함께 다시 공동체성을 회복함으로써, 그들은 오늘까지 자신들의 민족적, 신앙적 공동체성을 유지하고 있는 것이다.

3. 신약의 협동 공동체

구약의 이스라엘 공동체는 신약의 교회 공동체로 이어진다. 구약의 이스라엘이 옛 이스라엘이라면 신약의 교회는 새 이스라엘이다. 구약 속에 나타난 협동 정신은 이제 신약의 교회에서도 그대로 나타난다.

신약의 교회 역시 공동체로서 출발한다. 그리고 교회는 그 공동체성을 오늘까지 계승하고 있다. 그러면 신약성경 속에 나타난 공동체는 어떤 것이었는지 살펴보도록 하겠다.

1) 예수 그리스도의 제자 공동체

그리스도 역시 항상 추종자들의 공동체를 만드셨다. 그 뜻을 받들어 주님의 복음을 전파하던 제자와 사도들도 언제나 공동체를 형성하여 복음 전파에 나섰다. (그리고) 그러한 공동체는 마치 예수님께서 열두 명의 제자들로 사도를 삼고 선교를 시작하신 본을

모델로 삼아 언제나 …… 구성되었다.[19]

신약의 협동 공동체의 모습은 예수 그리스도의 사역으로부터 볼 수 있다. 예수 그리스도는 이 땅에 인간의 모습으로 오셔서 우리 인간들과 함께하셨다. 예수 그리스도는 하늘에 계시지 않고 인간들에게 찾아오셔서 인간들과 함께하셨다는 점에서, 하늘과 땅이 함께하신 분, 하나님과 인간이 함께하신 분이라 할 수 있다. 즉 예수 그리스도 안에서 하나님과 인간이 함께 협동하고, 하늘과 땅이 함께 협동한 것이다.

인간과 함께하기 위해 찾아오신 예수님은 그 사역도 인간들과 함께 협동하셨다. 무엇보다 먼저는 자신이 택한 제자들과 함께하셨다는 사실이다. 예수님은 공생애 3년을 홀로 사역하지 않으셨다. 제자들과 함께하셨다. 제자들과 함께하는 협동 공동체를 만드신 것이다. 그리고 그 자신뿐만 아니라 제자들에게도 협동하는 공동체의 삶을 훈련하시고, 협동하는 공동체로 하나님의 나라를 이 땅에 이루도록 하셨다.

예수님은 하나님으로서 자신이 홀로 무엇이든 다 하실 수 있는 전지전능하신 분이다. 그러나 예수님은 자신이 홀로 그 사역을 하지 않으시고 제자들과 함께하셨으며, 또한 제자들에게 그 사역을 위임하셨다. 그리고 하나님과 자신이 하나인 것처럼 제자들도 언제나 하나가 되어 서로 협동하여 하나님의 사역을 이루어나가기를 원하셨다.[20]

---

19) 김경동, 『기독교 공동체 운동의 사회학』(서울: 한들출판사, 2010), 213.
20) 위의 책, 205~206.

"아버지께서 내 안에, 내가 아버지 안에 있는 것같이 저희도 다 하나가 되어 우리 안에 있게 하사 세상으로 아버지께서 나를 보내신 것을 믿게 하옵소서 내게 주신 영광을 내가 저희에게 주었사오니 이는 우리가 하나가 된 것같이 저희도 하나가 되게 하려 함이니이다"(요 17:21~22).

예수님의 제자들은 예수님과 함께 3년 동안 공동체 생활을 하면서 서로 협동하는 것을 배웠다. 예수님은 열두 명의 제자들을 한 그룹으로 훈련하셨지만(마 10:5), 때로는 두 명씩 짝을 이루어 복음을 전하는 훈련을 시키기도 하셨다(막 6:7). 이런 과정을 통해서 제자들은 협동과 하나 됨을 배우고, 이를 사역의 현장에서 실천해 나갈 수 있었던 것이다.

기독교의 시작은 12명의 작은 제자 공동체로부터 시작이 되었다. 그리고 그것은 이후 초대교회로 이어지고, 기독교 2,000년의 역사를 통해서 세상을 구원하고 변화시키는 놀라운 능력으로 나타났다. 그것은 조그만 겨자씨가 자라서 큰 나무를 이루고(마 13:31~32), 눈에 보이지 않는 작은 누룩이 그것을 담은 온 통(그릇)을 변화시키듯(마 13:33) 세상을 변화시키는 하나님의 능력이 되었다.

오늘도 교회는 이 지상에 공동체로서 존재한다. 예수님의 열두 제자가 공동체를 이루어 하나님의 사역을 감당하였듯이, 오늘의 교회 역시 공동체를 통해서 하나님의 일을 이 땅에서 이루어나가야 한다. 그것이 오늘 세상을 구원하고 변화시키기 위해 교회를 사용하시려는 하나님의 뜻이다.

2) 사도행전의 유무상통(有無相通) 공동체

"믿는 무리가 한마음과 한뜻이 되어 모든 물건을 서로 통용하고 자기 재물을 조금이라도 자기 것이라 하는 이가 하나도 없더라 사도들이 큰 권능으로 주 예수의 부활을 증언하니 무리가 큰 은혜를 받아 그중에 가난한 사람이 없으니 이는 밭과 집 있는 자는 팔아 그 판 것의 값을 가져다가 사도들의 발 앞에 두매 그들이 각 사람의 필요를 따라 나누어 줌이라"(행 4:32~35).

위 말씀은 최초 기독교가 지상에 교회의 모습으로 출현하면서 보여준 놀라운 광경이다. 이것은 인류 역사에서 가장 이상적인 공동체를 이 땅에 실현한 사건이요, '거룩한 협동'[21]의 현장이었다.

우리는 여기서 오늘의 협동 공동체를 생각하면서 몇 가지 중요한 내용에 주목할 필요가 있다. 첫째는 믿는 무리가 한마음과 한뜻이 되었다는 사실이다. 거기에 모인 사람들은 각 개인으로 참여했지만, 그리스도 안에서 한 성령을 받은 그들은 한마음, 한뜻이 될 수 있었다. 협동은 우리 인간의 내면으로부터 출발한다는 점에서, 한마음과 한뜻을 갖는 것은 매우 중요한 일이다.

둘째로 그들은 모든 물건을 서로 통용(通用)하였다. 자기가 가진 소유를 자기 것이라 주장하지 않고 필요에 따라서 누구나 사용할 수 있도록 했다. 개인의 소유로부터 자유로워지면서, 그들은 모든 사람들과 함께 그것을 나눌 수 있었던 것이다.

셋째로 그 공동체 안에는 가난한 사람이 없었다. 불평등이 해소된

---

21) Andrew McLeod, *Holy Cooperation!: Building Graceful Economies*, 23.

사회였다. 인간의 사회, 그리고 자본이 지배하는 사회에서의 불평등은 필연적인 것임을 우리는 역사를 통해서 보고, 지금 우리가 사는 현실 사회에서도 경험하고 있다. 그러나 초대교회 공동체는 이것을 극복하였다. 있는 자들은 자유롭게 내어놓고 없는 자들은 자유롭게 가져갈 수 있었다.

이것은 이스라엘 백성들이 출애굽 공동체를 통해서 경험했던 신비한 사건과 같았다. 출애굽 당시 이스라엘 백성들은 하늘에서 하나님이 내려주시는 만나를 먹으면서 살았다. 그런데 놀라운 사실은 하나님께서 새벽 광야에 내려진 그 만나를 "많이 거둔 자도 남음이 없고 적게 거둔 자도 부족함이 없이"(출 16:18) 하셨다는 사실이다. 초대교회 공동체는 이 신비한 역사를 자신들의 실천적 행동, 즉 삶의 현장에서 재산의 공유라는 방법을 통해서 구현했다는 것이다.

사도행전은 원시 초대교회 공동체의 모습을 그리고 있다. 따라서 "사도행전은 기독교 기원에 대한 가장 포괄적인 기록으로서, 민주적이고 자발적인 자원 공유에 관한 놀라운 이야기를 들려주고 있다."[22]

사도행전에서 처음 출발한 교회 공동체는 그 후 기독교의 역사에서 언제나 이상적 모델이 되었다. 그리고 이런 공동체를 실현하고자 하는 많은 운동이 등장하기도 하였다. 하지만 오늘 자본주의 체제 아래 있는 현실의 교회들은 이런 초대교회의 모습을 그야말로 이상적인 교회 정도로 치부해 버리고, 세상 풍조에 휘둘려 갈피를 잡지 못하고 있다.

오늘의 교회 현실에서 초대교회 공동체는 우리에게 어떤 의미를

---

22) 위의 책, 23.

주는가? 초대교회 공동체는 오늘 우리 현실에서는 실현 불가능한 것인가? 초대교회 공동체의 모습을 오늘 우리가 처한 삶의 자리에서는 어떤 형태와 방식으로 실현할 수 있겠는가? 이것은 초대교회 신앙공동체가 오늘 우리에게 던지는 질문이라 하겠다.

우리는 지금까지 성서적 관점에서 협동에 대한 신학적 근거와 함께, 성서 속에 나타난 협동의 사례들을 신구약 성경을 중심으로 하여 살펴보았다. 그리고 성경 전체를 관통하고 있는 '협동'에 대한 그림들을 찾아보았다.

창세기로부터 요한계시록에 이르기까지 성경은 우리에게 협동에 관한 이야기를 끊임없이 들려주고 있다. 하나님의 창조사건에서부터, 예수님의 성육신과 제자들의 사역에 이르기까지 우리는 그 모든 과정들이 협동을 통해서 이루어진 것을 보았다.

그래서 협동은 성경의 정신이요 기독교가 추구해야 할 고귀한 방향이다. 지금 우리가 사는 세상은 정치, 경제뿐만 아니라 영적인 면에서도 붕괴가 일어나고 있다. 개인은 개인대로 내버려져 신음하고 있고, 사회는 사회대로 흔들리고 있다. 이런 혼란의 와중에서 교회도 지금 갈피를 잡지 못하고 함께 방황하고 있다.

그런 측면에서 부활하신 예수의 첫 제자들이 실현한 초대교회 공동체는 오늘 우리에게 로드맵(road map)을 제시해 주고 있다.[23] 그것은 교회가 다시 공동체로 일어나 이 땅에서 협동을 실천하는 것이다. 그리고 그 방법의 하나가 협동조합일 수 있다.

---

23) 위의 책, 35.

4장

실천 현장으로서의 교회에 대한 이해

교회는 그 존재 양상에서 양면성을 가진다. 교회는 하나님의 백성, 즉 천국 시민의 모임이라는 점에서 하늘에 속한 공동체다. 그러나 거기에 모인 사람들은 이 땅에 속한 사람들이요, 교회 역시 이 땅에 그 발을 딛고 있다는 점에서 교회는 또한 지상 공동체이다.

하나님의 복음은 이 땅에 세워진 교회를 통해서 전파되며, 교회는 세상을 구원하는 도구로 지상에서 그 사명을 다하고 있다. 하나님은 하늘에 계시지만 지상의 교회를 통해서 일하신다. 그런 의미에서 교회는 하나님의 뜻을 이 땅에서 실현하고 실천하는 현장이 되는 것이다.

그러면 교회는 어떤 곳이며, 교회가 하는 일은 어떤 것들인가? 본 장에서는 실천신학적 측면에서 교회에 대한 이해와 함께 그 기능을 알아보도록 하겠다.

1. 교회란 무엇인가

교회에 대한 정의는 교회의 성격과 사역을 결정하게 된다. 그러므로 교회를 어떻게 정의하고 이해하느냐에 따라서 교회는 그 방향이 달라질 수밖에 없다. 그러면 교회는 무엇이며, 교회의 본질적인 특성은 어떤 것들인가? 이에 대하여 간단히 살펴보도록 하겠다.

1) 교회의 정의

성서 속에서 교회는 어떤 어원을 가지고 있는지, 그리고 교회사를 통해서 신학자들은 교회를 어떻게 정의하고 규정하고 있는지 알아보도록 하자.

(1) 성서 속 어원을 통해서 본 교회

먼저 성서에서는 교회를 어떻게 표현하고 있는가? 그 어원을 찾아보면 구약에서는 교회를 '카할'(קהל)이란 단어로 기록하고 있다. 카할은 "함께 모이다, 회집하다" 등의 의미를 가진다.[1] 이 단어는 이스라엘 회중이 총회로 모이거나 하나님께 예배를 드리기 위해서 모인 모임을 가리킬 때 주로 사용하였다.

예를 들어 신명기 9장 10절에서는 십계명을 받을 때 이스라엘 백성들이 모인 모임을 가리켜 '총회'라는 말을 사용하고 있는데, 여기서 쓰인 단어가 바로 카할이다.

---

1) Willem A. VanGemeren, ed., *New International Dictionary of Old Testament Theology and Exegesis 3*(Grand Rapids: Zondervan Publishing House, 1997), 888.

"여호와께서 두 돌판을 내게 주셨나니 그 돌판의 글은 하나님이 손으로 기록하신 것이요 너희의 총회 날에 여호와께서 산상 불 가운데서 너희에게 이르신 모든 말씀이니라."

느헤미야 8장 2절에서는 이스라엘 백성들이 바벨론 포로 생활을 마치고 귀환하여 예루살렘에 거주하면서, 에스라의 인도로 이스라엘 백성들이 모여 하나님의 말씀을 듣게 되는데, 이때 모인 회중을 가리 켜서 '카할'이란 단어를 사용하고 있다.

"일곱째 달 초하루에 제사장 에스라가 율법책을 가지고 회중 앞 곧 남자나 여자나 알아들을 만한 모든 사람 앞에 이르러."

그러므로 카할은 하나님의 백성들이 모인 모임이요, 또한 그들이 하나님 앞에 예배하기 위해서 모인 모임을 가리키는 단어라고 하겠다.

신약에서는 교회를 표현할 때 에클레시아(ἐκκλησία)라는 단어를 대표적으로 사용하고 있다. 에클레시아는 일반적으로는 어떤 모임이나 회집(assembly)을 말하는 데 사용되었고, 신약 성경에서는 "그리스도의 몸으로서의 교회"를 말할 때 사용되고 있다.[2] 즉 에클레시아는 예수 그리스도를 구주로 믿고 고백하는 무리들의 신앙공동체라고 할 수 있겠다.

신약에서 교회라는 말이 가장 먼저 등장하고 있는 곳은 마태복음 16장 18절이다. 베드로가 예수님을 향하여 "주는 그리스도시요 살아계신 하나님의 아들이시니이다"(마 16:16)라는 신앙고백을 했을 때, 예

---

2) Gerhard Kittel, ed., *Theological Dictionary of the New Testament* Ⅲ (Grand Rapids: WM. B. Eerdmans Publishing Company, 1965), 502.

수님께서는 베드로를 향하여 "또 내가 네게 이르노니 너는 베드로라 내가 이 반석 위에 내 교회를 세우리니 음부의 권세가 이기지 못하리라."(마 16:18)고 말씀하신다. 여기서 교회를 가리켜 사용되는 단어가 바로 에클레시아다. 예수 그리스도께서는 교회를 세우되, 베드로의 신앙고백 위에 세우겠다고 말씀하신다. 이것은 교회가 무엇보다도 먼저 신앙 위에 세워진 공동체라는 것을 분명하게 하고 있다.

에베소서 1장 22~23절에서는 교회가 그리스도의 몸이라고 말하고 있다.

> "또 만물을 그의 발 아래에 복종하게 하시고 그를 만물 위에 교회의 머리로 삼으셨느니라 교회는 그의 몸이니 만물 안에서 만물을 충만하게 하시는 이의 충만함이니라."

에클레시아는 본질적으로 그리스도를 머리로 한 하나의 몸, 즉 하나의 공동체를 의미한다. 여기서 우리가 주목할 것은 교회가 그리스도의 한 몸을 이루는 공동체라는 사실이다. 교회는 개인들이 모이지만 그 개인들이 모여 그리스도의 몸을 이루고 거기서 신앙공동체가 형성된다는 것이다. 교회는 각자가 개별적 존재로 존재하는 것이 아니라 공동체로서 존재한다는 점에서 서로를 보살피고 서로를 돕는 협동과 협력의 공동체임을 알 수 있다.

(2) 교회에 대한 정의들

성 어거스틴(St. Augustine)은 교회를 두 가지 개념으로 나누어 정리했다. 어거스틴은 교회에는 두 가지 유형이 있는데, 하나는 눈에 보이는 '가시적 교회'(visible church)요, 하나는 눈에 보이지 않는 '불가시적인 교회'(invisible church)라고 한다.[3] 눈에 보이는 교회는 현재 지상에 존재하고 있는 교회로서, 이것은 불완전한 교회요, 알곡과 쭉정이가 함께하는 교회다. 그래서 여기에는 탐욕스러운 자들, 횡령자들, 도둑들, 고리대금업자들, 주정꾼들, 그리고 시기하는 사람들이 함께 있다. 그러나 눈에 보이지 않는 교회는 완전한 교회로서 이것이 참된 교회다. 여기는 하나님께서 예정하시고 택하신 거룩한 자들만이 해당되며, 거기 속한 사람은 오직 하나님만이 아신다고 한다.[4]

어거스틴을 비롯하여 기독교회가 전통적으로 가져온 교회에 대한 정의들은 다음과 같다.

첫째, 교회는 주님의 몸이라는 것이다. 이미 신약성서에서 교회의 어원 에클레시아가 갖는 의미 중의 하나가 그리스도의 몸이라는 점을 언급했었다. 에베소서 1장 22~23절 외에도 교회가 주님의 몸이라는 사실을 사건으로 보여주는 곳이 있는데, 그것은 사도 바울의 회심 사건에서 나타나고 있다(행 9:1~19상).

회심하기 전 바울은 교회를 핍박하고 없애려고 전심전력을 다했던 사람이다. 그러던 그가 다메섹에 있는 교회와 성도들을 박해하러 가던 중 부활하신 예수님의 음성을 듣게 된다. 그때 예수님께서는 바울에게 "왜 네가 교회를 핍박하느냐?"라고 하지 않으시고, "네가 어찌하여 나를 핍박하느냐"(행 9:4)라고 하신다. 예수님은 교회와 자신을 별

---

[3] L. Gonzalez, *A History of Christian Thought* II, 이형기. 차종순 역, 『기독교 사상사(II)』 (서울: 한국장로교출판사, 1996), 69. 어거스틴의 가시적 교회와 불가시적 교회라는 개념은 그의 저서 『하나님의 도성』(De Civitate Dei)에서 나타나고 있다. Augustine, The City of God, in Nicene and Post-Nicene Fathers, ed. Philip Schaff(Peabody: Hendrickson Publishers, 2004) 참조.
[4] 이 내용은 필자의 저서 『이상적 교회 현실적 교회』에서 재인용한 것이다. 이현웅, 『이상적 교회 현실적 교회』(서울: 프리칭 아카데미, 2007), 13~14.

개로 나누지 않으시고, 교회가 곧 자신이라고 하신 것이다. 그래서 바울이 교회를 핍박하는 것은 곧 예수님을 핍박하는 것이 되었다.

사도 바울은 회심 사건을 통해서 이것을 깨닫게 되었고, 에베소서를 통해서 자신의 교회관을 분명하게 하고 있다. "교회가 그리스도의 몸"이라는 것은 이후 바울 신학과 초대교회의 교회관으로 정립되었고, 그 후에도 기독교회의 전통적인 교회관으로 자리를 잡게 된 것이다.

둘째, 구원의 방주로서의 교회다. 이것은 초대 교부였던 키프리안(Cyprian, 248~258년 카르타고의 감독, Carthage)에 의해 정립된 교회관이다. 키프리안은 "교회 밖에는 구원이 없다. 교회를 어머니로 갖고(모시고) 있지 않은 자는 하나님을 아버지로 가질(모실) 수 없다."(Extra ecclesiam nulla salus. Si quis ecclesiam non habet matrem, Deum, non habet patrem.)[5]라고 주장했다. 그는 교회야말로 하나님께서 이 세상을 구원하시기 위한 유일한 곳으로 보았던 것이다.

노아 홍수 사건에서 살아남은 사람들은 방주 안으로 들어간 사람들이다. 그와 마찬가지로 오늘날도 우리가 구원을 받을 수 있는 곳은 오직 교회뿐이다. 우리는 교회를 통해서 복음을 듣고, 교회를 통해서 진리를 배우며 구원에 이르는 것이다. 그런 의미에서 교회는 하나님께서 이 땅의 구원을 위해서 세우신 방주인 것이다.

셋째, 교회는 믿는 신자들의 어머니다. 이것은 종교개혁자 존 칼빈(John Calvin)에 의해서 정립된 교회관이다. 믿지 않는 자를 위해서 교회는 방주의 역할을 해야 한다. 그러나 이미 구원받아 방주 안에 들어와 있는 신자들을 위해서 교회는 어머니와 같은 곳이어야 한다. 젖

---

5) Cyprian, *The Treatises of Cyprian, in Ante-Nicene Fathers*, ed. Alexander Roberts and James Donaldson(Peabody: Hendrickson Publishers, 2004), 423.

을 먹여 양육하고, 보살피고, 영적으로 자라도록 교회는 교훈과 양육을 해야 한다. 그래서 칼빈은 "눈에 보이는 교회는 믿는 신자들의 어머니(the visible church as mother of believers)"[6]라고 주장한 것이다.

이상의 교회에 대한 정의가 전통적 입장의 교회론이라면, 현대에 들어서는 교회론에 대한 다양한 견해와 입장이 새롭게 등장하는데, 은준관은 "현대 신학적 교회론"을 네 가지로 분류하고 있다.[7]

첫째는 "유기체로서의 교회"다.[8] 유기체로서의 교회론(organic ecclesiology)은 기독교의 가장 오래된 전통적 교회론이다. 이것은 교회가 그리스도의 몸이라는 입장에서 교회를 이해하고 해석하며, 이런 입장에 따라 교회를 제도화하고 조직화한다(감독, 장로, 집사 등). 이그나티우스(Ignatius), 키프리안(Cyprian), 이레네우스(Irenaeus), 어거스틴(Augustine) 등에 의해서 정립된 교회에 관한 입장이 현대에까지 그대로 이어져 오고 있다. 유기체적 교회론은 교회를 체계화한 점에서는 장점을 갖지만, 한편으로는 교회의 전통과 제도를 앞세움으로써, 교회 신앙의 역동성을 약화시킬 수 있다.

둘째로 현대 교회론을 대표하는 입장은 "코이노니아로서의 교회"다.[9] 유기체로서의 교회론이 교회의 형식적 제도와 구조, 권위 등을 강조한 데 비해, 코이노니아(κοινωνία, 친교 또는 교제)로서의 교회론은 교회 구성원들의 친밀성과 공동체성을 강조한다는 점에 있어서 장점을 갖는다. 그러나 교회 내부에서의 친밀성, 즉 형제애를 강조함으로

---

6) John Calvin, *Institutes of the Christian Religion 2*, (Louisville: Westminster John Knox Press), 1016.
7) 은준관,『신학적 교회론』(서울: 대한기독교서회, 1998), 269~345 참조.
8) 위의 책, 제12장 참조.
9) 위의 책, 제13장 참조.

써 교회 외부를 향한 선교적 책임과 사명은 소홀할 수 있는 한계를 안고 있다. 코이노니아로서의 교회를 실천한 대표적 그룹이 재세례파로 볼 수 있는데, 이들은 상호 '형제'라고 부르며, 자신들만의 공동체를 만들어 생활하고 있다. 현재 재세례파 계통의 대표적 공동체는 우리가 잘 알고 있는 미국의 메노나이트(Mennonite), 아미쉬(Amish) 등을 들 수 있다.

셋째로 "말씀 사건으로서의 교회"다. 이 교회론은 마틴 루터(Martin Luther)를 비롯한 종교개혁가들로부터 출발하여, 20세기 신정통주의(Neo-orthodoxism) 신학자 칼 바르트(Karl Barth) 등을 통해 정립된 교회론이라고 하겠다. 즉 말씀을 중심으로 한 개신교 그룹의 교회들에서 강조되는 입장이다. 성경과 설교, 복음 등을 강조하는 면과 함께, 신앙이 실제화하지 못하고, 신앙과 삶이 분리되고 추상화하는 약점이 있다.[10]

넷째로 현대 교회론의 하나는 "섬김으로서의 교회"다.[11] 신정통주의의 말씀 중심 신학에 입각한 "말씀 사건으로서의 교회론"이 서서히 퇴조하면서, 1960년대 새롭게 등장한 교회론이 선교와 봉사를 강조하는 종으로서의 교회, 즉 섬김으로서의 교회다.

섬김으로서의 교회는 그동안의 교회론이 교회 내부에 국한된 한계를 갖고 있었다면, 이제 교회를 넘어 세상과의 관계까지 확장된 개념의 교회론이라고 하겠다. 특별히 선교 분야에서 "하나님의 선교"(Missio Dei)라는 개념이 확산되면서, 선교는 하나님이 주권적으로 하시는 것으로서 그 범위는 온 세계(세상)와 역사까지 포함되어야 한다고 보았다. 즉 하나님은 교회 안에서뿐만 아니라 온 세상에서 일하시

---

10) 위의 책, 제14장 참조.
11) 위의 책, 제15장 참조.

는 분이라는 것이다.[12]

따라서 오늘의 교회 역시 그 사역의 범위를 교회 안에서 벗어나 세상을 섬기는 차원으로 확대해야 한다는 것이 섬김으로서의 교회론이다. 교회가 세상을 섬기고, 세상을 향해 선교하는 것은 교회가 해야 할 중요하고 우선된 기능이다. 그런 측면에서 본서의 주제가 되는 협동조합운동 역시 섬기는 교회가 해야 할 하나의 사명이라고 볼 수 있겠다.

2) 교회의 특성(또는 본질)

지상 교회는 어떤 특성을 가지는가? 교회가 어떤 특성을 가질 때 진정한 교회라고 할 수 있는가? 예수 그리스도의 부활과 승천 이후 탄생한 초기 그리스도교 공동체는 여러 가지 해결해야 할 신학적 문제들에 직면하였는데, 그중의 하나가 교회론에 관한 것이었다.[13]

교회는 여러 가지 논쟁을 거쳐서 마침내 381년 콘스탄티노플 공의회(the council of Constantinople)에서 '니케아-콘스탄티노플 신경'을 공표하게 되는데, 이 신경에서는 교회의 특성을 네 가지로 정리하였다. 그리고 이것은 그 후 기독교의 교회에 대한 정통적인 견해로 인정되었다. 여기서 교회는 그 본질에 있어서 "하나요, 거룩하고, 보편적이며, 사도적인 교회"(unam, sanctam, catholicam et apostolicam ecclesiam)[14] 라고 명시하고 있다.

먼저 교회는 그리스도 안에서 하나인 교회(one church)다. 이것은

---

12) 이런 근거에서 나온 것이 "선교적 교회론"(missional church)이다.
13) Eric G. Jay, *The Church*, 주재용 역, 『교회론의 역사』(서울: 대한기독교출판사, 1993), 93.
14) Philip Schaff ed., *The Creeds of Christendom* II (Grand Rapids: Baker Books, 2007), 58. 니케아-콘스탄티노플신경은 325년에 제정된 니케아신경을 보완하여 만들어진 것이다.

교회의 일치성(一致性, unity of the church)을 말한다.[15] 지상의 교회들은 공간의 제약으로 인해 외형적으로는 세계 도처에 흩어져 있지만, 교회는 궁극적으로 하나로서 한 분이신 하나님과 한 분 예수 그리스도, 그리고 한 성령을 믿는다. 지상의 눈에 보이는 교회(visible church)는 헤아릴 수 없이 많지만, 하나님 편에서 보면 모든 지상의 교회와 함께 천상의 교회도 하나인 것이다.

이것은 오늘의 교회 역시 마찬가지다. 갈등과 분열 대신 그리스도 안에서 하나 됨과 일치를 위해서 교회는 언제나 힘써야 한다. 모든 교회는 그리스도의 몸이요, 교회의 머리는 한 분이신 그리스도이시기 때문에, 모든 교회와 교회, 교파와 교파들은 언제나 한 몸임을 알고 일치를 위해서 노력하며 존재해야 한다.

특별히 한국 개신교회들은 이 점에 있어서 교회의 본질에 대한 깊은 성찰과 함께 반성이 있어야 할 것이다. 종교개혁 시부터 개신교의 특성상 신학적 입장과 사상 등에 따라 개신교회는 많은 분열을 거듭해 왔고, 특별히 한국 개신교회 안에서는 이루 헤아릴 수 없을 만큼 많은 교파들로 분열에 분열을 거듭해 왔다.

이제 한국 개신교회는 이단을 제외한 모든 교회, 모든 교파들로 더불어 더 이상 분열이 아니라 그리스도 안에서 한 형제요 한 자매라는 사실을 인정하면서 연합과 일치의 길로 나아가야 할 것이다.

"형제가 연합하여 동거함이 어찌 그리 선하고 아름다운고"(시 133:1).

둘째로 교회는 거룩한 교회(holy church)다. 이것은 교회의 거룩성,

---

15) 은준관, 『신학적 교회론』, 199.

즉 교회의 성성(聖性)을 말한다. 교회가 세상과 구별되는 것은 교회는 '거룩한 모임'이라는 사실이다. 교회도 세상의 관점에서 보면 하나의 조직이다. 그러나 교회가 세상 조직과 다른 것은 '교회는 거룩하다'라는 점에서다.

그러나 오늘의 세속적인 물결은 교회를 향해서 세차게 몰려오고 있다. 이런 세상에서 교회가 교회로서 거룩성을 지킨다는 것은 쉬운 일이 아니다. 어둠과 죄악과 세속적 가치관과 문화의 틈바구니에서 교회는 자칫 그 자신의 거룩함을 잃어버리기 쉽다. 그러나 교회가 교회 될 수 있는 것은 교회가 거룩할 때 가능하다는 것을 알고 교회는 무엇보다 자신을 거룩하게 하는 일에 최선을 다해야 할 것이다.

셋째로 교회는 보편적인 교회(catholic or universal church)다. 즉 교회의 보편성(普遍性)을 말한다. 교회의 보편성이란 먼저 교회는 신분이나 성별, 지위, 지역, 나라와 민족과 인종 등에 관계없이 모든 사람의 교회가 되어야 한다는 말이다. 성서적인 표현을 빌리면 "교회는 만민의 기도하는 집"(막 11:17)이 되어야 한다.

그러나 지상의 역사적인 교회, 그리고 현존하는 교회 역시 그 안에도 차별이 존재하고 있다. 시간과 공간을 초월하여 세상 어디서나 그리스도의 보편적인 교회는 어떤 차별도 없이 모든 믿는 사람들의 교회가 되어야 한다. 다시 말해 교회는 모든 만민이 예수 그리스도를 구주로 믿고 구원을 받는 보편적인 교회가 되어야 하며, 또한 그 안에서 구원받은 성도들 역시 서로에 대하여 보편적이어야 한다.

역사적으로 볼 때, 지상의 눈에 보이는 교회들이 교회의 보편성을 상실하고 어떤 특수성만을 너무 주장하거나 강조하게 되면 결과적으로 그 교회는 분리주의자가 되거나 이단으로 빠지는 경우가 많았다.16) 또한, 배타성과 차별을 주장하는 교회는 교회의 보편성을 상실함으로써, 보편적 교회(catholic church)로부터 분리될 수밖에 없었다. 그러므로 지상의 교회는 교회가 갖는 보편성을 유지함으로써 교회로서 존속할 수 있다는 점을 언제나 잊지 않아야 한다.

여기에 더하여 본래 교회의 보편성이란 지상 교회들이 갖는 '일반적인(보편적인) 특성'을 의미하는 것이었다. 지역이 다르고 인종이 다르고 나라가 다르고 민족이 다를지라도 모든 기독교 교회들이 일반적으로 갖는 특성(복음의 내용, 교리, 제도나 관습 등)이 있는데, 그것을 가리켜서 보편성이라고 하였다. 그러나 초기 교회 당시에도 이런 교회의 보편성을 부정하고, 자신들의 어떤 특수한 교리나 사상이나 입장을 주장하는 교회가 등장하여 기존 교회를 비판하고 혼란스럽게 하는 경우들이 많았으며, 대부분 이런 교회는 후에 이단으로 전락하였다. 이에 대하여 교회는 공의회를 통하여 지금까지 교회가 지켜온 보편적인 가치들을 지켜나가는 것이 교회의 본질임을 확인하면서, 교회는 가톨릭교회, 즉 보편적인 교회가 되어야 한다고 결정하였다.

참고로 지금은 가톨릭교회가 로마 천주교회를 칭하는 명칭으로 많이 알려져 있지만, 사실은 2세기 초 초기교회 교부인 이그나티우스(Ignatius)로부터 교회는 '가톨릭교회'라는 개념이 나오고,17) 그 후 모든 교회의 본질을 가톨릭교회로 규정하게 되었던 것이다. 우리 개신교도 예배에서 사용하는 사도신경을 통해, "거룩한 공교회"를 믿는다고 고백하고 있다. 여기서 말하는 공교회가 바로 보편적인 교회, 곧

---

16) 어거스틴 시대에도 도나투스파(Donatist)가 이런 경우였으며, 그 후 기독교 역사에도 대부분의 이단들은 자신들의 어떤 특수한 교리나 사상만을 앞세우다가 결국 이단으로 전락하였다.

17) J. L. Neve, *A History of Christian Thought* 1, 서남동 역, 『기독교 교리사』(서울: 대한기독교서회, 2003), 87.

가톨릭교회(catholic church)를 의미한다. 지금은 가톨릭과 개신교가 분열되어서, '가톨릭'이란 용어가 마치 로마 천주교회를 대표하는 것처럼 생각하고 있지만, 사실 모든 교회는 천주교냐 개신교냐를 떠나서 '가톨릭교회'라는 사실을 새롭게 인식할 수 있어야 할 것이다.

특별히 교회의 보편성과 관련하여 우리 한국 개신교회를 생각할 필요가 있다고 본다. 개신교는 그 특성상 교회의 보편성보다는 담임 목사의 신학적 성향이나 목회 방향에 따라서 교회가 좌우되기 쉽다. 그러다 보니 교회가 보편적으로 가져야 할 특성보다는 담임 목사가 갖는 어떤 특수성만을 지나치게 강조할 수 있다. 이런 결과는 한 교회 안에서도 많은 문제를 만든다. 예를 들면 담임 목사의 특수성이 강한 교회일수록 그가 은퇴한 후 다음 목회자가 왔을 때 그 교회 안에 문제가 발생할 소지가 크다는 것이다. 그리고 교인들도 목사마다 다른 특성을 가지고 목회하는 것을 보면서 혼란을 겪을 수밖에 없다.

또 하나 눈여겨볼 것은 교회의 보편성을 강조하는 가톨릭교회나 동방정교회 등에 비해, 그것을 그렇게 중요하게 생각하지 않는 개신교회에서 많은 이단들이 나오고 있다는 사실이다. 복음의 내용이나 교회, 제도 등의 보편성보다는 어떤 특수한 것 하나만을 주장하다가 결국은 이단이 되고 만 것이다. 예를 들어 어떤 교회는 종말론만 하다가 이단이 되고, 어떤 교회는 귀신론만 하다가 이단이 되고, 또 어떤 교회는 성령론이나 은사론만 하다가 이단이 되고 말았다.

교회의 보편성이 이런 측면에서 중요하다는 것을 오늘의 교회들은 분명히 인식해야 한다. 개신교가 갖는 특수한 가치나 장점은 살려 나가되, 교회는 특수하기 전에 먼저 세계의 모든 교회로 더불어 보편적이어야 한다는 사실을 언제나 잊지 않아야 할 것이다.

넷째로 교회는 사도적인 교회(apostolic church)다. 교회의 사도성(使

徒性)을 말한다. 교회는 사도들의 신앙과 가르침 위에 세워졌고, 지금도 그것을 계승하고 있다. 하나요 거룩하고 보편적인 교회는 사도들의 신앙과 가르침을 계승한다는 점에서 이단과 구분이 된다. 그래서 정통 교회는 지금도 대표적으로 사도들의 신앙고백인 '사도신경'(Apostles' Creed)을 교회의 신앙으로 받아들이고, 또한 그것을 하나님께 드리는 예배를 통해서 고백한다.

교회는 지상에 존재하지만 한편 지상으로부터 구별된 존재다. 그런 의미에서 특별히 교회가 세상에 대한(또는 세상 속에서의) 사역을 할 때, 언제나 교회로서의 본질을 잃지 않도록 해야 한다.

교회가 이런 점을 분명하게 하지 않을 때, 교회는 세상 속에서 자신의 정체성을 잃어버릴 수 있다. 교회의 일치와 거룩성, 그리고 교회의 보편성과 사도성은 교회가 어디서 어떤 사역을 할지라도 언제나 지켜야 할 교회로서의 본질임을 확실하게 할 수 있어야 한다.

2. 교회의 임무: 교회, 무엇을 하는가

"교회가 무엇을 하는가?"라는 것은 교회가 수행하는 사역(ministry, 목회)이 무엇인가를 결정하게 된다. 다시 말해 교회의 기능과 임무에 대한 본질적 이해가 목회의 방향과 그 결과를 결정하게 된다는 사실이다. 그러므로 우리는 목회를 말하기 전에 먼저 교회가 무엇을 하는 곳인가에 대한 이해를 가져야 한다.

물론 교회론에 관한 입장은 전통적 교회론에서부터 현대 사회에 적합한 교회론을 찾고자 하는 다양한 움직임들이 있지만,[18] 여기서는 보다 본질적 측면에서 교회는 무엇을 하는 곳인가에 대한 기능론적 이해를 중심으로 하여 전개하고자 한다.

지상의 교회는 다양한 기능을 수행함으로써 스스로 존재의 근거를 만들고, 또한 그 영향력을 행사하게 된다. 따라서 교회가 교회로서 바로 선다는 의미는 자신이 수행해야 할 사명을 바로 하는 데서 가능한 것이다. 그러므로 오늘 한국교회는 자신이 무엇을 하려고 하기 전에 먼저 무엇을 해야 하는가에 대한 이해를 가짐으로써, 교회로서의 본질에 충실할 수 있어야 할 것이다. 그러면 교회가 해야 할 기본적 사명은 무엇인가?

1) 예배하는 공동체(worshipping community)로서의 교회

우리 인간의 제일 된 목적이 "하나님을 영화롭게 하고 그분을 영원토록 기쁘게 하는 것"[19]인 것처럼 지상 교회의 제일 된 목적 역시 하나님을 영화롭게 하며 그분을 영원토록 기쁘게 하는 것이다.

교회는 하나님의 구원의 은총을 입은 사람들의 공동체이다. 그러므로 구원받은 하나님의 백성은 마땅히 구원의 주가 되시는 하나님께 예배를 통해서 영광을 올려드려야 한다. 그러므로 예배는 교회가 존재하는 제일의 목적이면서 또한 궁극적 터전이 되는 것이다.

역사적으로 보면 하나님께 드리는 예배가 살아 있을 때 교회는 왕

---

18) Eric G. Jay, *The Church: Its Changing Image through Twenty Centuries* (Atlanta: John Knox Press, 1991), 은준관, 『신학적 교회론』(서울: 대한기독교서회, 1998) 참조.
19) 웨스트민스터 소요리문답 제1문. Douglas Kelly and Philip Rollinson, *The Westminster Shorter Catechism in Modern English*(Phillipsburg: Presbyterian and Reformed Publishing Company, 1986), 5.

성하게 살아 있었다. 그러나 반대로 예배가 생명력을 잃거나 타락하게 될 때 교회 역시 생명력을 잃고 타락하였다. 중세 교회의 타락은 제도나 신학 이전에 예배 현장의 타락에서 기인하였음을 상기할 때, 오늘 교회가 드리는 예배가 얼마나 중요한 것인가를 깊이 생각할 수 있어야 할 것이다.[20]

"예배는 교회를 교회 되게 할 수 있는 하나님으로부터 주어진 능력"[21]임을 생각할 때, 오늘의 한국교회는 자신들이 드리는 예배에 대해서 어떻게 하고 있는지 깊이 통찰해 보아야 할 것이다.

교회가 해야 할 제일 되는 사명이 무엇인가? 그것은 하나님께 드리는 예배다. 예배가 없는 교회는 존재할 수 없다. 예배가 없이는 교회가 존재할 수 없는 것처럼 예배가 없는 개인의 신앙 역시 존재할 수 없다. 예를 들어 어떤 교회가 1년 동안 전도하지 않고, 봉사하지 않고, 교육을 하지 않았다고 해서 교회가 없어지는 것은 아니다. 그러나 만일 어떤 교회가 1년 동안 예배를 드리지 않는다면 그 교회가 존재할 수 있을까? 물론 이것은 극단적인 예이지만, 우리는 여기서 깊이 생각해 보아야 한다. 개인 역시 마찬가지다. 어떤 신자가 1년간 전도하지 않고 봉사하지 않는다고 해서 그 사람의 신앙이 없어지는 것은 아니다. 그러나 그가 1년간 예배를 드리지 않는다면 과연 그 사람의 신앙

---

20) 마틴 루터 등 종교개혁자들은 처음에 예배에 대한 관심을 갖지 못했었다. 그러나 개혁을 진행하면서 그들은 예배 개혁 없이 교회 개혁은 있을 수 없다는 것을 깨닫고 모두 예배에 대한 개혁에 착수하였었다. 이를 바꾸어 말하면 중세 교회의 문제가 예배로부터 비롯되었음을 종교개혁자들이 모두 인식하게 되었고, 그 결과 개혁의 중심에 예배가 자리하게 되었다는 사실이다. 이에 대해 정용섭은 "마틴 루터의 종교개혁은 '교회의 갱신'에 있었고, 그 교회의 갱신은 '예배의 갱신'을 통해 이루어졌다."라고 언급하고 있다. 정용섭, 『敎會 更新의 神學』(서울: 대한기독교출판사, 1980), 4~5.
21) Franklin M. Segler, *Understanding, Preparing for, and Practicing Christian Worship*(Nashville: Broadman & Holman Publishers, 1996), 10.

이 존재할 수 있을까? 예배가 없이는 교회도 존재할 수 없고, 개인의 신앙도 존재할 수 없다.

따라서 오늘의 교회나 개인들은 하나님께 드리는 예배가 교회나 신자 개인을 위해서 얼마나 중요한 신앙의 원천인가를 재인식하고, 이에 대한 교회적 사명을 다할 수 있어야 할 것이다.

2) 선교하는 공동체로서의 교회

예수 그리스도를 구주로 고백하고 구원받은 백성들은 자신들을 구원하신 하나님을 예배해야 할 뿐만 아니라 자신들을 구원하신 예수 그리스도를 다시 세상에 전할 수 있어야 한다. 그런 의미에서 부름받은 공동체로서의 교회(ἐκκλησία)는 세상으로부터 하나님의 부름을 받았을 뿐만 아니라 또한 그 부름 앞에 순종하여 다시 세상으로 나아가는 사람들의 모임이라고 할 수 있다.[22]

그러므로 오늘의 교회는 하나님 앞에 모여서 예배하기를 힘쓸 뿐만 아니라 다시 세상에 나아가 자신을 구원하신 구세주 예수 그리스도를 전할 수 있어야 한다. 그러기 위해서 교회는 자신에게 부여된 선교적 사명을 인식하고, 이를 수행하기 위한 연구와 활동을 계속하면서, 그리스도의 지상명령을 완수할 수 있어야 한다. 교회는 본질적으로 선교하는 공동체이기 때문이다.[23]

모여 하나님께 예배하는 공동체는 흩어져 복음을 전파하는 선교적 공동체가 되어야 한다.[24] 중세 이후부터 교회에서 드리는 예배를

---

22) 이광순, 이용원, 『선교학개론』(서울: 한국장로교출판사, 2003), 17.
23) Johannes Blauw, *The Missionary Nature of the Church*, 전재옥, 전호진, 송용조 역, 『교회의 선교적 본질』(서울: 대한예수교장로회 총회출판국, 1988), 13.
24) 여기에 대해서는 호켄다이크의 저서 『흩어지는 교회』를 참고할 수 있다. J. C.

미사(missa)라고 불렀는데, 미사라는 의미는 "파송하다"라는 뜻을 담고 있다. 이것은 미사가 마칠 때 사제가 회중들을 향하여 "Ite, missa est."라고 한 데서 유래한 것인데, 이 말은 "파송하다"라는 의미이다. 하나님께 나아와 예배드린 여러분을 이제 세상으로 나아가 복음을 전하도록 파송한다는 것이다. 그래서 현재도 가톨릭교회에서는 이러한 전통을 따라 미사를 마칠 때, "미사가 끝났으니 가서 복음을 전합시다."라고 사제가 말하면서 파견을 한다.

3) 교육하는 공동체로서의 교회

교회는 믿지 않는 영혼들에게 복음을 전하여 구원시켜야 할 뿐만 아니라 이미 구원받은 사람들을 교육하고 훈련해야 하는 사명이 있다. 우리의 믿음의 내용이 무엇인지에 대한 가르침(교리)이 있어야 하며, 또한 믿는 자로서 어떻게 살아야 하는지에 대한 가르침(실천)이 교회를 통해서 이루어져야 한다.

초대교회 역시 세상에 나아가 복음을 전할 뿐만 아니라(케리그마, κήρυγμα) 복음을 받아들여 믿는 자들에게 가르치기(διδασκαλία, 디다스칼리아)를 힘썼다. 초대교회 신자들은 이런 사도들의 가르침을 받으면서(행 2:42) 자신들의 신앙을 더욱 견고히 해나갔던 것이다.

어거스틴 역시 교회는 "신자들의 어머니"라고 하면서, "교회는 우리를 낳고 양육시키고 그리스도의 형상을 우리 안에 이루기까지 해산의 수고를 한다.(갈 4:19)"[25]라고 말함으로써, 교회가 세례를 통해서

Hoekendijk, The Church Inside Out, 이계준 역, 『흩어지는 교회』(서울: 대한기독교서회, 2001).
25) 정홍열, "아우구스티누스의 교회론," 한국조직신학회 엮음, 『교회론』(서울: 대한기독교서회, 2009), 58.

새롭게 태어난 하나님의 자녀들을 가르치고 돌보고 양육해야 할 것을 말하고 있다.

또한 종교개혁자들인 마틴 루터나 존 칼빈 역시 교회 안에서 교육의 중요성을 매우 강조하였는데, 그 대표적인 것이 세례를 받기 전에 요리문답을 통해서 철저히 신자들을 교육하는 것이었다. 특별히 칼빈은 자신의 저서 『기독교 강요』에서 "교회를 통한 교육의 가치와 그 책무"에 대해 언급하면서, 교회는 교육을 통해 신자들이 믿음과 지식에 있어서 하나님의 아들이신 그리스도의 장성한 분량까지 자라야 한다고 주장하고 있다.[26] 이는 교회의 교육적 사명의 중요성을 강조한 것이라 하겠다.

오늘의 교회 역시 교회가 해야 할 중요한 사명 가운데 하나가 바로 교인들을 바른 신앙과 실천의 삶을 살도록 가르치는 일임을 언제나 잊지 않아야 한다. 교회가 믿는 내용, 즉 교리를 바로 가르침으로써 이단이나 사이비 사상으로부터 교인들의 신앙을 지키도록 하고, 또한 세상에서 참된 그리스도인으로 바르게 사는 법을 가르침으로써 그들이 본이 되는 삶을 살도록 해야 한다.

4) 봉사하는 공동체로서의 교회

교회는 세상을 향한 선교와 함께 봉사(διακονία, 디아코니아)의 사명을 감당해야 한다. 교회는 그 출발부터 외부적으로 구제와 선교하는 일을 함께해 왔었다. 어떤 의미에서 선교와 구제는 분리적인 개념보다는 선교를 위해서 구제를 했으며, 구제하는 일을 통해서 선교의 결

---

26) John Calvin, *Institutes of the Christian Religion* 2, 1016~1017.

실을 맺었던 것이다. 따라서 교회의 디아코니아는 선교와 봉사를 함께 하는 사역이라고 할 수 있겠다.

오늘의 교회가 세상을 향하여 감당해야 할 이 두 사역은 어느 한쪽에 치우치기보다는 양쪽의 균형이 중요하리라 본다. 특별히 현재의 한국교회는 전도(선교)라는 목적에 우선을 두고 봉사를 함으로써, 오히려 전도의 수단으로 봉사를 인식하게 되었고, 그 결과 봉사의 순수성을 상실해버린 측면도 없지 않다.

이제 교회는 교회의 사회적 봉사, 즉 디아코니아가 교회의 부수적 활동이 아니라 교회가 해야 할 본질적인 사명으로 알고, 지역사회를 진정으로 섬기고 순수하게 봉사하는 일에 최선을 다해야 할 것이다.[27]

5) 친교하는 공동체로서의 교회

교회는 수직적으로 하나님과의 영적 교제를 이룬다면, 수평적으로는 성도의 교제가 이루어지는 곳이다. 예배와 말씀과 기도와 찬양을 통해서 하나님의 백성인 교회는 하나님과의 영적 교제를 이루면서, 동시에 예배와 만남을 통해서 성도의 교제를 나누게 된다.

예배 중에서 평화의 인사(the kiss of peace)를 나누고, 성찬을 통해서 한 피 받아 한 몸을 이루는 신비한 연합을 경험하며, 서로를 위해 기도하면서 중보하는 가운데 사랑의 교제를 이루게 된다.

그러나 현대 교회는 차츰 하나님의 백성으로서의 공동체적 사랑과 교제를 잃어버리고 세속의 풍습을 따라 개인주의적인 모습들로

---

[27] 김옥순, 『디아코니아 신학』(서울: 한들출판사, 2011), 5~6.

바꿔 가고 있다. 이런 시점에서 교회는 코이노니아(κοινωνία), 즉 성도의 교제의 소중함을 알고, 사랑이 함께하는 신앙공동체를 이루도록 해야 한다. 교회는 외부적으로 선교와 봉사를 해야 할 뿐만 아니라 내부적으로는 성도 간 교제의 중요성을 인식하고 이를 실천할 때 믿음의 공동체로서 더욱 견고하게 서게 될 것이다.

특별히 교회적으로 분열을 거듭해온 한국교회는 "코이노니아로서의 교회의 일치"가 시대적인 사명임을 인식하고, 이를 교회 공동체를 통해서 적극 실현하도록 해야 한다. 코이노니아로서의 교회는 교회 내부의 연합과 함께 교회 또는 교파 간의 일치도 이룰 수 있도록 하는 중요한 기능을 하게 될 것이다.

그리스도의 교회를 '코이노니아'로 이해하는 것은 그렇게 새로운 것도 아니고 어려운 사고도 아니다. 이미 성서적인 배경이 있고, 역사적으로 그렇게 받아들여 온 교회의 실체가 아닌가 생각한다. …… 교회의 다양한 전통들이 '코이노니아 교회론'에 공감해 오고 있다는 것은, 지금까지의 폐쇄적인 교회관을 극복하고 하나의 교회로서의 가능성과 비전(vision)을 여기서 볼 수 있기 때문일 것이다.[28]

3. 교회와 세상: 세상의 빛과 소금으로서의 교회

"너희는 세상의 소금이니"(마 5:13).

"너희는 세상의 빛이라"(마 5:14).

---

28) 한국기독교학회 편, 『교회와 코이노니아』(서울: 대한기독교서회, 1993), 5.

세상과의 관계에서 교회는 어떤 역할을 해야 할까? 교회는 세상 가운데서 어떤 존재로 자리해야 할까? 협동조합의 전문가인 앤드류 맥클레오드(Andrew McLeod)는 그의 저서 『협동조합, 성경의 눈으로 보다』(Holy Cooperation)에서 교회를 다음과 같이 말하고 있다.

> 교회들은 규모가 커지고 복잡해지지만, 변혁의 잠재력을 상당히 잃어버렸다. 특정 장소에서 특정 시간에 특정한 활동만 하는 교회는 교회 밖의 사회 환경을 변화시킬 수 있는 능력이 별로 없다. 교회는 대부분 주요 사역 이외에도 약간의 지역사회 활동(봉사)을 하고 있지만, 많은 그리스도인은 여전히 특정 시간대에 특정한 장소에 있는 것을 교회로 생각한다.[29]

앤드류 맥클레오드가 여기서 말하고자 하는 바는 하나님의 백성들의 모임인 에클레시아(교회)가 교회 안의 활동, 즉 교회 예배, 행정, 친교 모임 등에만 집중하고 있어서는 안 된다는 것이다. 그는 "에클레시아의 통합성",[30] 즉 하나님의 백성들이 교회 안에서 하는 모든 활동(사역)들과 교회 밖 세상에서의 사역을 함께 고려하고 함께 참여해야 한다는 것이다.

하나님께서는 태초에 천지를 창조하셨다. 인간과 인간이 살 세상을 만드셨다. 그리고 인간들에게 그 모든 것들을 관리하면서, "생육하고 번성하여 땅에 충만하라"(창 1:28)고 하셨다. 인간과 하나님, 인간과

---

29) Andrew McLeod, *Holy Cooperation!: Building Graceful Economies*, 홍병룡 역, 『협동조합, 성경의 눈으로 보다』(서울: 아바서원, 2013), 84.
30) 위의 책, 85.

인간, 그리고 인간과 자연의 관계는 평화가 깃든 샬롬의 낙원이었다.

그러나 인간의 타락은 그 낙원을 상실하도록 만들었다. 낙원을 상실한 세상은 이제 고통이 그 안에 들어오게 되었고, 많은 사람들과 피조물들이 탄식하는 세상이 되고 말았다.

"피조물이 다 이제까지 함께 탄식하며 함께 고통을 겪고 있는 것을 우리가 아느니라"(롬 8:22).

오늘 우리가 사는 세상 역시 많은 고통과 탄식의 소리들이 끊임없이 들리고 있다. 여기에 필요한 곳이 바로 교회다. 우리 인간이 에덴의 낙원에 계속 살고 있다면 지상 교회는 필요가 없다. 그러나 낙원을 잃은 인간의 삶의 현장에서 일어나는 불의와 죄악과 불평등, 갈등과 싸움과 전쟁으로 인해 세상은 교회를 필요로 하고 있다.

예수님은 세상과 교회를 구분하지 않으셨다. 오히려 교회는 세상 속에 들어가 소금과 빛의 역할을 해야 한다고 말씀하신다. 여기서 우리가 주목해야 할 것이 있다. 예수님은 우리에게 너희가 교회 안의 소금이요, 교회 안의 빛이라고 말씀하지 않으셨다.

그러나 오늘 한국교회는 '세상의 소금'과 '세상의 빛'의 역할을 감당하지 못하고 있다. 세상으로 나아가지 못하고 교회 안에 머무르면서, 교회 안의 소금이요 교회 안의 빛으로만 살려 하고 있다. 심지어는 교회가 오히려 세상을 더 부패하게 만들고, 세상을 더 어둡게 만들고 있다는 비판을 받기도 한다.

세상에 있는 교회는 세상과 함께해야 한다. 그 세상 속으로 나아가 소금으로 빛으로 살아야 한다. 세상의 고통과 탄식하는 소리를 들으면서, 교회는 그런 세상을 변혁시킬 준비를 하고 그것을 실천할 수 있어야 한다.

만일 교회가 이 사명을 감당하지 못한다면 교회는 이 땅에 있어야 할 존재 근거가 없다. 예수 그리스도께서 하늘에 계시지 않고 성육신하셔서 이 땅으로, 이 땅의 인간 속으로 인간의 형상을 입고 찾아오셨듯이 교회 역시 세상 속으로, 세상의 사회 속으로 들어가 세상과 함께해야 한다.

교회가 세상과 함께하고 세상에 참여해야 할 근거는 성부 하나님의 천지창조와 성자 예수 그리스도의 성육신 사건에 있다. 하나님께서 창조하신 온 천지가 보시기에 심히 좋았듯이(창 1:31), 이 시대 기독교회는 이 세상이 하나님 보시기에 다시 심히 좋은 세상이 되도록 해야 한다. 인간의 탐욕으로 파괴된 인간의 형상을 이 땅에서 회복하고, 인간의 탐욕으로 인해 파괴된 세상의 모든 질서와 자연을 회복해야 한다.

그러기 위해서 오늘의 교회는 예수님이 인간 사회 속으로 들어오셨듯이 인간의 사회, 인간의 세상 속으로 들어가 그 속에서 빛과 소금의 역할을 감당해야 한다. 그리고 근본적으로 "교회는 이 땅 위에 하나님 나라의 새로운 세계(세상)를 세우고자 하는 하나님의 의지와 메시아적 약속으로 말미암아 생성"[31]되었음을 언제나 잊지 않아야 할 것이다.

---

31) 김균진, "교회론의 성서적·신학적 기초", 한국조직신학회 편, 『교회론』(서울: 대한기독교서회, 2009), 25.

5장

목회와 협동조합

시대의 변화는 교회가 수행하는 목회 사역에도 변화를 가져오도록 한다. 그동안 한국교회는 하나님의 은혜 가운데 놀라운 성장을 거듭해 왔었다. 그러나 선교 2세기로 접어들면서 한국교회는 새로운 위기를 맞고 있다. 교회 외적으로 산업화와 도시화, 자본주의와 물질만능주의적 사고, 포스트모던 사회의 문화적 영향 등과 함께 교회 내부적으로는 목회 지도력의 약화와 교회 성장의 정체 내지는 둔화 현상이 뚜렷하게 나타나고 있다.

이런 상황은 현 한국교회 목회 전반에 대한 재고(再考)와 함께 여기에 적절한 목회 패러다임의 전환을 요구하고 있다. 이제 한국교회는 "교회는 무엇인가?", "교회는 무엇을 하는 곳이며, 앞으로 무엇을 해야 할 것인가?"라는 근본적인 질문을 하면서, 이에 대한 응답을 할 수 있어야 한다. "교회가 무엇을 하는 곳인가?"라는 물음은 곧 교회가 하는 사역, 즉 목회의 방향을 결정하게 될 것이기 때문이다.

한국교회의 이런 상황에서 협동조합은 목회와 어떤 연관을 가질 수 있는가? 협동조합은 목회 현장에서 어떤 기능과 역할을 할 수 있는가? 교회는 협동조합을 어떻게 목회 활동에 적용할 수 있는가?

협동조합은 지금의 한국교회 목회 현장에서 하나의 대안이 될 수 있다는 점에서 중요한 의미를 가진다. 이제 한국교회는 목회의 장이 교회 안에만 국한되어서는 안 된다. 한국교회는 교회 내부뿐만 아니라 교회 외부의 세상(사회)으로 목회의 범위를 확대해야 한다. 교회와 세상을 이원적으로 구분하지 말고, 교회와 지역사회가 하나의 공동체(one community)라는 인식을 가지고 지역사회 목회에 적극 참여해야 한다.

따라서 본 장에서는 먼저 교회와 목회에 대한 이해와 함께, 오늘 한국교회의 위기적 상황을 진단하면서 그 방향을 찾아보고, 여기서 더 나아가 이에 대한 목회의 한 대안으로 협동조합에 대하여 기술하도록 하겠다.

1. 목회의 변혁, 시대적 요청

중대한 기로(crossroads), 전환기(transition), 위기(crisis), 불확실성(uncertainty), 불안정함(restlessness), 이런 혼란스러운 단어들은 오늘의 교회나 목회 사역과 관련하여 개신교 내에서 나오는 비관적인 인식들이다.[1]

---

1) Richard L. Mayhue, "Rediscovering Pastoral Ministry", in *The Master's Perspective on Pastoral Ministry*, ed. Rechard L. Mayhue and Robert L. Thomas(Grand Rapids: Kregel Publications, 2002), 20.

2,000년 기독교회의 역사는 변화와 갱신의 역사였다. 때로는 자의적으로, 때로는 변하지 않으면 안 될 상황적 요인들로 인해서 교회는 변하지 않으면 안 되었던 것이다.

특별히 중세 말 교회의 본질을 벗어난 교회는 더 이상 교회 자신을 위해서도, 또한 세상을 위해서도 희망이 될 수 없었다. 이런 시대적 상황에서 하나님은 마틴 루터(Martin Luther)나 츠빙글리(Huldrych Zwingli), 존 칼빈(John Calvin) 같은 종교개혁자들을 일으키셔서 하나님의 교회를 개혁하도록 하셨다.

그동안 한국교회는 하나님의 크신 섭리 속에서 복음을 받아들이고, 내외적으로 커다란 성장을 해왔다. 영혼 구원이라는 교회의 지상명령을 수행하면서, 가난하고 소외된 자들에게 복음을 전하고 그들을 그리스도의 사랑으로 돌보았으며, 때로는 사회와 민족의 문제들에 함께 참여하여 고통을 나누고 사회를 변혁시키는 일들을 감당해 왔다. 이런 일들을 위해서 교회는 스스로 자기 헌신과 희생을 마다하지 않았던 것이다.

그러나 이런 한국교회, 특별히 한국 개신교회가 선교 2세기를 넘어서면서 새로운 위기에 직면하고 있다. 마치 중세 교회가 더 이상 세상에 소망이 되지 못하고, 오히려 세상을 오염시키는 근원이 되었던 것처럼 지금 한국교회는 중세기 말의 교회같이 세상의 비난을 받고 있는 실정이 되어버렸다.

이제 한국교회는 자의적이든 아니면 타의적이든 변하지 않으면 안 될 상황에 직면하게 되었다. 만일 교회가 스스로 변화하지 않는다면, 미래 한국교회는 교회 자체의 생존과 존립마저도 담보할 수 없는 지경에 이른 것이다.

이런 시대적 상황에서 한국교회와 신학 진영은 이제 스스로에게

"교회는 무엇인가?"라는 정체성에 관한 질문과 함께 교회가 해야 할 사역에 대한 본질적 질문을 다시 하고, 이에 대한 답을 얻을 수 있어야 할 것이다. 왜냐하면, 거기서 내일의 한국교회가 나아가야 할 길과 방향을 찾을 수 있을 것이기 때문이다. 이제 교회는 스스로 미래를 준비하면서 거기에 적절한 대응을 할 수 있어야 한다.[2]

2. 목회(또는 사역, ministry)[3]는 무엇인가: 목양(牧羊)-목회(牧會)-목민(牧民)

목회는 무엇인가? 목회는 무엇을 위해서 하는 것인가? 이에 대한 정의는 매우 중요하다. 왜냐하면, 목회를 어떤 것으로 정의하느냐에 따라서, 한 목회자, 더 나아가서는 한 교회의 목회 방향이 결정되기 때문이다.

그동안 전통적인 목회관은 교회 중심적 목회로 초점이 맞추어져 왔었다. 어거스틴(St. Augustinus)을 비롯한 존 칼빈(John Calvin) 등은 교회를 "주님의 몸"으로 이해하면서, 목회는 바로 이 주님의 몸인 교회를 바로 세워나가는 사역으로 이해하고 정의하였다.[4]

이런 전통은 현대까지 계속 이어져 오면서 목회신학자 중 대표적으로 토마스 오덴(Thomas C. Oden) 같은 사람 역시 동일한 입장에서 목회를 정의하고 있다. "왜 목회가 필요한가?"라는 질문에 대해 그는 "그리스도의 몸인 교회를 돌보기 위해서"(to shepherd the body of

---

[2] Jim L. Wilson, *Future Church: Ministry in a Post-Seeker Age*(Nashville: Broadman & Holman Publishers, 2004) 참조.
[3] 영어로는 'ministry'라는 한 단어로 표현할 수 있지만, 한국에서는 상황에 따라서 이것을 '목회' 또는 '사역', '교역' 등으로 번역할 수 있겠다.
[4] 복음주의 실천신학회 편, 『실천신학 개론』(서울: 도서출판 세복, 2002), 177, 181.

Christ)⁵⁾라고 목회의 목적과 범위를 분명하게 진술하고 있다.

이와 같은 전통적 입장에서의 목회관은 주님의 몸 된 교회를 돌보고 양육하며 세워나가는 것을 제일의 목적으로 삼았으며, 오늘의 교회가 있도록 하는 데 이론적으로 큰 기여를 하였다.

그러나 이런 전통적 목회신학과 정의가 교회를 위해 기여를 한 것도 사실이지만 한편으로 목회의 범위를 교회 안으로 국한함으로써, 교회가 세상을 향한 봉사와 책임에 대해서 소홀히 하도록 한 측면도 없지 않다.

이런 한계를 보면서 이제 현대 기독교회의 목회는 보다 그 범위를 확대할 필요가 있다고 생각한다. 필자는 이를 위한 오늘의 교회 목회의 성서적 근거를 에베소서 4장 12절에서 찾고자 한다.

"이는 성도를 온전하게 하여 봉사의 일을 하게 하며 그리스도의 몸을 세우려 하심이라."

에베소서 4장 12절은 사도 바울의 목회관을 피력한 것으로 여기에는 목회의 세 가지 중요한 요소가 포함되어 있다.

목회는 먼저 성도를 온전케 하는 것(to equip God's people)이며, 둘째로 봉사의 일을 하게 하고(to do the work of ministry), 셋째로 그리스도의 몸인 교회를 세우는 것(to build up the body of Christ)이다. 필자는 이를 근거로 하여 지금까지 한국교회에서 일반적으로 목회라고 불렀던 것을 세 가지 영역, 즉 목양, 목회, 목민 사역으로 나누어 살피고자 한다. 성도를 온전케 하는 것은 곧 양을 돌보는 '목양', 그리스도의 몸을

---

5) Thomas C. Oden, *Pastoral Theology: Essentials of Ministry*(New York: HarperCollins Publishers, 1983), 13.

세우는 것은 곧 주님의 몸인 교회를 돌보고 세우는 '목회', 그리고 봉사의 일을 하는 것은 곧 교회와 세상 사람들을 향한 섬김으로서의 '목민' 사역을 의미하는 것이다.6) 이런 목회신학은 오늘의 교회들로 하여금 자신의 교회와 성도들에 대한 목회적 돌봄과 아울러 목회의 범주를 세상까지 확대하게 함으로써 보다 넓은 관점에서 목회를 하도록 할 것이다.7)

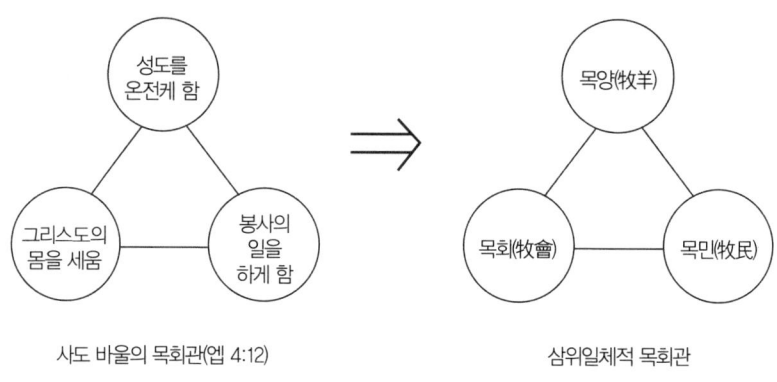

사도 바울의 목회관(엡 4:12)   삼위일체적 목회관

먼저 목양(牧羊)은 양을 돌보는 사역이다. 여기에는 신자 개개인에 대한 목회 상담(pastoral counseling)과 목회적 돌봄(pastoral care), 그리고 그것을 위한 심방 등이 포함될 것이다. 목회는 마땅히 한 영혼에 대한 관심과 사랑을 가지고 돌보고 양육하는 일을 해야 한다. 하나님 자신도 이스라엘 백성을 돌보시는 목자(the Shepherd of Israel)였으

---

6) 여기서 언급한 '목양-목회-목민'의 목회는 한신대학교 교수로서 은퇴한 박근원 박사의 설교를 듣고, 그분의 주장을 근거로 하여 필자가 이론적으로 정리한 것이다.
7) 여기서 생각해야 할 것이 '목회'라는 용어이다. 목회는 헬라어 διακονία에서 유래한 것으로, 그동안 목회는 목사나 교회가 하는 모든 사역을 총괄하여 부를 때 사용되는 용어였다. 그러나 본서에서는 이를 세분화하여 목회 사역을 '목양-목회-목민'이라는 세 차원으로 나누어 정리하고자 한다.

며, 예수 그리스도 역시 자신의 양들을 위해 생명을 내어놓으신 선한 목자(the Good Shepherd)였다.[8] 그러므로 오늘 목회의 첫째 되는 관심은 하나님께서 맡겨주신 양들을 잘 돌보고, 그들을 양육하는 것이다.

특별히 현대 문명은 정신적, 영적 측면에서 많은 위기를 양산하고 있다. 이런 위기적 상황에서 목회적 돌봄이나 상담은 매우 중요한 역할을 하게 되며, 교회의 목회 사역 역시 상처받은 영혼들에 대한 치유적인(therapeutic) 기능을 적극 요구하고 있다.[9]

영혼에 대한 돌봄은 목회 영역에서 가장 우선되어야 할 일이다. 미국 선교사로서 한국에 와 최초 평양신학교에서 실천신학을 강의했던 알렌 클락(Allen Clark, 한국명 곽안련) 역시 목회는 목양이 우선이라는 관점을 가지고, "목회학이란 교역자가 복음의 진리를 신자의 생활에 실제로 적용하는 일을 도와주는 학문"[10]으로 정의하고 있다. 이런 관점은 그 후 한국교회 목회자들의 목회관에 그대로 반영되었으며, 오늘까지 목회 사역에 중요한 영향을 미치고 있다.

둘째로 목회(牧會)는 그리스도의 몸인 교회를 세우는 사역이다. 목회는 성도 개인들을 돌보는 목양과 함께 주님의 몸 된 교회를 세우는 일을 하는 것이다. 즉 목양이 개인으로서의 양들을 돌보는 것이라면, 목회는 주님의 몸인 교회를 돌보는 것이다. 이를 위해서 예배와 설교,

---

8) Richard L. Mayhue and Robert L. Thomas, ed., *The Master's Perspective on Pastoral Ministry*(Grand Rapids: Kregel Publications, 2002), 8.
9) Nancy J. Ramsay, "Contemporary Pastoral Theolgy: A Wider Vision for the Practice of Love", in *Pastoral Care and Counseling: Redefining the Paradigm, ed. Nancy J. Ramsay*(Nashville: Abingdon Press, 2004), 155.
10) 곽안련, 『목회학』(서울: 대한기독교서회, 1999), 7. 곽안련은 1919년에 목회신학(Pastoral Theology)에 해당하는 저서 『牧師之法(목사지법)』을 발간하여, 이를 평양신학교에서 가르치기도 하였다. Allen Clark, *Pastoral Theology*, 『牧師之法(목사지법)』(京城: 朝鮮耶蘇敎書會, 1919).

교육, 행정 등을 통해 목사는 그리스도의 몸인 교회가 바로 세워져 나가도록 해야 한다.

오늘날 지나친 교회 중심의 목회(사역)도 문제이지만 교회를 벗어나 세상 중심의 목회를 하는 것 역시 문제다. 목회는 먼저 주님의 몸인 교회를 세우고 그 교회를 통해서 사회에 대한 봉사와 섬김을 하는 것이다. 그런데 최근 들어 일부 교회들은 교회의 본질적 사역은 외면한 채 오히려 복지와 사회봉사를 하느라 주님의 몸인 교회는 제대로 돌보지 않고 있다. 심지어는 교회를 돌보는 것보다 세상에 대한 봉사와 복지에 목회 사역의 우선순위를 둠으로써 교회의 정체성을 상실하는 일들도 있다.

그러나 교회가 교회의 정체성을 상실해 버리고 하는 사회봉사나 복지라면 그것은 세상 봉사 단체들과 아무런 차이가 없는 것이다. 그러므로 목회는 분명한 우선순위를 두고, 먼저 주님의 몸 된 교회를 세우고 돌보면서, 그 교회를 통해서 사회에 대한 봉사와 책임을 수행하는 것이라는 사실을 언제나 잊지 않아야 할 것이다.[11] 레이 앤더슨(Ray S. Anderson)의 주장은 그런 의미에서 귀를 기울여야 할 필요가 있다.

> 그리스도의 목회의 우선순위는 세상을 구원하시려는 성부 하나님께 있었지, 세상에 있지 않았다. 이 말은 세상이 목회의 강령(agenda)을 결정하는 것이 아니라 세상을 사랑하시는 성부 하나

---

[11] 과거 우리나라가 군사 독재하에 있을 때 국가적 민주화를 위해서 교회가 앞장서 싸웠다. 이런 일은 교회가 사회 정의를 위해서 당연히 해야 할 일이지만, 한편으로는 교회가 사회 이슈에 집중하면서 교회에 대한 사역, 즉 목회를 소홀히 하게 됨으로써 교회 자체가 약화되는 결과를 가져오기도 하였다.

님께서 목회의 강령을 결정하신다는 의미다.[12]

셋째로 교회는 이제 교회 안에만 사역의 영역을 국한하는 것이 아니라 교회 밖을 향하여 목민(牧民) 사역을 감당해야 한다. 목양과 목회가 교회 내부적인 사역이라면 목민은 교회를 벗어나 세상을 향한 사역이다. 교회는 하나님을 섬기는 것과 같이 세상 사람들에 대한 관심을 가지고 그들을 섬기며 사랑할 수 있어야 한다. 이를 위해 구제와 봉사를 하며, 사회 현실에 대한 관심과 참여를 할 수 있어야 한다.

기독교회는 초기 그 출발부터 개인에 대한 영혼 구원과 함께 세상에 대한 구제와 봉사의 사역을 감당하였으며(행 6:1~6, 집사를 세워 구제 사역을 감당하도록 함), 2,000년 선교의 역사에서도 언제나 교회 내부를 위한 사역만을 하지 않고 교회와 함께 세상에 대한 봉사와 책임을 다했었다. 선교지에서 병원을 세워 병든 자들을 돌보고, 고아와 과부를 보살피며, 학교를 세워 무지한 사람들을 교육하는 일들을 교회는 해왔었다.

그뿐만 아니라 세상이 어두워지고 불의와 부정이 지배할 때, 많은 기독교 신자들과 교회가 일어나 세상의 빛과 소금의 역할을 감당했었다. 영국이 산업화된 이후 도시 속의 범죄와 타락이 만연할 때 존 웨슬리(John Wesley)는 복음으로 세상을 구원하고 변화시켰으며, 미국 역시 사회악이 만연한 시기에 월터 라우쉔부쉬(Walter Rauschenbusch)와 같은 이들이 일어나 사회 복음(social Gospel)을 들고 병든 사회를 개혁하였고, 나치 독일에 항거하여 디트리히 본회퍼(Dietrich Bonhoeffer)는 자신의 생명을 바쳐 불의한 세력에 항거하였다. 교회는 세상에 대

---

12) Ray S. Anderson, *The Shape of Practical Theology: Empowering Ministry with Theological Praxis*(Downers Grove: InterVarsity Press, 2001), 63.

하여 침묵하지 않고 그 문제에 직접 대면하여 항거함으로써 세상을 변화시켜 왔던 것이다. 이것이 세상에 대한 빛과 소금이 되는 것이요, 교회가 마땅히 해야 할 목민 사역인 것이다.

교회가 행하는 사역의 범위를 어디로 규정하는가 하는 것은 매우 중요하다. 이제 목회는 더 이상 교회 안에 국한된 활동이 아니라 세상을 함께 포함하는 사역이 되어야 한다는 것을 고려하면서, 오늘의 교회들은 자신의 사역에 대해서 보다 포괄적 시야를 가지고 접근하고 실천할 수 있어야 할 것이다. 그런 의미에서 '목양과 목회와 목민 사역'을 아우르는 삼위일체적 사역은 이 시대 교회가 통전적으로 추구해야 할 목회의 방향이 되리라 본다.

3. 한국교회 목회 현장의 위기

오늘의 한국교회 상황을 가장 적절하게 표현할 수 있는 말이 있다면 무엇일까? 그것은 내우외환(內憂外患), 풍전등화(風前燈火)와 같은 단어들은 아닐까? 지금 한국교회는 교회 밖에서 밀려오는 거대한 세속화의 물결과 함께 교회 내부에서 일어나는 풍랑을 안고, 어두운 바다에서 침몰의 위기를 향해 위험한 항해를 하고 있지는 않는가?

이제 우리는 한국교회로 시선을 돌려볼 차례다. 과연 지금의 한국교회는 어떠하며, 한국교회가 실천하고 있는 목회 현장은 어떠한가? 지금 한국교회가 위기 상황에 빠져 있다는 것은 대부분 사람들의 공통된 인식이다. 그동안 성장해 오던 교회(개신교회)는 이제 그 성장을 멈추고 오히려 교인 수가 감소하는 현상으로까지 나아가고 있다. 교회 내부적으로는 많은 갈등과 분쟁이 끊이지 않고 있으며, 외부적으로는 교회에 대한 비판과 실망의 목소리가 높아가고 있다. 한국교회는 지금 내외적으로 커다란 위기에 직면해 있는 것이다. 그러면 현 한국교회가 직면한 위기적 상황은 어떤 것들인가?

1) 교회 밖의 환경

먼저 한국교회는 지금 세속화의 거대한 물결에 휩쓸려 있음을 본다. 1960년대 이후 한국교회가 직면한 큰 문제 중의 하나는 산업화와 자본주의 영향으로 인한 세속화 현상이었다.[13] 한국 근대화의 동력이 되었던 산업화와 자본주의는 한국 사회에 대한 변화뿐만 아니라 교회에 대한 변화도 가져오도록 하였다. 산업화와 자본주의는 경제성장이라는 긍정적 결과를 한국 사회에 안겨주었지만, 한편으로는 물질만능주의적 사고를 가져오는 부정적 결과도 초래하였다. 실천신학자 박근원은 이에 대해 다음과 같이 지적하고 있다.

> 한국 사회의 격변이 교회 성장에 도움도 되었지만 병폐도 자초한 다른 한 요소는 산업화 도시화 현상이 가져온 '세속주의적 사고'이다. 모든 것을 물량주의적 사고로 측정하는 배금사상의 신앙화가 그 두드러진 현상이다.[14]

또한, 산업화는 도시화와 연계되면서 한국 사회의 지형을 바꾸도록 함으로써, 도시에 대한 인구 집중과 농어촌의 피폐화를 가져오

---

13) 박용규, "한국교회 위기와 갱신: 역사적 조명",「역사신학 논총」vol. 15(2008), 48.
14) 박근원,「한국교회 성숙론」(서울: 대한기독교출판사, 1992), 62.

게 하였으며, 이러한 것들은 한국교회에 대해서도 그대로 영향을 미쳤다.

자본주의 영향으로 인한 물질중심주의와 함께, 경제 성장은 또 다른 종교적 영향을 가져왔는데, 그것은 사람들의 영적 무관심이다. 과거 한국이 경제적으로 어려울 때 사람들은 하나님을 찾고 종교를 찾았었다. 그러나 이제 그야말로 '먹고 살 만하자' 사람들은 보이지 않는 영적 세계보다는 눈에 보이는 현실 세계의 즐거움에 더욱 관심을 갖고 이를 즐기고자 하는 데 적극적이 되었다. 이런 현상은 자연스럽게 사람들의 종교에 대한 무관심으로 나타나고 있다.

그리고 또 하나 교회 밖 세상에서 일어나는 변화는 포스트모더니즘(postmodernism)으로 인한 현대인들의 사고 체계의 변화다. 절대적 진리와 규범을 인정하고 그것을 존중하며 따랐던 근대적 사고(modernity)는 이제 포스트모던 시대를 맞으면서 수정이 불가피하게 되었다. 이제 사람들은 하나의 절대적 진리보다는 상대적 진리, 즉 자신이 옳다고 인정하는 것만을 받아들이는 주관적 진리(subjective truth)에 빠져들고 있다. 포스트모던 시대의 사람들에게 절대적 진리란 없다.[15] 이런 결과는 자연스럽게 종교에도 영향을 미쳐서, 어떤 한 종교의 진리보다는 모든 종교에는 다 각각 진리가 있다는 식의 종교다원주의(religious pluralism)를 확산시키고 있다. 이러한 경향은 예수 그리스도만이 절대적 진리라는 기독교에 대해서 현재 심각한 도전이 되고 있다.

---

15) Gene Edward Veith, *Postmodern Times*(Wheaton: Crossway Books, 1994), 16.

2) 교회 안에서 일어나는 풍랑들

교회의 위기는 외적 환경에만 있는 것이 아니다. 지금 한국교회는 교회 스스로 위기를 자초하고 있다. 무엇보다 교회 지도자들의 지도력(leadership)이 가장 큰 문제로 등장하고 있다. 제대로 자질을 갖추지 못한 목회자 양성(무인가 신학교 등 신학 교육의 문제), 도덕적, 윤리적으로 심각한 문제를 안고 있는 자들이 교회의 지도자로 행세하고 있는 현실, 총회와 교회 정치 집단(한국기독교총연합 등)들의 금권 선거와 타락 등은 교회 내부뿐만 아니라 외부로부터도 심각한 비난을 받고 있는 실정이다.

이렇게 온전한 지도자를 갖추지 못한 교회들은 또한 교회 내부적으로도 갈등과 분쟁에 휩싸여, 주님의 몸 된 교회를 교회의 지체인 교인들이 상처를 내고 허무는 일들을 자행하고 있다. 교회 안에 있는 직분자들 간의 갈등(예를 들면 목사와 장로의 관계 등), 교회 안에서의 명예를 추구하는 세속적 행태, 지도자의 교회 사유화와 정당하지 못한 세습에 따른 폐해, 하나 되기보다는 쉽게 나뉘고 갈리는 분파주의적 성향 등은 교회 안에서 교회를 위태롭게 하는 요인들이 되고 있다.

그리고 교회 지도자들의 잘못된 신학과 신앙의 가르침, 예를 들면 번영신학에 기초한 축복 신앙은 한국교회 교인들의 신앙을 기복적으로 만드는 데 결정적인 역할을 하도록 하였다. 마땅히 하나님이 주시는 은혜와 복을 받는 것은 잘못된 것이 아니다. 그러나 한쪽으로 전도된 기복적 신앙은 한국교회 교인들의 신앙관을 왜곡되게 하였으며, 교회에 나와 복만 받겠다는 신앙은 헌신과 희생보다는 자신의 안일에 초점을 맞추도록 하였고, 이런 신앙 행태는 결과적으로 기독교인의 사회적 책임과 사명을 망각하도록 하고 말았다.

교회가 성경과 진리에 바로 서지 못하고, 사회적 사명과 책임을 망각하면서, 교회 안에서는 한편으로 이단과 사이비 사상이 판을 치게 되었다. 현실 도피적인 잘못된 종말론을 가지고 등장한 이단들, 성경의 진리를 왜곡하면서 믿는 자들을 미혹하는 이단들은 또 다른 교회 파괴적 세력으로 등장하게 된 것이다.

이런 한국교회의 목회적 상황은 결국 교회 성장의 둔화, 정체, 그리고 하락의 길로 한국교회를 내몰고 있다. 긍정적이기보다는 부정적인 측면이 더욱 확산되고 있는 오늘의 한국교회는 이제 혼돈의 늪에 깊이 빠져서 허우적거리고 있는 실정이 되고 말았다.

3) 맛을 잃은 소금

> 한국교회가 양적, 질적인 면에서 어려움에 봉착하고 있다는 교회 내적인 위기의식에 더하여 한국교회가 사회적 공신력을 상실하고 있다는 교회 외적인 위기의식도 팽배해 있다. …… 한국교회가 보여주고 있는 여러 가지 반사회적 태도는 교회가 사회적 기능을 올바로 수행할 것을 기대했던 많은 사람들을 실망시키고 있다.[16]

세상을 향한 교회의 존재 이유는 무엇인가? 그것은 이미 예수 그리스도께서 말씀하신 바와 같이 "세상의 빛과 소금"으로서의 사명을 위한 것이다(마 5:13~16). 주님의 교회가 세상의 빛과 소금이라면, 교회의 지체(肢體) 된 교인들 역시 세상의 빛과 소금이 되어야 한다. 예

---

16) 이원규, 『한국교회 어디로 가고 있나』(서울: 대한기독교서회, 2000), 276.

수님께서는 교회와 성도들을 향해서 '세상의 빛과 소금'이라 하시고, 등불을 켜서 말 아래 두지 아니하고[17] 등경 위에 두어 모든 사람에게 비치게 하라고 말씀하신다(마 5:15). 그러나 오늘 한국교회는 자신들의 등불을 켜되 그것을 교회 안에서만 비추고 있지는 않은가? 그 결과 세상 사람들에게 그 빛을 비추지 못하고 있는 것은 아닌가?

교회 안에서만 켜진 빛은 더 이상 세상을 밝게 할 수 없다. 지금 한국교회는 맛을 잃어버린 소금이 되어 세상에 대한 영향력을 상실해 가고 있다. 교회의 세상에 대한 설득력과 공신력은 현저하게 약화되고 있다. 이런 현상들이 가속화되면서 현재 한국교회는 양적, 질적 위기의 심화 과정을 겪고 있는 것이다.[18]

오늘 한국교회 목회 현장은 이와 같은 원인으로 인해서 심각한 위기감에 휩싸여 있다. 이제 우리는 지난날의 모습을 겸허하게 성찰하고 반성하면서, 한국교회 목회 패러다임의 변화를 진지하게 생각할 때이다. 교회의 본질적 측면과 함께 오늘의 시대적 상황에서 교회는 무엇이어야 하며, 무엇을 해야 하는가에 대한 질문과 함께…….

4. 전환기에 선 한국교회 목회 패러다임의 변화와 지역사회 섬김을 위한 실천

위기 상황은 언제나 새로운 변화를 요구한다. 위기에 대한 적절한

---

17) 공동번역은 이 부분을 됫박으로 덮어두지 아니하는 것으로 표현하고 있다. "등불을 켜서 됫박으로 덮어 두는 사람은 없다. 누구나 등경 위에 얹어 둔다. 그래야 집 안에 있는 사람들을 다 밝게 비출 수 있지 않겠느냐?"
18) 이원규, 『한국교회 어디로 가고 있나』, 293.

대응은 그 위기를 극복하며 새로운 발전의 계기가 될 수 있다. 지금 한국교회가 처한 위기의 상황은 우리가 이를 어떻게 진단하고 대처하며 극복하느냐에 따라서, 또 다른 교회 성장과 성숙의 계기가 될 수 있다.

이제 우리는 지금까지 해왔던 교회의 목회 사역을 성찰해 보고, 이 시대에 적절한 목회 패러다임(paradigm)이 무엇인지를 고민하며, 거기에 합당한 방법을 찾아야 한다. 우리가 지향해 왔던 것들이 하나님의 뜻에 합당한 것이었으며, 시대적 상황에 부합한 것이었는가를 돌아보고, 이 시대 한국교회를 향한 하나님과 세상으로부터 들려오는 요구에 한국교회는 진지한 응답을 할 수 있어야 한다. 필자는 오늘의 한국교회 목회 현장을 생각하면서, 이제 다음과 같이 목회 패러다임이 변화되어야 할 것이라 생각한다.

1) 목회 패러다임의 변화

그러면 오늘의 교회는 목회 사역을 수행하는 데 있어서 무엇을 고치고, 무엇을 변혁해야 할 것인가? 목회의 방향을 어떻게 정립해야 할 것인가?

(1) 모이는 교회에서 흩어지는 교회로

선교신학자인 호켄다이크(J. C. Hoekendijk)는 그의 저서 『흩어지는 교회』에서, 현대 교회의 중심은 사도직(Apostolate)이 되어야 함을 말하면서, 교회는 이 사도직을 수행함으로써 자신의 존재를 결정하게 된다고 한다. 그러면서 그는 "하나님 나라의 복음은 온 세계(세상)에

선포되는 것"이기에, "하나님 나라의 자녀들은 온 세계(세상)에 보냄을 받는다."라고 말하고 있다.[19]

물론 호켄다이크의 주장은 선교학적 관점이 전제된 것이다. 그러나 현대 교회는 이 주장을 선교학적 측면에서뿐만 아니라 목회학적 측면에서도 고려할 수 있어야 한다고 본다. 교회는 모여 하나님을 경배하고 찬양하고 기도하면서 친교를 나눈다. 그러나 교회의 사명은 여기서 끝나서는 안 된다. 모여서 예배하고 기도하고 친교하는 교회는 흩어져서 선교하고 봉사하고 세상을 향한 사명을 수행할 수 있어야 한다.

초대 예루살렘 교회는 모이기를 힘쓰는 교회였다("날마다 마음을 같이 하여 성전에 모이기를 힘쓰고……" 행 2:46). 그러나 하나님께서는 종국에 예루살렘 교회를 흩어버리셨다. 유대인들의 박해로 말미암아 예루살렘 교회는 더 이상 모이기가 힘들게 되었다. 그때 그들은 유대와 사마리아로 흩어지게 되었고, 하나님의 복음은 이들을 통해서 사방으로 더욱 왕성하게 전파되었던 것이다.

그동안 한국교회는 모이기를 힘쓰는 교회였다. 열심히 모여 예배하고 기도하면서, 놀랄 만한 교회 성장을 이루었다. 그러나 이제 한국교회는 모이기를 힘쓰는 것만큼이나 흩어져 구제하고 봉사하며 세상에 대한 책임과 사명을 감당해야 한다.

오늘 한국교회가 겪는 위기는 우리가 모이기만을 힘쓴 데 있었는지도 모른다. 열심히 전도하는 것 역시 교회로 모으기 위한 수단이었다. 이제 우리는 이런 목회 방향과 방법을 새롭게 수정해야 한다. 진실로 세상으로 교회가 나아가 세상에 대한 책임을 다할 때, 한국교회

---

19) J. C. Hoekendijk, *The Church Inside Out*, 이계준 역, 『흩어지는 교회』(서울: 대한기독교서회, 2001), 64.

는 초대교회와 같이 '온 세상 사람들로부터 칭송을 받으며, 하나님께서 구원받는 숫자를 날마다 더하게 하시는' 은혜를 경험하게 될 것이다(행 2:47). 이제 한국교회의 목회 사역은 '모이는 교회'에서 '흩어지는 교회'로 목회 패러다임을 전환할 때다. 예수 그리스도의 사역의 주된 관심은 "세계(세상)를 위한 하나님의 나라"였다는 호켄다이크의 말에 한국교회와 목회자들은 조용히 귀를 기울여야 할 것이다.[20]

(2) 선한 사마리아인으로서의 교회: 교회의 지역사회에 대한 봉사

누가복음 10장의 '선한 사마리아인의 비유'는 오늘의 교회 목회가 무엇을 지향하며, 어떻게 그것을 행해야 할 것인가를 구체적으로 보여주고 있다. 오늘 지상 교회가 존재하는 곳에는 어디에나 강도를 만난 자들이 있다. 경제적으로 약탈을 당하며, 가난과 질병으로 고통을 받고, 자신의 권리를 탈취당하면서 살아가는 소외된 자들이 존재한다. 교회는 이런 이웃들에게 선한 이웃이 되어야 한다.

종교개혁자 존 칼빈은 제네바에서의 1차 종교개혁에 실패한 후 스트라스부르크(Strassburg)로 망명하여 그곳에서 프랑스로부터 피난 온 난민들을 위해 목회하였다. 가난한 난민들을 위해 목회하면서, 그는 예배 중에 '가난한 이들을 위한 구제헌금'을 실시하여 그것으로 가난한 이웃들을 돌보는 사역을 하였다.

칼빈은 교회를 '신자들의 어머니'로 보았다. 물론 그 의미는 신자들을 영적으로 돌보고 양육하는 사명이 교회에 있다는 것을 말한다. 그러나 칼빈은 여기서 한 걸음 더 나아가 어머니로서의 교회의 의미는

---

20) 위의 책, 30.

본질적으로 섬기는 교회의 의미를 포함하고 있는 것으로 보았다. 그래서 교회는 각자의 직분과 은사를 따라서 교회 안에서 섬길 뿐만 아니라 세상에 나아가서도 이 섬김을 할 수 있어야 한다고 생각하였다. 그래서 칼빈은 예배를 통해서 구제헌금을 하였고, 교회 직분자인 집사를 통해서 그것을 나누도록 하였던 것이다.[21]

현대에 들어서면서 교회의 디아코니아에 대한 관심이 차츰 높아지고 있다. 이런 현상은 역설적으로 오늘의 세상이 교회의 봉사를 그만큼 원하고 있다는 반증이기도 할 것이다. 따라서 한국교회는 이제 교회 안의 봉사라는 차원을 벗어나 교회 밖 세상을 향한 봉사의 손길을 뻗쳐야 한다. 특별히 자신의 교회가 위치한 지역사회를 깊이 연구하고, 그 지역사회를 위해서 교회가 할 수 있는 일, 또는 해야 하는 일이 무엇인가를 찾아보고 이를 성실하게 실천할 수 있어야 할 것이다. 교회는 하나님과 하나님의 백성을 위해서 존재하지만, 한편으로는 세상 사람들을 위해서도 이 땅에 존재한다는 사실을 잊지 말아야 할 것이다.

(3) 세상의 빛과 소금으로서의 교회: 교회의 사회적 책임과 참여

선한 사마리아인으로서의 교회가 이웃과 세상에 대한 봉사를 수행하는 것이라면, 세상의 빛과 소금으로서의 교회는 교회의 사회적 책임과 참여를 위한 것이다. 교회가 존재하는 이 세상은 하나님께서 이루고자 하시는 하나님의 나라와 정면으로 대치되거나 충돌하는 많

---

[21] 존 칼빈의 나눔의 실천에 대해서는 필자의 저서 『21세기에 다시 본 존 칼빈의 설교와 예배』 "제Ⅵ장 세상으로 잇는 예배: 존 칼빈의 예배를 통한 나눔의 실천"을 참고하기 바란다. 이현웅, 『21세기에 다시 본 존 칼빈의 설교와 예배』(서울: 이레서원, 2009).

은 문제가 함께 존재한다. 불의와 부정, 권력자들의 억압, 인간의 탐욕으로 인한 경제적 착취와 불평등, 빈부 격차, 사회적 약자와 소외된 자들의 인권 문제 등 이 세상에는 교회가 관심을 가지고 참여해야 할 수많은 문제들이 있다.

과거 한국이 군사정권의 통치 아래 있을 때, 한국교회, 특별히 가톨릭교회는 이에 대한 적극적 항거와 민주화에 대한 참여로 많은 사람들에게 희망을 주었다. 그리고 그런 결과는 세상 사람들에게 긍정적인 교회의 모습으로 각인되었고, 수많은 사람들이 교회로 몰려오는 결과를 낳았다.

그러나 오늘 한국 개신교회는 세상 사람들에게 긍정적인 이미지(image)보다는 부정적인 모습으로 훨씬 강하게 비쳐지고 있다. 그리고 그런 이미지는 더욱 확산되어 가고 있는 실정이다. 교회에 대한 사회적 비판과 반기독교 운동 등은 이에 대한 분명한 예가 될 것이다.

이런 현상은 그동안 많은 개신교회들이 사회적 문제는 외면하고, 자신의 교회 성장 내지는 자신의 교회 사역에만 몰두해온 결과라고 하겠다. 자신의 교회만 바라보고 세상을 외면했을 때 세상 사람들 역시 교회를 외면하게 되었고, 교회는 스스로 세상과 단절되면서 자신의 성 안에 갇히고 만 것이다.

이제 교회는 보다 적극적으로 자신이 속한 사회에 대한 관심을 가지고, 사회적 문제들에 대해서 발언을 하고 참여하며, 사회적 불의와 불평등을 해소하고, 약하고 소외된 자들을 껴안으면서 사회적 참여와 책임을 다해야 할 것이다. 교회가 세상을 향해 문을 열 때 세상 사람들 역시 교회에 대해 마음의 문을 열고 나아오게 될 것이기 때문이다.

한국교회는 이제 세상과의 관계에서 무슨 역할을 해야 할 것인가를 진지하게 고민하면서, 자신의 목회 사역의 범위를 교회 안에서 교회 밖 세상으로 확대할 수 있어야 한다. 그럴 때 교회는 진정한 의미에서 세상의 빛과 소금으로 이 땅에 존재할 수 있을 것이다. 이것은 오늘 우리가 하는 교회 사역, 목회에 대한 패러다임의 변화가 있을 때 가능한 일이 될 것이다. 지금 교회는 전환기에 있다.[22] 한국교회 역시 이 전환의 시기에 자신의 목회 사역 전반을 재검토하고 새로운 출발을 이룰 수 있도록 해야 할 것이다.

2) 지역사회 섬김을 위한 미래 목회 실천 방안

지상의 교회는 세상과 별개로 존재하는 것이 아니라 세상과 함께 공존한다. 그러므로 교회는 교회 자신의 사역뿐만 아니라 지역사회에 대한 관심과 함께 지역사회를 위한 구체적인 실천 방안을 가지고 있어야 할 것이다. 특별히 현 한국교회는 그 어느 때보다 더 지역사회에 대한 봉사와 책임이 절실히 요구되는 시점에 서 있다. 따라서 지역사회에 대한 책임적 존재로서 교회는 그 사역을 실천하고 진행하는 데 있어서 다음과 같은 점들을 고려해야 할 것이다.

첫째, 목회관(牧會觀)의 전환이다. 즉 교회 안에 국한된 목회관을 이제는 세상을 아우르는 통합적 목회관으로 전환할 수 있어야 한다는 점이다. 이미 필자가 언급했듯이 그동안 한국교회의 사역은 교회 안의 목양과 목회에 치중되어 있었다. 그러나 이제는 '목양과 목회' 중심에서 '목양 목회 - 목민을 함께 아우르는 목회(사역)'로의 의식 전환이 필요하다. 이것은 교회의 지도자인 목사와 그 구성원인 교인들 모

---

[22] Tim Conder, *The Church in Transition: The Journey of Existing Churches into the Emerging Culture*(Grand Rapids: Zondervan, 2005) 참조.

두에게 가장 우선적으로 필요하다고 본다. 즉 교회 공동체가 그동안 해왔던 사역에 대한 검증과 평가, 그리고 반성을 함께 하면서, 교회가 해야 할 중요한 사역 가운데 하나가 지역사회에 대한 봉사와 섬김임을 새롭게 인식하고, 이를 실천하기 위한 구체적 방향을 설정하고 시행해 나갈 수 있어야 한다는 것이다.

디터 헤셀(Dieter T. Hessel)이 주장한 것처럼 지금의 한국교회는 어느 한쪽에 편향된 목회가 아니라 모든 사역을 균형 있게 바라보고 그것을 현장에서 실천해 나가는 '통전적 목회'(whole ministry)를 그 어느 때보다 더 필요로 하고 있다.[23]

둘째, 사역 동기의 순수성 회복이다. 하나님께서는 일의 결과보다는 동기를 먼저 보신다. 잠언 16장 2절에서 하나님은 자신이 우리 인간들의 "심령을 감찰"하시는 분이라고 말씀하신다. 여기서 '심령'이라는 말은 '영'(spirit)이라는 의미와 함께 '동기'(motive)라는 뜻을 함께 담고 있다.[24] 우리는 이 말씀 앞에서 한국교회가 그동안 해왔던 사역에 대해서, 그것이 진실로 하나님 보시기에 순수한 동기로 된 것들이었는가를 깊이 생각해야 한다.

필자가 생각하기에 한국교회의 지역사회에 대한 사역 동기가 왜곡되거나 변질된 것은 '교회 성장제일주의'의 영향으로 본다.[25] 순수하게 사회봉사를 해왔던 교회들이 교회 성장주의가 도입되면서, 지역사회에 대한 봉사마저도 교회 성장을 위한 수단으로 활용하지 않았는지 우리는 깊이 반성해 볼 일이다.

---

[23] Dieter T. Hessel, *Social Ministry* (Louisville: Westminster/John Knox Press, 1992), 3~33 참조.
[24] 여기에서 나오는 '심령'이라는 단어 רוּחַ (루아흐)를 영어 성경 NASB, NLT, WEB 등에서는 '동기'(motive)로 번역하고 있다.
[25] Robert K. Hudnut, *Church Growth Is Not the Point*, 『성장제일주의 비판 - 교회 성장이 전부가 아니다』(서울: 한국장로교출판사, 1996) 참조.

교회의 사회봉사는 그 동기가 순수한 것(authentic Christian Service)이어야 한다. 그것은 순수하게 사람들을 돕고 사회봉사의 질을 높이는 것이어야지, 사람들을 교회로 데려와 교인 숫자를 늘리는 수단이 되어서는 안 된다.[26] 그러기 위해서는 사역을 하는 사람들 역시 가식적인 온정이나 돌봄의 자세를 가져서는 안 되며, 순수한 동기(authenticity)를 가지고 봉사해야 하며,[27] 특별히 사회봉사를 어떤 재정적 이익을 위해서 시도하는 것도 주의해야 할 것이다.

셋째, 한국교회는 지금까지 자신들이 해왔었던 사역 전반에 대한 반성과 함께, 지역사회에 대한 관심과 연구를 새롭게 해야 한다. 자신의 교회가 위치한 지역에 대해서 면밀히 분석 연구하고, 그 지역에서 자신의 교회가 지역공동체를 위해서 할 수 있는 일이 무엇인가를 찾아야 한다.

일례로 지금 한국 농촌교회들은 현실적으로 희망적이지 못하다. 앞으로 몇 년 또는 몇십 년 후면 마을 자체의 존속이 어려운 지역들이 허다하다. 그렇다면 교회는 그곳에서 무엇을 해야 할 것인가? 또는 무엇을 할 수 있겠는가?

교회가 살 수 있는 길은 지역사회가 살 때 가능하다. 그렇다면 교회는 마땅히 자신이 속한 지역에 대해서 함께 고민하고 함께 연구하면서, 그 지역을 살릴 수 있는 방안을 찾아야 할 것이다. 물론 이것은 도시 지역 등에서도 마찬가지다. 지역이 살고 교회가 함께 살 수 있는 길이 무엇인가를 교회는 연구하고 이것을 지역사회 속에서 실천할 때 교회는 교회 안의 교회가 아니라 지역과 함께하는 교회, 지역사회

---

26) Dieter T. Hessel, *Social Ministry*, 146~147.
27) Derrel R. Watkins, *Christian Social Ministry*(Nashville: Broadman & Holman Publishers, 1994), 102.

에 희망을 주는 교회, 지역의 미래를 선도하는 교회가 될 수 있을 것이다.[28]

넷째, 지역사회가 필요로 하는 구체적인 사역의 실천이다. 지역사회의 환경과 사회적 문제 등을 연구하고, 지역사회가 필요로 하는 일들이 무엇인가를 찾았으면, 교회는 이에 대한 적절한 사업들을 찾아 연구하고 실천할 수 있어야 한다.

하나의 예로 광양 대광교회의 경우 담임목사가 지역사회를 돌아보는 가운데, 두 아이가 부모의 이혼으로 인해서 돌볼 사람 없이 방치되어 있는 것을 보았다고 한다. 그는 지역에 있는 이런 아이들을 보면서 구체적으로 교회가 무엇을 할 수 있겠는가를 생각하고 기도하는 가운데, 두 명의 아이를 위해서 방과 후 학교를 했다고 한다. 그리고 그것이 지금은 발전하여서 지역아동센터가 되었다고 한다. 조그만 일 같지만 그 지역에 진정으로 필요한 것이 무엇인가를 알고 그것을 실천했을 때, 교회는 지역사회에 매우 유익한 역할을 수행하면서 그리스도의 사랑을 전할 수 있었던 것이다.[29]

교회가 속한 각 지역은 그 지역 나름의 특성과 문제들이 있다. 교회는 이런 것들을 파악해서 그것을 구체적인 사업으로 계획하고 실천할 때, 그 지역을 살리고 유익하게 하는 빛과 소금의 역할을 감당할 수 있을 것이다.

다섯째, 교회는 지역사회와 사회적 관계망(social network)을 형성하면서, 지속적인 관계를 유지할 수 있어야 한다. 그동안의 한국교회는 교인과 교인 간의 관계, 그리고 교회와 교회 간의 관계 형성에는 주력

---

28) 충남 보령의 시온교회(담임목사 김영진)는 농촌교회로서 지역사회와 함께하면서, 농촌 지역사회를 살리는 데 일조하고 있는 좋은 예가 되는 교회다.
29) 위 내용은 필자가 광양 대광교회를 방문하여 담임목사(신정 목사)와 면담 중에 들은 이야기다.

해 왔지만, 지역사회와의 관계는 소홀한 면이 없지 않았다. 그 결과 교회는 지역사회로부터 스스로를 고립시키는 결과를 가져오고 말았다. 그러나 이제 한국교회는 무엇보다 지역사회와의 관계 형성과 유대를 강화하기 위해서 힘써야 한다.

교회와 지역사회가 함께 지역 현안들에 대해서 논의를 하고(지역 지도자들과의 면담이나 회의, 지역민들과의 면담 등), 지역민들이 함께할 수 있는 프로그램(문화 행사 등)이나 사업들을 구체적으로 마련하여 실천해야 한다.[30]

특별히 도시 지역 교회나 젊은 세대들과는 사회 관계망 서비스(Social Network Service, SNS) 등을 이용하여, 내부 교인들뿐만 아니라 외부의 지역민들까지도 관계를 형성하면서, 그들과 공동 관심사에 대한 의견을 나누고 그것을 교회의 사역에 반영하는 것이 필요하리라 본다. 교회가 지역사회와의 연결을 위하여 사회 관계망(social networking)과 온라인 커뮤니티(online community)를 이용하는 것은 현대 사회에서 매우 유용한 일이 될 것이다.[31]

지금 우리가 사는 사회에서 소셜 미디어(social media)의 영향은 날로 증대되어 가고 있다. 가히 "소셜 미디어가 세상을 변화시키고 있는"[32] 상황에 우리는 서 있다. 교회 역시 세상의 이런 변화를 빠르게 읽고 대처하면서, 이것을 교회 사역에 적극 활용하는 지혜를 발휘할 수 있어야 한다. 교회와 세상의 경계를 허물고, 서로 간의 소통과 관

---

30) Derrel R. Watkins, *Christian Social Ministry*, 123~24. 보령 시온교회의 경우 추수감사절 예배를 지역민들과 함께하는 "가을걷이 한마당"으로 하여, 지역민들이 부담 없이 함께 참여하여 잔치를 벌이고, 지역민들과 함께하는 "들꽃축제"는 모든 지역 사람들이 함께 참여하여 축제를 준비하고 진행한다고 한다.
31) Mark M. Stephenson, *Web-Empowered Ministry Connecting with People*(Nashville: Abingdon Press, 2011), 137~161.
32) 설진아, 『소셜 미디어와 사회 변동』(서울: 커뮤니케이션북스, 2011), 2.

계가 온전히 형성될 때, 교회는 합력하여 선을 이루시는 하나님의 뜻을 이 땅에서 보다 구체적으로 실현할 수 있을 것이다.

> 모든 목회는 하나님의 목회(God's ministry)다. 예수님은 자기 자신의 목회를 소개하기 위해서 이 땅에 오신 것이 아니다. 그분의 목회는 성부 하나님의 뜻을 행하기 위한 것이었으며, 또한 하나님의 입에서 나온 모든 말씀대로 살기 위한 것이었다.[33]

레이 앤더슨(Ray S. Anderson)이 진술한 목회에 관한 언급은 오늘 우리의 목회가 어떠해야 할지, 무엇을 해야 할지, 그리고 어떤 방향으로 목회가 진행되어야 할지를 분명하게 정리하여 주고 있다.

목회는 마땅히 하나님의 목회여야 한다. 그러나 그동안 한국교회는 어떤 목회를 해왔는가? 과연 하나님의 목회, 하나님께서 원하시는 목회를 해왔는가? 아니면 인간의 목회, 목회자의 뜻이나 욕망을 성취하기 위한 목회를 해온 것은 아니었는가?

하나님의 뜻을 실현하기 위해서 이 땅에 인간의 몸을 입고 오신 예수 그리스도는 그분의 사역 전체를 통해서 오직 하나님의 뜻이 이루어지기를 구했고, 또한 그렇게 사시다가 십자가에서 죽으셨다. 그분의 목회의 절정인 십자가까지도 인류 구원이라는 거대한 하나님의 뜻을 이루는 사역이었다.

이제 한국교회의 목회 방향은 분명해졌다. 그것은 모든 교회와 목회자들이 자신의 목회를 통해서 하나님의 뜻을 이루는 것이다. 사람의 뜻을 추구하는 것은 잠시지만 하나님의 뜻을 추구하는 목회는 영

---

33) Ray S. Anderson, ed., *Theological Foundations for Ministry*(Grand Rapids: William B. Eerdmans Publishing Company, 1979), 7.

원할 것이다. 이제 한국교회는 세상의 소금으로, 세상의 빛으로 다시 자신의 사명을 감당함으로써, 세상을 구원하는 소망의 방주가 되어야 한다.

이를 위해서 한국교회는 지금 자신이 하고 있는 사역에 대한 분명한 분석과 평가를 내리고, 이 시대 교회가 사회 속에서 무엇을 해야 할 것인가에 대한 분명한 결단을 내려야 한다. 이제 교회의 사역은 교회 안에서만 이루어지는 것이 아니라 교회 울타리를 넘어 세상으로 이어질 수 있어야 한다. 세상과 단절된 예배, 세상과 단절된 목회, 세상과 단절된 교회가 아니라 세상과 함께하는 예배, 세상과 함께하는 목회, 세상과 함께하는 교회로 나아가야 한다. 교회를 위한 교회는 스스로를 세상으로부터 고립시키고, 자신을 섹트(sect)화할 뿐이며, 이러한 결과가 오늘의 한국교회 위기를 자초하였음을 깊이 인식하고, 이제 한국교회는 교회 자신을 위해서뿐만 아니라 세상을 위해서도 함께 존재할 수 있어야 한다. "모여서 예배를 통해 하나님을 섬긴 사람들은 흩어져서 또한 세상을 섬길 수 있어야 한다."[34]

다시 한번 말하지만, 전환기에 선 한국교회는 지금 스스로를 변혁해 나갈 때만이 자신과 세상에 대해 희망의 산실이 될 수 있음을 각성하면서, 위로는 하나님의 뜻을 바로 분별하고 아래로는 세상의 변화에 더욱 민감하면서 이에 적절히 대응할 수 있어야 한다. 그리고 그것은 무엇보다 교회가 하는 사역, 즉 목회로부터 시작될 수 있어야 할 것이다.

---

34) 이현웅, "예배, 이제 세상 속으로", 「목회와 신학」, 244호(2009년 10월), 64.

5. 한국교회 목회 실천의 한 대안으로서의 협동조합

현재 우리가 사는 세상은 지금 경제적 불평등, 일자리의 해소, 사회적 약자들에 대한 배려 등 오늘의 사회적 문제를 해결하기 위해 협동조합운동에 적극 나서고 있다. 기획재정부의 발표에 의하면 2014년 말 현재 국내에 등록된 협동조합의 수는 6,235개에 달하며, 2016년 말에는 10,615개로 2년 사이에 거의 두 배가 될 정도로 그 수가 급증하고 있다.[35] 이런 현상은 한국만이 아니다. 2008년 세계 금융위기를 겪으면서 국제 사회는 협동조합을 새로운 경제 모델로 주목하게 되었고, UN은 2012년을 "세계 협동조합의 해"로 지정하기에 이르렀다.[36] 21세기 협동조합은 자본주의의 심각한 문제들을 극복할 수 있는 하나의 대안으로 이렇게 세계의 주목을 받고 있는 것이다.

한국교회 역시 오늘의 사회적 위기를 직시하면서, 이에 대한 적절한 대응을 하지 않으면 안 된다. 이 시대의 사회경제적 문제 역시 교회가 외면해서는 안 되며, 이를 극복하기 위한 방안을 찾고 연구하면서, 세상을 향한 목회적 사명과 책임을 다할 수 있어야 한다.[37] 그러면 교회는 협동조합을 통해서 무엇을 할 수 있을까?

1) 목민목회(牧民牧會): 지역사회를 위한 목회

이미 앞에서 언급한 것처럼 필자는 현대 교회의 사역(ministry, 또는

---

35) 기획재정부, 『제2차 협동조합 실태조사 결과』(2015. 12). 기획재정부, 『제3차 협동조합 실태조사 결과』 보도자료(2018. 2. 13).
36) 이종원, "기독교 협동조합의 가능성", 「신학과 사회」 제30집 2호(2016. 5), 11.
37) 그런 의미에서 목회는 시대적 상황과 함께 항상 개혁되어야 한다(semper reformanda). John H. Armstrong, "Semper Reformanda: The Pastoral Role in Modern Reformation", in *Reforming Pastoral Ministry*, ed. John H. Armstrong(Wheaton: Crossway, 2001), 21.

목회)을 세 가지 영역으로 나누어 기술하였다.[38] 첫째는 교회의 양들을 돌보는 목양(牧羊), 둘째는 주님의 몸 된 교회를 세우고 돌보는 목회(牧會), 그리고 셋째는 세상 사람들을 섬기고 돌보는 목민(牧民) 사역이 그것이다. 그러면서 오늘 한국교회가 목회 패러다임을 새롭게 변화시켜야 하며, 그 대안으로서 목민목회에 더욱 진력해야 할 것을 주장하였다.

그동안 한국교회는 사회봉사 또는 사회 선교 차원에서 가난하고 소외된 이웃들을 위한 섬김을 계속해온 것이 사실이다. 그리고 사회를 위한 많은 기여를 한 것 역시 부정할 수 없다. 하지만 그동안 한국교회의 이런 사역들은 사회 구조적 차원보다는 개인적 차원에서 주로 이루어지는 한계가 있었다. 즉 소외되고 약한 사람들에게 착한 사마리아인은 되었지만, 그 약자들이 속한 사회 전체의 구조적인 문제를 위한 해결에는 적극적이지 못했다는 점이다.

거기에 비해 협동조합은 교회가 사회적 차원에서의 문제와 위기를 극복할 방안이 된다는 점에서, 이 시대에 필요한 사역이 될 것이다. 지금 세계에서 가장 성공적인 스페인의 몬드라곤협동조합 역시 그 출발이 교회에서 시작되었으며, 당시 지역사회가 안고 있는 일자리 문제를 해결하고자 하는 목적으로 출발하였다.

협동조합은 위와 같이 개인과 지역사회의 문제를 협동을 통해서 해결할 수 있다는 점에서 가장 큰 장점을 갖는다. 빈곤의 문제, 빈부 격차 등 경제적 불평등 문제, 대기업들의 경제적 독점과 이로 인한 소규모 상공인과 소비자들의 피해, 일자리의 부족 등 사회적 문제들에 대해 협동조합은 그 해결의 방법이 될 수 있기 때문이다.

---

38) 이헌웅, "전환기에 선 한국교회 목회 패러다임의 변화 지역사회 섬김을 위한 미래 목회 실천 방안", 「신학과 실천」 제31호(2012. 5) 참조.

그러므로 교회를 통한 협동조합운동은 교회로 하여금 사회적 문제에 대한 관심과 함께 그 고민을 함께 나누면서, 동시에 교회가 사회적 문제에 직접 참여하여 그 개선 방안을 제시할 수 있다는 점에서 지역사회를 위한 진정한 목회, 즉 목민목회의 한 모델이 될 수 있을 것이다.

2) 교회 공동체성의 회복

이미 빅터 매튜(Victor H. Matthews)와 돈 벤자민(Don C. Benjamin)이 그들의 저서 『고대 이스라엘 사회』(Social World of Ancient Israel)에서 언급한 것처럼 기독교의 배경이 된 구약시대 이스라엘 족속은 개별적 존재가 아니라 공동체로서, 공동체 안에서, 공동체와 함께 존재가 가능했었다.[39] 기독교는 그 출발부터가 개인으로서가 아니라 공동체(community)로 시작되었다. 구약 원시 사회가 상호 협력과 공동의 생활을 하였을 뿐만 아니라, 특별히 초대 기독교회는 협동의 차원을 넘어 유무상통(有無相通)을 실현한 실제적 경제 공동체를 이루기도 하였다.

그리스도교가 갖는 연합의 정신은 무엇보다 우리 모두가 그리스도 안에서 "한 몸"이라는 사실이다(고전 12:27). 그래서 우리는 매주 모이는 예배에서 성찬 예전을 통해, 우리 모두가 그리스도 안에서 한 몸임을 고백하고, 그것을 기리기 위해 그리스도를 통한 '한 피를 받고 한 몸을 이룬 것'을 확인하게 된다.

---

39) 본서 제3장 "성서와 협동조합"의 "2. 구약 속의 협동 공동체" 참조. Victor H. Matthews and Don C. Benjamin, *Social World of Ancient Israel*(1250~587 BCE)(Peabody: Hendrickson Publishers, 1993), xviii.

그러나 오늘의 교회는 차츰 이런 공동체성을 상실해 가고 있다. 세속화의 물결과 함께 개인주의가 교회 안에도 팽배해지고 있는 현실이다. 더구나 교회 안의 이런 개인주의적 흐름은 교회와 세상의 관계에서도 단절을 불러오고 있다. 그리스도 안에서 한 몸을 이룬 공동체가 나아가서는 세상과도 연합을 이루어야 하는데, 지금 한국교회는 교회 내부에서 일어나는 개인들의 단절과 함께 이것이 세상과의 단절로 확대되고 있다.

협동조합은 이런 교회들로 하여금 다시 한번 교회 내적으로 공동체 정신과 협동 정신을 확인하고 함양할 수 있는 동력을 제공할 수 있다는 점에서 매우 중요한 기능을 할 수 있을 것이다. 협동은 성서적인 신앙과 정신을 실천하는 것이다. 그런 의미에서 협동조합은 기독교 정신을 이 땅에서 실현하는 구체적인 하나의 운동으로 발전해 온 것이라 하겠다.[40]

3) 협동조합을 통한 교회의 사회적 기여

교회는 세상(사회)과 어떤 관계를 가져야 하며, 또한 교회는 세상을 위하여 무엇을 할 수 있을 것인가?

종교개혁자 존 칼빈(John Calvin)은 성서 안에 등장하는 코이노니아(κοινωνία)라는 개념(행 2:42)을 교회 안에서의 '성도 간의 교제'라는 개념과 함께 '이웃 사랑의 실천'이라는 개념으로 확대 해석하였다. 그래서 그는 교회 안의 예배에서 드려지는 헌금을 세상의 가난한 자들과 병든 자들, 소외된 자들을 위한 구제헌금으로 사용하였다. 이것은 세

---

40) 최혁진, "사회적 협동조합의 등장과 교회의 역할", 「기독교사상」 제655호(2013. 7), 64.

상을 향한 교회의 구제, 봉사 사역이면서, 동시에 교회와 세상을 잇는 다리요, 또한 교회의 사회적 책임과 참여를 실천한 것이었다.[41] 비단 칼빈뿐만 아니라 기독교는 역사적으로 초기 교회부터 세상에 대한 목회(social ministry)를 언제나 그 사역의 중심에 두어왔다.[42] 이것은 사도행전의 공동체가 교회 안에 집사 직분을 세워서 구제, 봉사 사역을 전담케 하는 것에서도 분명하게 드러난다(행 6장).

교회가 지역사회에 대한 사역을 하기 전에 먼저 생각해야 할 것이 있다. 그것은 지역사회와의 관계에 대한 인식의 변화다. 그 동안 교회는 지역사회와 별개의 존재로 자신을 인식하고 또한 그렇게 행동해왔다. 그러나 이제 교회와 사회는 분리된 존재가 아니라 서로를 위해 협동하고 상호 협력해야 할 관계라는 사실을 분명히 해야 한다. 교회는 그 지역사회 안에 있고, 지역사회 또한 교회와 함께하고 있다는 점에서 서로는 하나의 지역 공동체(local community)로 서로를 받아들이고 협력해야 할 것이다.

그러면 오늘의 교회는 지금 이 사회를 위해 무엇으로 참여하며 기여할 수 있는가? 협동조합은 거기서 무슨 역할을 담당할 수 있는가?

첫째, 교회는 협동조합을 통해서 **지역사회에 있는 사회경제적 약자**들을 보호할 수 있다. 협동조합은 본디 개개인의 약자들로부터 출발하였다. 기업주나 거대 자본에 맞서 힘없고 자본이 취약한 사람들이 모여 협동을 통해 경제적 이익을 창출하고 결과적으로 자신들의 지위를 향상하도록 한 것이 협동조합의 기본 취지요 목적이었다. 그런 의미에서 "협동조합은 사회경제적 약자들이 협동해 자본의 지배

---

41) 이현웅, 『21세기에 다시 본 존 칼빈의 설교와 예배』(서울: 이레서원, 2009), 179~181.
42) Derrel R. Watkins, *Christian Social Ministry: An Introduction*(Nashville: Broadman & Holman Publishers, 1994), vi.

에 대항하여 사회경제적 지위 향상을 도모하는 것이며, 방법상 자본의 지배를 배격하고 인간 중심을 실천하는 것이다."[43]

오늘 한국 사회는 대기업과 재벌 기업들로 인해 사회 전반에 부정적인 사건들이 끊임없이 발생하고 있으며, 경제적으로도 심각한 문제들을 경험하고 있다. 특별히 이들은 독과점 체제를 만들어 폭리를 추구하고, 영세 기업과 소상공인들을 죽이고 있으며, 국가 경제의 근간까지도 흔들 만큼 경제적 부와 권력을 손에 움켜쥐고 있다.

이런 체제 속에서 각 개인이 이들에게 대항하는 것은 사실상 불가능한 일이다. 그래서 이 개인들의 힘을 모아 거대 자본이나 기업에 대항할 수 있는 것이 바로 협동조합이다. 교회는 협동조합 조직을 통해서, 또는 협동조합을 지원하는 사업을 통해서 이런 소상공인이나 농어민을 포함한 생산자, 그리고 소비자들을 보호할 수 있는 제도적 장치를 제공할 수 있는 것이다.[44]

둘째로 교회는 협동조합을 통해서 **지역사회의 일자리를 창출**할 수 있다. 협동조합은 생산자와 소비자를 위한 것이기도 하지만, 한편으로는 그 사업을 통해 지역 공동체의 일자리를 만들어내는 데 기여한다. 가장 대표적인 것이 스페인의 몬드라곤 협동조합이다. 이들은 노동자 몇 명을 모아 난로를 만드는 일로부터 시작을 해서, 현재는 260여 개의 개별 협동조합을 통해 8만 명이 넘는 사람들을 고용하는 노동자협동조합으로 성장하여, 지역사회에 대한 큰 기여를 하고 있다.

---

43) 정재돈, "왜 협동조합인가?" 「사목정보」 제5권 10호(2012. 10), 107. 최근 "사회적 경제"라는 개념이 확산되고 있는데, 사회적 경제는 인간과 연대를 중시하는 경제를 말하는 것으로, 일자리 창출과 민주적 경영, 사회적 약자들에 대한 배려 등을 중요시한다. 그런 의미에서 보면 협동조합도 사회적 경제를 실현하는 하나의 조직이라 할 수 있다. 김동주, "장애인노동통합 사회적 경제", 「신학과 사회」 제28집 3호(2014), 68.
44) 이혁배, "협동조합의 한계와 가능성", 「기독교사상」 제657호(2013. 9), 208.

현재 한국 사회의 중대한 문제 역시 일자리의 부족이다. 청년들의 심각한 취업난과 은퇴자들의 취업 문제는 개인에게뿐만 아니라 사회적으로도 큰 문제로 등장하고 있다. 그런 가운데 현재 일부 청년들을 중심으로 하여 협동조합이 결성되면서 일자리가 만들어지고, 은퇴자들이 자신들의 경력이나 기술을 바탕으로 협동조합을 만들어 일자리를 만드는 일들이 시도되고 있다.

교회 역시 오늘 우리 사회가 안고 있는 이런 심각한 문제들을 외면하고 있을 수만은 없다. 보다 적극적으로 사회적 문제에 관심을 가지고 참여함으로써 지역사회가 안고 있는 문제들을 개선하고 해결하는 데 앞장서야 한다. 청년의 실업 문제는 곧 교회 청년들의 문제요, 은퇴자들의 일자리 역시 교회의 문제로 직결된다. 그런 측면에서 교회가 협동조합사업을 통해 지역사회에 필요한 일자리를 제공할 수 있다면, 이는 교회와 사회를 위한 소중한 공헌이 될 것이다.

셋째로 교회는 협동조합을 통해서 **지역 경제 활성화**에 기여할 수 있다. 오늘 한국 사회는 거의 모든 부분들이 중앙집권적인 체제로 운영이 되고 있다. 정치뿐만 아니라 교육, 문화가 그렇고 무엇보다 심각한 것은 경제적 중앙집권화다.

지금 지역에는 수많은 대기업 지사들과 대형 마트와 백화점 등이 영업을 하고 있으며, 식품이나 제과점 등 프랜차이즈(franchise) 식으로 운영되는 가게들이 성업을 하고 있다. 그러나 문제는 여기서 발생된 경제적 수익, 즉 돈이 그 지역에 머무르지 않고 바로 본사가 있는 수도권으로 유입되어 버린다는 사실이다. 돈은 지방에서 벌지만 그것이 쓰이는 곳은 수도권이 되고, 그 결과는 지역 경제를 더욱 어렵게 만드는 부메랑이 되고 있다.

최근 일부 지역에서는 이런 것을 막고 지역 경제를 살리고자, 주민들이 자체적으로 협동조합을 만들어 생산과 소비를 지역에서 하도록 함으로써 새로운 시도를 하고 있다.[45] 이런 움직임에 교회도 함께 동참할 수 있어야 한다. 지역이 죽으면 교회도 함께 죽는다. 그러므로 이제는 목회가 교회만 살리는 것이 아니라 지역을 살릴 때 교회가 살게 된다는 사실을 명심하면서, 교회가 할 수 있는 대안들을 제시하고 이를 지역사회 안에서 실천할 수 있어야 한다. 여기서 협동조합은 대기업들의 횡포를 막고, 지역주민들이 함께 힘을 모아 지역 경제와 사회를 살리는 실질적인 방법이 될 수 있다.

넷째로 교회는 협동조합을 통해서 **사회의 변혁과 민주화에 기여**할 수 있다. 초기 협동조합은 조합원들의 이익을 증대하는 것이 가장 중요한 목표였다. 그러나 협동조합이 점점 발전하면서 이제 협동조합은 단순히 조합원들만을 위한 것이 아니라 조합원이 속한 사회에 기여하는 조직으로 성장하게 되었다.

이미 세계협동조합 선언문에서 보았듯이 세계협동조합연맹(ICA)은 자신들이 만든 선언문에서, "협동조합의 원칙" 중 제7원칙으로 "지역사회에 대한 기여"(Concern for Community)를 명문화하고 있다.

협동조합은 민주적 운영을 통해서 조합원들이 먼저 민주주의에 대한 훈련과 책임을 배우고 실천하게 되며, 이런 경험은 자연스럽게 자신들이 속한 조직이나 사회 속에서도 실천될 수 있다. 또한, 협동조합의 운영은 오늘 부의 집중과 경제적 불평등 등 경제적 측면에서 구조적으로 문제가 되고 있는 제도들에 대항하고 이를 변혁시킴으로써

---

45) 최근 전주에서는 대기업 프랜차이즈 제과점으로 인해 동네 빵집들이 죽어가자, 지역 제과점주들이 모여 "동네빵집협동조합"을 만들어 이에 대한 대안을 모색하고 있다. 또한, 협동조합을 통한 농산물 직거래를 통해서 생산과 소비가 지역 안에서 이루어지게 함으로써, 지역 경제에 이바지하는 사례들도 늘어나고 있다. 백승우, 정안성, 김수현, "농산물 직거래 활성화를 위한 지자체와 협동조합의 역할", 「신학과 사회」 제28집 3호(2014) 참조.

우리 사회의 경제 민주화에도 영향력을 발휘할 수 있다.[46]

특별히 사회적 협동조합 같은 경우에는 사회적 서비스를 제공하거나 취약 계층에 대한 고용과 지원 등을 통해서, 오늘 우리 사회가 안고 있는 여러 가지 사회적 문제점들을 개선하고 사회를 통합하는 데도 긍정적 기여를 할 수 있을 것이다.[47]

4) 선교적 교회(missional church) 실현

협동조합은 사회적 운동이면서 동시에 교회적 운동이다. 협동조합은 사회를 위한 기여이지만 또한 교회를 교회로 바로 세우는 본질적 실천이다. 교회는 이 땅에 선교하는 주체로 존재한다. 그러므로 선교는 교회가 해야 할 필연적 사명이다.

그런 의미에서 협동조합은 사회를 변혁시키고 살리기도 하지만, 교회는 협동조합을 통해 교회를 변혁시키고 살릴 수 있다. 교회가 해야 할 일은 사회적 사업이나 봉사가 우선이 아니라 그 일을 통해서 본질적 사명, 즉 선교의 사명을 수행하는 것이다.

최근 선교학의 중요한 주제로 부상하고 있는 것이 '선교로서의 비즈니스'(BAM, Business as Mission)이다. 이 말은 두 가지 차원으로 해석할 수 있는데, 먼저는 비즈니스를 통해서 선교 활동을 뒤에서 지원한다는 의미다. 그러나 여기서 보다 적극적 개념으로 이해를 하면 BAM은 지원하는 차원에서 더 나아가 비즈니스 자체가 선교가 되도록 한다는 것이다.[48]

---

46) 이인우, "경제 민주화와 협동조합", 「경남발전」 제127호(2013. 7) 참조.
47) 최혁진, "사회적 협동조합의 등장과 교회의 역할", 68.
48) 정재영, "협동조합운동의 기독교적 가치와 선교적 가능성", 「기독교사상」 제655호(2013. 7), 47.

BAM의 관점에서 보면 협동조합은 이 두 가지 사역을 함께 추진할 수 있는 장점을 갖는다고 본다. 협동조합을 통해서 기독교 여러 분야에 대한 인적, 물질적 후원을 할 수 있을 뿐만 아니라 협동조합 자체가 선교의 기지로서 역할을 담당할 수 있는 것이다. 특별히 최근 해외에서 선교는 갈수록 어려워지고 있는 상황이다. 선교사 자격으로는 입국 자체가 불가능한 경우도 많다. 그러나 NGO 기구로 협동조합을 만들고, 그것을 선교에 활용할 수 있다면 선교 사역을 보다 효과적으로 할 수 있으리라 본다.

해외뿐만 아니라 국내에서도 협동조합을 통해 지역사회의 경제, 문화, 환경 문제 등에 참여함으로써, 지역 공동체에 대한 선교적 사명을 충실하게 수행할 수 있을 것이다.

6. 세상을 위한 교회, 세상을 위한 목회

> 하나님은 세상을 위해서(for the world) 존재하신다. 따라서 하나님을 위해 존재하는 교회 역시 세상을 위해서 존재해야 한다.[49]

교회가 세상을 향한 목회(social ministry)에 참여해야 한다는 것은 당연한 일이다.[50] 그 근거는 하나님께서도 이 세상을 창조하시고, 이 세상을 사랑하시고, 이 세상을 구원하시기 위해서 독생자 아들을 보내주기(요 3:16)까지 하셨기 때문이다. 이것은 성자 예수 그리스도에게

---

49) Ray S. Anderson, ed., *Theological Foundations for Ministry*(Grand Rapids: William B. Eerdmans Publishing Company, 1979), 493.
50) Dieter T. Hessel, *Social Ministry* (Louisville: Westminster/John Knox Press, 1992), vii.

서도 마찬가지다. 하나님께서 세상을 사랑하셔서 독생자 아들을 보내주셨듯이, 그 독생자 아들은 또한 세상을 위해서 사역(ministry)하시다가 십자가에서 죽으셨다. 그리고 그 예수님은 지금도 "인류를 위하신 하나님으로서 우리 사이에 계신다."[51]

하나님을 믿고 예수 그리스도를 구주로 고백하는 교회 역시 하늘에 속한 신앙공동체이지만 한편으로는 이 땅에 그 기반을 둔 지상 공동체이다. 그렇기 때문에 교회는 궁극적으로는 하늘을 지향하되, 또한 이 땅의 현실을 외면해서도 안 된다. 왜냐하면 하나님의 뜻이 하늘에서 이루어지듯이 이 땅에서도 이루어지도록 해야 하기 때문이다(마 6:10).

그래서 세상의 변화와 시대의 상황은 언제나 교회들로 하여금 거기에 대한 적절한 응답을 요구한다.[52] 자본주의의 발달과 혜택 속에 살아온 인류는 20세기 말을 지내면서, 자본주의의 또 다른 얼굴을 보고 큰 충격에 빠졌다. 소위 신자유주의로 일컬어지는 자본의 횡포는 우리가 사는 세계를 풍요가 아니라 경제적 위기의 절벽으로 몰아넣었고, 부의 집중과 그로 인한 빈부 격차의 심화로 양극화를 확산시키고 있으며, 자본에 대한 인간의 탐욕으로 빚어진 비참한 상황들을 더욱 증폭시키고 있다.

이런 시대적 위기는 다시 세상으로 하여금 협동조합에 주목하도록 만들었고, 교회 역시 이에 대한 관심과 실천을 요구받고 있다. 특별히 위기의 한복판에 서 있는 한국교회는 무엇보다 교회의 사회적

---

51) Ray S. Anderson, *The Shape of Practical Theology: Empowering Ministry with Theological Praxis*(Downers Grove: InterVarsity Press, 2001), 71.
52) The Future's Group, "Where Do We Go from Here?: The Changing Context and Commitments in Social Ministry," in *Social Ministry in the Lutheran Tradition*, ed. Foster R. McCurley(Minneapolis: Fortress Press, 2008), 129~145. 이 책은 미국 루터교의 사회 사역에 대한 평가와 미래를 전망하는 내용을 담고 있다.

책임에 대한 분명한 응답과 결단이 필요한 시점이다.

　협동조합은 지금의 한국교회가 사회를 위해 할 수 있는 대안적 사역 가운데 하나다. 따라서 오늘 한국교회와 신학 진영은 사회적으로 일어나고 있는 협동조합운동에 대해 새로운 이해를 갖고, 이를 목회 현장에 적극 도입하여 실천함으로써 한국교회를 새롭게 세워나갈 수 있어야 할 것이다.

Ⅲ부

기독교협동조합의 역사와 전망

6장 교회사 속에 일어난 협동 공동체

1. 중세 수도원 공동체
2. 종교개혁 후 등장한 근대 기독교 공동체 운동
3. 20세기 이후 현대 개신교 공동체 운동: 떼제 공동체와 라브리 공동체

7장 기독교협동조합의 역사와 발자취

1. 유럽의 기독교협동조합
2. 북미 지역의 기독교협동조합
3. 아시아 지역의 기독교협동조합

8장 한국교회 협동조합의 역사

1. 한국 개신교 협동조합의 역사
2. 한국 가톨릭교회의 협동조합

9장 함께 사는 세상 함께 하는 교회

1. 한국 사회에 대한 전망
2. 미래의 한국교회
3. 협동조합의 미래

6장

교회사 속에 일어난 협동 공동체

교회의 역사는 공동체의 역사다. 교회는 본질상 유기체적 조직(organic organization)으로서, 서로의 지체가 연합함으로써 하나의 몸으로 존재할 수 있다. 따라서 교회는 협동이 없이는 조직의 존속이 불가능한 것이다.

이미 우리는 구약과 신약의 성서 시대부터 기독교는 협동 공동체로 존재해 왔음을 살펴보았다. 그리고 이런 특성은 성서 시대 이후에도 그대로 유지되고 있음을 역사는 증명하고 있다. 본 장에서는 성서 시대 이후 교회사(敎會史) 시대[1]에 접어들면서 기독교회에 나타난 공동체 운동을 역사적 측면에서 조명해 보고자 한다. 기독교 공동체는 형제애와 함께 하나의 협동 공동체를 만듦으로써, 그 후 기독교 정신으로부터 시작된 기독교협동조합의 태생적 배경이 되었다는 점에서 중요한 의미를 갖는다고 하겠다.

---

1) '교회사 시대'란 지상에 교회가 출현한 이후 지금까지 진행된 교회의 시간을 말한다.

* 참고로 여기서 말하는 기독교는 기독교 내의 3대 그룹인 동방정교회(Eastern Orthodox Church), 서방의 로마 가톨릭교회(Roman Catholic Church)와 개신교회(Protestant Church)를 모두 포함하여 일컫는 용어다. 한국에서는 로마 가톨릭교회와 개신교회가 주로 알려져 있어서, 개신교를 기독교라 부르고 가톨릭교회를 천주교라 부르고 있는데, 이것은 엄밀한 의미에서 정확한 것은 아니다. 약 1,000년 정도 하나로 이어져 오던 기독교회가 1054년에 동방교회(동방정교회)와 서방교회로 나뉘게 되었고, 그로부터 약 500년 후 서방교회에서는 1517년 종교개혁이 일어나면서 다시 가톨릭교회와 개신교회로 나뉘게 된다. 물론 개신교회는 그 안에 다시 수많은 교파들로 나누어졌다. 그러나 큰 틀에서는 위 세 그룹(동방정교회, 로마 가톨릭교회, 개신교회)이 모두 기독교회에 속한다. 본 장 "기독교협동조합의 역사"에서는 로마 가톨릭교회와 개신교회와 관련하여 일어난 협동조합의 역사를 주로 살펴보게 될 것이다.

교회는 예수 그리스도의 승천 이후 성령강림과 함께 지상에 그 모습을 드러내었다. 그리고 지금까지 2,000년이 넘는 시간 동안 이 세상에서 세상과 그 역사를 같이하고 있다. 하나님께서는 이미 인간의 창조와 이스라엘 공동체를 통해서, 그리고 예수 그리스도의 제자 공동체를 통해서 미래 교회의 모습을 보여주셨다. 그것은 연합과 협동의 공동체로서의 교회였다. 그리고 이런 형상(모습)은 사도 시대 이후 시작된 교회를 통해서 실현되었다.

초대교회의 유무상통(有無相通) 공동체로서 출발한 교회는 이어서 등장한 경건과 신앙의 공동체로서의 수도원 운동, 그리고 많은 공동체 운동을 통해서 '함께 살고 함께 하는' 이상적 모습을 이 땅에서 실현하였다. 초대교회 공동체에 대해서는 이미 살펴보았으므로, 여기서는 그 후 등장한 수도원 공동체와 종교개혁 이후 등장한 몇몇 기독교 공동체들을 개관해 보도록 하겠다.

1. 중세 수도원 공동체

사도행전의 초대교회는 유무상통의 공동체를 실현하였다. 그러나 그 후 교회가 성장하고 제도화되면서 초대교회의 이런 모습은 차츰 사라져 버리고 말았다. 그러나 이런 제도화된 교회 속에서 신앙과 경건의 생활을 실천하고자 하는 움직임이 새롭게 일어났는데, 그것이 바로 수도원 공동체였다.

수도원 공동체는 신앙과 경건을 위한 목적이 첫째였지만, 차츰 세상 속에서의 구제와 봉사의 사명을 감당하기도 하였다. 초기 교회는 교회 자체가 구제와 봉사를 함께 수행했지만, 중세 시대에 활발하게 일어난 수도원 운동은 교회와 구별이 되면서 교회가 해왔던 구제와 봉사를 대신 수행하게 되었던 것이다.

1) 동방교회의 수도원

수도원 운동은 동방교회에서 먼저 시작되었다.[2] 예수 그리스도 승

---

2) 이미 언급한 것처럼 교회는 원래 하나였으나 후에 동방교회와 서방교회로 나뉘게 된다 (1054년). 동방교회는 로마를 중심으로 하여 볼 때 동쪽 지역에 있는 교회들(그리스, 터키, 이스라엘, 시리아, 이집트 등의 지역으로 이들은 원래 기독교 지역이었다.)을 가리킬 때 일반적으로 사용하는 용어이며, 서방교회는 로마와 유럽 지역 교회들을 통틀어서 부르는 말이다. 현재는 동방교회를 동방정교회(Eastern Orthodox Church)라 부르며, 그리스, 동유럽, 러시아 등에 주로 분포하면서 세계 여러 나라에 퍼져 있다.

천 이후 그를 따랐던 많은 사람들은 다시 오실 그리스도의 재림을 기다리면서, 이 세상보다는 하나님의 나라를 대망하고, 그러기 위해서는 그리스도께서 사셨던 삶을 본받고(Imitatio Christi, imitation of Christ), 그의 제자(사도)들이 살았던 삶(Vita Apostoli, apostolic life)을 실천하기를 원하였다. 예수 그리스도는 결혼을 하지 않으셨고, 거처 없이 다니셨으며, 어떤 소유도 갖지 않으셨다. 제자들 역시 자신의 모든 것을 버리고 예수 그리스도를 따랐다. 이런 모습을 본받아 세상을 버리고, 자신을 포기하며, 세상을 떠나 금욕적 삶을 실천하고자 하는 사람들이 생겨나게 되었는데, 이들을 통해서 후에 수도원 제도가 만들어진 것이다. 이들은 세상을 등지고 홀로 은둔의 생활을 하면서 철저히 금욕적 삶을 실천하였고, 이런 삶은 후에 만들어진 수도원 생활에 있어서 그 중심을 이루게 되었다.[3]

최초 광야(사막)로 나가서 은둔 생활을 하면서 수도사로서의 삶을 산 대표적인 인물은 이집트의 안토니우스(Antonius, 250년경~356년, 영문명 Anthony)였다. 그는 이집트에서 태어나 청년 시절에 사막으로 나가 은둔 수도자 생활을 시작하였는데, 후에는 더 깊은 사막으로 들어가 마침내 홍해에 가까운 사막의 폐허가 된 성체에서 20년을 수도하면서 지내었다.[4] 당시 수도자들은 주로 광야로 나가 무너진 성체나 동굴 등에 은둔하면서, 기도와 명상, 육체노동을 하며 지냈다(그래서 그들은 '사막의 영성가'로도 불림). 그들은 기도와 명상을 통한 경건의 훈련과 함께, 육체노동을 통해서는 자신의 생활에 필요한 최소한의 것을 얻는 동시에 거기서 얻은 것으로 다른 사람들을 구제하는 데 사용하

---

3) 최형걸, 『수도원의 역사』(파주: 살림출판사, 2015), 11~12.
4) Williston Walker, *A History of the Christian Church*(New York: Scribner, 1985), 154.

기도 하였다.⁵⁾

다음으로 이렇게 흩어져 각자 은둔 생활을 하면서 수도를 하던 사람들을 모아서 조직을 하게 되는데, 이것을 처음 시도한 사람이 바로 이집트의 수도자 파코미우스(Phachomius, ?~347년)이다. 그는 처음 은둔 수도자로 시작하였으나, 주변의 은둔 수도자들과 교제하면서 이들을 모아 조직을 만들게 되었는데, 이것이 오늘날 수도원의 시초라고 할 수 있다. 이로써 그동안 개인적으로 또는 어떤 필요가 있을 때 잠깐 모이던 수도자들이 이제는 함께 모여서 공동생활을 하게 된 것이다.⁶⁾ 파코미우스가 처음에 수도원을 세운 곳은 이집트 테바이스(Thebais) 지역의 타베니시(Tabennisi)였는데, 그 후 시간이 흐르면서 많은 수도원들이 여러 곳에 세워지게 되었다.

수도원은 이제 공동생활을 하게 됨에 따라 새로운 변화가 오게 되는데, 먼저 수도원 규칙을 제정하여 모든 이들이 준수하도록 하였고, 수도원 생활은 공동 거주, 공동 노동, 공동 기도, 공동 식사와 생활을 하도록 하였다. 특별히 검소함과 함께, 자신들이 노동을 통해서 얻은 것은 최소한도로만 사용하고, 나머지는 가난한 자들에게 나누도록 하였다. 이제 수도원의 생활은 '함께 살고, 함께 먹고, 함께 일하고, 함께 예배드리며, 함께 나누면서, 검소하고 순결하고 온전한 신앙과 삶을 실천하는 곳'이 되었다.⁷⁾

그 후 이집트에서 시작한 이러한 수도원 운동은 예루살렘을 중심으로 한 팔레스타인과 시리아 지역, 그리고 비잔틴을 중심으로 한 소아시아 지역까지 확대되었다. 그러면서 수도원의 위치도 세상과 떨어

---

5) Karl Suso Frank, *Geschite des Christlichen Mönchtums*, 최형걸 역, 『기독교 수도원의 역사』 (서울: 도서출판 은성, 2006), 44.
6) 위의 책, 48.
7) 최형걸, 『수도원의 역사』, 21~22.

져 있는 광야에만 있는 것이 아니라 세상 속으로 들어오게 되었고, 이런 과정을 통해서 수도원은 이제 사회를 위한 구제기관과 교육기관으로서 봉사하는 역할을 담당하기도 하였다. 신앙을 중심에 두고 서로 협동하는 공동체가 만들어지고, 또한 그 공동체는 단순히 자신들만의 삶을 영위하기 위한 수단이 아니라 세상에 대한 봉사로까지 이어졌다는 점에서, 이것은 오늘의 협동조합과 관련해서도 시사하는 바가 크다고 하겠다.

2) 서방교회의 수도원

동방교회에서 시작된 수도원 운동은 그 후 서방 지역의 교회로 영향을 미치게 된다. 특별히 로마를 중심으로 한 이탈리아에서부터 프랑스, 스페인, 아일랜드에 이르기까지 수도원 운동은 광범위하게 확산되었다. 서방교회 수도원과 관련해서는 대표적으로 서방교회 수도원의 효시(曉示)라고 할 수 있는 베네딕트 수도원과 함께, 13세기 중세를 대표하는 수도원이라 할 수 있는 도미니크 수도원과 프란체스코 수도원을 살펴보도록 하겠다.

먼저 베네딕트 수도원을 소개하면, "서방교회 수도원의 역사는 베네딕트 수도원의 역사라는 말이 있을 만큼, 베네딕트 수도원은 서방 수도원 역사의 중심을 차지하고 있다."[8] 베네딕트 수도원은 이탈리아의 누르시아 출신 베네딕트(Benedikt von Nursia, 480년경~550년경, 라틴명 Benedictus de Nursia, 영문명 Benedict)에 의해서 세워졌다. 그는 로마에 공부하러 갔지만 곧 포기하고, 은둔과 금욕의 생활을 하던 중 그를

---

8) 위의 책, 34~35.

따르는 제자들을 모아 공동체 생활을 하였다. 그러다가 로마와 나폴리의 중간에 있는 몬테카지노(Monte Cassino)로 옮겨 529년 그곳에 수도원을 세우게 되는데 이것이 바로 최초 베네딕트 수도원이었다.[9]

베네딕트 수도원이 서방 수도원 역사에서 중요한 역할을 한 것은 "베네딕트 수도규칙"(Regula Benedicti)을 만든 것이었으며, 이것은 그 후 서방 수도원의 규범(the norm for western monasticism)이 되어 지금까지 이어져 오고 있다. 베네딕트 수도원은 그리스도를 따르기로 헌신한 사람들의 "안정적이고 모든 것을 자급자족하는 공동체"(a stable, self-supporting community)였다. 그래서 모든 구성원의 사유재산은 인정하지 않았으며, 절제를 실천하고, 공동체 속에서 생활하도록 하였다. 수도원은 수도원장의 지도 아래 운영되었으며, 구성원들은 그에게 절대 순종하도록 하였으나, 공동의 관심사에 대해서는 모든 구성원의 의견을 듣도록 하였다.

수도원의 주요 일과는 세 가지가 중심이 되었는데, 공동체가 함께 모여서 하루 일곱 번 하나님께 찬양과 기도를 드리는 성무일도(또는 성무일과, daily office), 손으로 하는 노동, 그리고 하나님의 말씀을 묵상하고 연구하는 거룩한 독서(lectio divina)가 그것이었다. 그런데 특별한 것은 수도사들이 성무일도와 렉시오 디비나(거룩한 독서) 등을 위해서는 글을 읽을 수 있어야 했는데, 이를 위해서 수도원 안에 학교가 세워졌고, 이것은 후에 유럽 지역에서 교육의 중심 역할을 할 정도로 발전하였다.[10]

두 번째, 중세 서방교회 수도원으로서 주목할 곳은 도미니크 수도원(수도회)이다. 도미니크 수도원은 스페인 출신의 수도자 도미니쿠스

---

9) Williston Walker, *A History of the Christian Church*, 157.
10) 위의 책, 157~158.

데 구즈만(Dominicus de Guzman, 1170년경~1221년)에 의해서 세워졌다. 이 수도회의 주된 목적은 중세 12세기 무렵부터 등장하기 시작한 이단에 많은 사람들이 빠지고 있었는데, 이런 사람들을 다시 제도권 교회로 돌아오도록 하는 것이었다. 그들은 그리스도의 청빈을 본받아 탁발(托鉢, 음식과 필요한 것들을 동냥을 하면서 충당) 수도사로 살면서,[11] 각 지방을 순회하며 그리스도의 복음을 전파하였고, 무엇보다 복음의 진리를 전하는 설교를 하는 일에 최선을 다했다.

특별한 것은 그들이 좋은 설교자가 되기 위해서 학문을 하는 데 열심을 가졌었다는 점이다. 그 결과 도미니크 수도회에서는 많은 지식인과 신학자들이 배출되었는데, 그 대표적인 인물이 중세의 유명한 신학자 알베르투스 마그누스(Albertus Magnus)와 토마스 아퀴나스(Thomas Aquinas), 신비주의자였던 마이스터 에크하르트(Meister Eckhart)와 요하네스 타울러(Johannes Tauler), 그리고 중세 개혁자 중의 한 사람이었던 지롤라모 사보나롤라(Girolamo Savonarola) 등이었다.[12] 이뿐만 아니라 도미니크 수도회의 많은 수도사들은 대학에서 직접 교수로 가르치기도 하였다.

도미니크 수도회는 "세상과 분리된 명상적인 삶이 아니라 세상 속에 들어가서 사람들의 필요를 채워주는 봉사의 생활을 실천"[13]하였다. 이런 도미니크 수도회의 활동은 매우 급속한 발전을 하면서, 14세기 초에 이르러서는 도미니크 수도회 안에 약 600개의 수도원이 세워질 정도였다.

세 번째로 중세 수도원에서 주목할 곳은 프란체스코 수도원(수도

---

11) Christopher Brooke, Die Klöester, 이한우 역, 『수도원의 탄생』(파주: 도서출판 청년사, 2006), 305.
12) Williston Walker, A History of the Christian Church, 312.
13) 위의 책, 313.

회)이다. 이것은 우리가 잘 아는 이탈리아 아시시(Assisi) 출신의 성 프란체스코(San Francesco, 1181년경~1226년)에 의해 세워졌다. 여기에 속한 수도자들 역시 탁발수도사 생활을 하면서 영성의 수행을 하였는데, 도미니크 수도회의 수도자들이 탁발 수행을 한 것은 프란체스코 수도회의 영향을 받은 것이라고 한다.[14]

프란체스코는 직물 장사를 하는 부유한 가정에서 태어났다. 그러나 그는 모든 부를 포기하고, 스스로 가난한 자가 되어 기도와 명상을 하는 삶을 살면서, 불쌍한 사람들을 돕고 병자들을 돌보았으며, 교회를 재건하는 일을 하였다. 이런 프란체스코의 신앙과 영성을 듣고 이를 따르려고 하는 무리가 생겨났는데, 이들을 '작은 형제단'이라고 불렀다. 이들은 아무것도 소유한 것이 없이 방랑 생활을 하면서 경건한 삶을 실천하였고, 걸식을 하면서 자신들의 수행을 하였다. 이들의 목적은 '복음대로 단순하게 사는 것'이었으며, 이를 위해 "말씀과 행동을 통한 가난의 실천, 형제들끼리의 공동생활, 그리고 참회의 설교"[15]를 실행하였다.

아시시에 있는 프란체스코 수도원의 성당

프란체스코 수도회의 이런 삶의 모습은 수많은 사람들로 하여금 여기에 동참하도록 만들었고, 이들은 당시 교황(이노센트 3세)의 승인을 받아 조직화된 수도회로 발전하게 되었으며, 그 후 프란체스코 수도회

---

14) Christopher Brooke, *Die Klöester*, 이한우 역, 『수도원의 탄생』, 302.
15) Karl Suso Frank, *Geschite des Christlichen Mönchtums*, 최형걸 역, 『기독교 수도원의 역사』, 168.

는 유럽의 여러 나라로 확대되었고, 또한 그만큼 지대한 영향을 세상에 미쳤다.

2. 종교개혁 후 등장한 근대 기독교 공동체 운동

중세 기독교는 수도원이라는 제도와 함께 신앙공동체를 형성하면서, 교회의 신앙과 함께 사회에 대한 봉사의 사명을 담당하였다. 이것은 공동체를 통한 신앙과 영성의 수련을 보다 제도적으로 깊이 있게 할 수 있는 계기를 만들었으며, 또한 공동생활을 통한 협동을 실천하고, 이를 기반으로 하여 사회에 대한 책임을 수행하는 좋은 모본을 제시하였다.

이와 함께 중세 교회의 개혁을 위해 일어난 16세기 종교개혁은 또 다른 차원에서의 공동체가 출현하도록 하였다. 종교개혁은 결과적으로 기독교 안에 개신교(Protestant Church)라는 새로운 그룹(교파)을 만들게 하였고, 개신교의 신학과 입장을 반영한 여러 가지 신앙운동과 제도들이 등장하도록 하였는데, 그중의 하나가 개신교 안에서 일어난 공동체 운동이라고 하겠다.

종교개혁은 중세 타락한 교회의 개혁이라는 성과를 가져오기도 했지만, 한편으로는 기독교 안에서의 종교적 박해를 가져오게 만들어, 로마 가톨릭교회로부터 종교개혁 진영(개신교)이 많은 핍박을 받기도 하였다. 그런가 하면 여기서 또 하나 눈에 띄는 것은 종교개혁 진영 안에서 일어난 논쟁과 분열, 그리고 그 결과로 말미암은 박해였다. 이런 상황 가운데서 이 시기에 가장 가혹한 핍박을 받은 것이 재세례파(Anabaptist)로 불리는 그룹이었다. 이들은 로마 가톨릭뿐만 아니라 개신교로부터도 이단시되어 박해를 받음으로써 자신들이 살아온 삶의 터전을 떠날 수밖에 없었으며, 그 결과 이들은 자연스럽게 현실 세계를 피해 자신들만의 공동체를 만들게 되었다. 이런 공동체는 자신의 신앙을 지키는 것과 함께 생활 공동체로서의 삶을 영위하게 되는데, 이것은 중세 수도원 공동체와는 또 다른 차원의 기독교 내 공동체 운동이라 하겠다.

여기서는 종교개혁 후 첫 공동체를 만든 재세례파 계열의 공동체로서 후터라이트와 메노나이트, 그리고 아미쉬를 먼저 살펴보고, 그 후 재세례파와 또 다른 공동체로서 퀘이커 공동체와 모라비안 공동체를 간단히 개관하도록 하겠다.

1) 재세례파 계열의 공동체: 후터라이트, 메노나이트, 아미쉬

재세례파의 공동체들을 이해하기 위해서는 먼저 재세례파에 대해서 이해를 해야 한다. 재세례파는 종교개혁(1517년) 후 개신교 내에서 일어난 하나의 신앙운동이다. 당시 교회는 기독교 가정에서 자란 아이들에게 유아세례를 주었고, 이것은 대부분의 종교개혁자들도 따랐던 전통이었다. 그러나 재세례파들은 이에 대한 의문을 제기했다. 세례는 자신의 의지로 자신의 신앙을 분명히 고백한 사람만이 받아야 한다는 것이었다. 그렇다면 유아세례는 부모의 신앙으로 자녀가 받는 것이었기 때문에 인정할 수 없다는 것이다.[16] 그래서 그들은 유아세

---

16) 당시 대부분의 유럽 나라들은 기독교 국가였기 때문에 거의 모든 가정의 아이들은 유아세례를 받았다. 유아세례는 성서적 근거가 있고, 또한 한 가족 구성원이 모두 '하나님의 백성'이라는 신앙공동체적인 면은 긍정적이었다. 하지만 중세 이후 유아세례가 차츰 형식적으로 치우치고, 유아세례를 받은 사람들의 신앙 역시 그렇게(형식적으로) 되기 쉬웠던 점이 유아세례에 대한 이런 반대를 낳지 않았나 생각한다.

례를 받았던 사람들에게 자신의 신앙을 고백하도록 하고 다시 세례를 주었다. 그래서 이들을 재세례파라고 한 것이다. 이들은 스위스를 중심으로 하여 출발하였는데, 그들이 최초 재세례를 주었던 것은 1525년 1월 21일 취리히(Zürich)에서였고, 여기에 함께 동조한 그룹을 "스위스 형제단"(Swiss Brethren)이라고 부르기도 한다.[17]

그러나 이들은 로마 가톨릭교회와 개신교회로부터 이단으로 정죄당하면서, 수많은 박해와 핍박을 받아야만 했다. 당시 재세례파를 이끌었던 초기 지도자로는 스위스 출신의 펠릭스 만츠(Felix Mantz, 1500?~1527)와 콘라드 그레벨(Conrad Grebel, 1498~1526) 등이 있었다. 이들을 추종하는 사람들은 그 후 박해로 말미암아 스위스, 독일, 모라비아 지역으로 흩어져 나가게 되었고, 그곳에서 상당한 세력을 형성하게 되었다.

이들은 유아세례 문제 외에도 국가가 교회와 개인 신앙을 강제하는 것(국가 교회)[18]에 반대하여 교회와 국가의 완전한 분리를 주장하고 이를 실천하였다. 따라서 그들은 국가로부터 자유로운 자신들의 공동체와 집회를 가질 수밖에 없었다. 이와 함께 그들은 산상수훈에 근거하여 맹세하는 것을 거부하고, 평화주의를 주장하며 군대 복무와 전쟁을 반대하였다.[19] 그 결과 이런 입장으로 인해 이들은 기존 교회로부터 종교적 박해를 받았을 뿐만 아니라 국가로부터도 정치적 박해를 받게 되었던 것이다.

---

17) Cornelius J. Dyck, *An Introduction to Mennonite History*, 김복기 역, 『아나뱁티스트 역사』(대전: 도서출판 대장간, 2013), 44. 스위스 취리히에서는 원래 울리히 츠빙글리(Huldrych Zwingli)가 종교개혁을 하고 있었는데, 츠빙글리와 함께 개혁에 참여했던 사람들 중에서 유아세례 등과 관련하여 다른 입장을 가진 사람들이 재세례파를 만들게 되었다. 이들 멤버를 스위스 형제단(Swiss Brethren)이라고 부른다.
18) 당시 유럽에서는 대부분 국가가 기독교를 국교로 인정하고 있었다.
19) Williston Walker, *A History of the Christian Church*, 449.

먼저 재세례파 계열의 공동체로서 **후터라이트 공동체**(Hutterite)를 보도록 하자. 재세례파에 대한 최초 박해는 재세례파의 발생지인 스위스 취리히에서부터 시작되었다. 1525년 2월부터 재세례파에 속한 사람들을 잡아 투옥하고, 1526년 3월에는 이들을 수장시켜 죽이도록 시의회가 결정하였다. 이러한 박해로 인해서 재세례파 교인들은 스위스를 떠나 독일이나 오스트리아로 피신을 할 수밖에 없었다.[20]

스위스에서 떠난 일부 재세례파 교인들은 오늘의 체코 지역에 해당하는 모라비아(Moravia)로 피신하여 그곳에서 공동체 생활을 하게 되었다. 당시 이들의 지도자는 야곱 후터(Jacob Hutter)였는데, 이들은 유아세례의 반대와 성인세례 주장, 교회와 국가의 분리, 군 복무 거절, 그리고 재산을 공동으로 소유하는 공동체 생활을 하였다. 이들에게 후터라이트라는 이름이 붙게 된 것은 바로 그들의 지도자인 야곱 후터의 이름을 따른 것이다. 이들은 그 안에서 각각 집단을 형성하여 경제적으로 자급자족하는 생활을 하고 있는데, 이들 개별 집단을 '부르터호프'(Bruderhof, 형제들이 함께 사는 곳) 또는 '자치 공동체'(Colony)라고 부른다.

그 후 후터라이트들은 1622년 다시 모라비아에서 추방을 당하게 되었다. 그래서 동유럽 지역을 옮겨 다니다가, 1770년에는 러시아제국의 우크라이나로까지 이주하여 살아야 했다.(이 기간 동안 공동체가 해체되는 일도 있었다.) 1874년 이들은 다시 미국 사우스다코타(South Dakota) 주로 이주하여 미국 지역에 자리를 잡게 되었으며, 그 후에는 캐나다로 많은 이들이 이주하였다. 현재 후터라이트 공동체의 2/3 정도는 캐나다에, 1/3 정도는 미국에 분포하고 있으며, 2014년 현재 약 565개

---

[20] John Hofer, *The History of the Hutterites*, 김복기 역, 『후터라이트 공동체의 역사』(춘천: 한국아나뱁티스트 출판사, 2008), 71~72.

정도의 개별 공동체(Colony)에서 52,500명 정도가 생활하고 있다.[21] 그리고 이들은 한 콜로니 안에 약 150명이 넘게 되면, 공동체를 다시 나누고 있다.

이들은 무엇보다 자신들의 공동체를 통해서 초대교회의 모습을 실현하고자 하였다("믿는 사람은 모두 함께 지내며, 모든 것을 공동으로 소유하였다. 그들은 재산과 소유물을 팔아서, 모든 사람에게 필요한 대로 나누어주었다." 행 2:44~45, 표준새번역). 그래서 이들은 지금도 사유재산을 인정하지 않고 재산을 공동으로 소유하는 경제적 공동체를 이루고 있는데, 이것은 많은 기독교 공동체들 가운데서 '재산공동체'를 성공적으로 실현한 유일한 경우이다.[22]

그리고 이들은 산상수훈("평화를 이루는 사람은 복이 있다. 하나님이 그들을 자기의 자녀라고 부르실 것이다." 마 5:9, 표준새번역)을 따라서 군 복무와 전쟁을 반대하는 평화주의를 추구한다. 공동체 안에서 이들의 생활은 매우 단순하고 검소하며 복장 등도 소박한 차림을 하고 산다.

또한, 이들은 공동체 안에서 자기가 하고 싶은 일보다는 공동체에 유익한 일을 함으로써 서로 협동 속에서 공동체 생활을 가꾸어 나가고 있으며, 무엇보다 신앙의 실천을 중요시한다. 그래서 개인의 믿음뿐만 아니라 그 믿음이 공동체 속에서 다른 사람들과 함께 실천되도록 해야 하는 것이다. 이러한 정신은 오늘날 자본주의로 인한 심각한 경제적 문제, 개인주의로 인한 공동체성의 결여와 무한경쟁의 사회, 공동체보다는 개인의 이익과 욕망만을 추구하는 이기주의, 그리고 신앙적 실천이 결여된 한국교회에 많은 도전을 주는 것이라 하겠다.

---

21) 임종운, 『북미 기독교 공동체 사회』(서울: 북랩, 2017), 183. Mary-Ann Kirkby, *Secrets of a Hutterite Kitchen: Unveiling The Rituals, Traditions, and Food of the Hutterite Culture*(Toronto: Penguin Canada, 2014), 4~5.
22) 임종운, 『북미 기독교 공동체 사회』, 190.

현재 후터라이트 공동체는 농업을 주로 하고 있는데, 그들이 생산한 것들은 최고로 평가를 받고 있다. 그리고 그들은 무엇보다 신앙공동체로서 충실하고자 하여, 매일 저녁 공동체가 함께 모여 1시간 정도 예배를 드리고, 주일에는 아침과 저녁에 두 번 모여 2시간 정도 예배를 드리면서 자신들의 신앙을 지켜나가고 있다.

자녀들에 대한 교육은 공동체가 주관하여 실시하며(유치원, 독일어와 영어 학교, 주일학교 등), 대부분의 아이들은 15세쯤에 생활에 필요한 초등학교 과정 정도를 배우고 교육을 마친다. 그리고는 농업 기술 등 실제적으로 필요한 것들을 부모나 공동체를 통해서 배우게 되며, 소수의 아이들만이 고등학교나 대학교로 진학을 한다.

후터라이트 공동체의 대부분은 도시나 주요 도로로부터 멀리 떨어져 그들만의 고유한 문화와 환경 속에서 살고 있으며, 지금도 특별한 경우를 제외하고는 라디오나 텔레비전, 신문이나 잡지 등을 보지 않는다.

후터라이트 공동체

전통적 복장을 하고 일하는 모습

두 번째로 재세례파 계열의 공동체 가운데서 주목하여 살펴볼 곳은 **메노나이트 공동체**(Mennonite)다. 스위스에서 출발한 재세례파 운동은 이미 언급한 대로 국가와 교회로부터 이단시되면서 박해를 받았고, 스위스를 떠나 인근 유럽의 지역으로 흩어지게 되었다. 이들 중 모라비아 지역으로 간 사람들은 후터라이트 공동체를 만들게 되었고, 당시 네덜란드 지역으로 피신한 사람들을 중심으로 하여 또 다른 공동체가 만들어지는데 그것이 바로 메노나이트 공동체다.

메노나이트 공동체의 설립자는 메노 사이먼스(Menno Simons, 1496~1561)이다. 그는 네덜란드 출신으로 원래는 중세 가톨릭교회의 사제였다. 그러나 중세 교회의 제도와 신학적 문제(세례, 성찬 등) 등에 대한 의문을 갖기 시작하다가, 1536년에 재세례파의 입장으로 전향하였고, 그 후 재세례파의 지도자가 되었다. 당시 그를 추종하던 사람들을 메노나이트라고 불렀는데, 그것은 바로 그들의 지도자가 된 메노 사이먼스의 이름을 따른 것 때문이었다.[23]

당시 재세례파 중에는 극단적 종말론과 현실에 대한 과격한 입장(전쟁에 가담하는)을 가진 사람들이 있었는데, 메노는 이들의 입장에 반대하며 온건한 입장을 선택하였다. 이들 역시 재세례파의 입장을 충실히 따랐다. 유아세례의 반대와 성인세례 주장, 국가와 교회의 분리, 전쟁과 무력 사용을 반대하는 평화주의, 그리고

메노 사이먼스

세속으로부터 자신들의 순수한 신앙을 지키기 위한 공동체 생활 등을 실천하였다.

그 후 네덜란드에서도 박해가 심해지자 메노나이트들은 프러시아

---

23) Cornelius J. Dyck, *An Introduction to Mennonite History*, 김복기 역,『아나뱁티스트 역사』, 150.

를 거쳐 러시아의 우크라이나 지역으로 이주하였고, 1880년대 다시 북미로 옮겨 자리를 잡았으며, 지금도 대다수의 메노나이트 공동체는 북미 지역에서 생활하고 있다. 2006년 메노나이트는 북미 대륙을 포함하여 아프리카, 아시아와 오스트레일리아, 남미, 유럽 등 전 세계 75개국에 걸쳐 있으며, 공동체 구성원(세례교인) 수는 1,478,540명에 이른다.[24]

현재 그들 대부분은 외부인과의 접촉을 멀리하고자 독립된 공동체 생활을 하고 있으며, 여인들은 챙이 긴 모자와 함께 전통적 복장을 하고, 남자들은 턱수염을 기른다. 공동체 안에서는 언제나 소박한 삶을 실천하며, 미디어기기 등의 사용은 제한된다. 15세까지는 자녀들을 엄격히 통제하지만, 16세가 되면 공동체를 떠나 바깥세상을 경험할 수 있도록 하기도 한다. 그렇게 해서 본인이 앞으로 공동체에 계속 남을 것인지 아니면 공동체를 떠나 생활할 것인지를 결정하도록 한다.

메노나이트 안에서는 공동체 구성원들의 평등이 중요하며, 진보적 메노나이트에서는 고등교육을 허락하기도 하고(보수적인 곳은 공동체 안에 있는 초등교육 정도를 수료), 복장 등에서도 다소 자유를 허락하고 있다.[25] 이들은 사유재산을 인정하지만, 그리스도인은 청지기로서 모든 물질을 선한 일을 위해서 사용해야 하고, 상호 간의 경제적 평등을 실천해야 하며, 이를 위해 협동과 나눔을 통한 공동체 생활을 한다.

세 번째로 **아미쉬 공동체**(Amish)이다. 아미쉬 공동체 역시 재세례

---

24) "2006 Mennonite and Brethren in Christ World Membership" by Mennonite Conference Office.
25) 임종운, 「북미 기독교 공동체 사회」, 187~189.

파의 한 계열로서 메노나이트에서 분열되어 나온 것이다. 이 분열은 1693년에 스위스 알사스(Alsace) 지역에서 일어났는데, 문제의 발단은 메노나이트가 교회의 규율을 어긴 사람들에 대해서 지나치게 관대하고 철저하지 못하다는 점 때문이었다. 그래서 스위스 지역에서 활동하던 야콥 암만(Jacob Ammann, 1644년경~1730년경)은 이에 대해 거세게 반대하고, 공동체의 순결을 더욱 강조하였는데, 이 야콥 암만을 따르는 사람들을 가리켜서 아미쉬 메노나이트 또는 간단히 아미쉬라고 부르게 되었다.[26)]

이들은 당시에 교리적인 문제나 신앙적 측면에서 메노나이트와 기본적으로 큰 차이는 없었다. 공동체의 치리에 더 엄격해야 한다는 것과 성찬식을 일 년에 한 번이 아니라 두 번 한다는 것 정도의 차이가 있을 뿐이었다. 그러나 이들이 신앙생활이나 형식에 있어서 보다 철저하고자 했다는 점과 외모나 옷차림 등 생활 방식에서도 특별한 차이가 있었다는 점 등이 메노나이트와 이들을 구분하게 하는 중요한 요인이 되었다.

현재도 아미쉬는 메노나이트에 비해 더욱 보수적 입장을 지키면서, 공동체 중심의 생활을 중요시하고 있다. 또한, 세속 사회와 거리를 두면서 현대적 문명(텔레비전, 전화, 전기, 자동차 등)을 거부하고, 정부의 사회보장제도나 건강보험 등의 혜택을 받지 않으면서 철저한 경제적 자립공동체를 이루고 있다. 자녀들의 교육도 자체적으로 세운 학교에서 초등학교 정도(8학년, 우리로 보면 중등학교 정도)로 마치며, 대부분은 고등교육을 받지 않고, 초등교육을 마친 후에는 가정이나 공동체에서 생업에 필요한 것들을 배우게 된다. 이에 비해서 메노나이트

---

26) 위의 책, 140.

는 좀 더 사회에 대해서 개방적이며, 현대 문명을 수용하려 하고, 자녀들의 고등교육을 허용하기도 한다.

아미쉬의 남자들은 긴 턱수염을 기르고, 옷에 멜빵을 착용하고 있으며, 여성들은 까만 복장에 독특한 헤어스타일과 모자를 쓰고 있다. 이들은 주로 농촌을 중심으로 하여 전통적 방식으로 농축산업을 하면서 살고 있으며(말과 소를 이용해서 농사), 현대 문명의 이기를 사용하는 것을 거부하거나 제한하고 있는데, 그 이유는 그것들이 공동체의 공동체성에 해를 끼칠 수 있으며, 공동체가 세속화하는 것을 막기 위함이다. 그래서 그들은 전화나 전기도 사용하지 않고, 교통수단도 자동차 대신 마차를 사용하며 생활한다.[27] 특별히 아미쉬 공동체에서 자란 아이들이 16세가 되면 'Rumspringa'(룸스프링가)라고 해서, 외부 세계를 경험하게 한 후 그 자신이 공동체 생활을 할 것인가에 대해 스스로 결정을 하도록 하고 있다.[28]

신앙의 방식에 있어서는 재세례파와 같은 입장에서 유아세례의 반대와 성인세례 주장, 국가와 교회의 분리, 전쟁과 무력 사용의 반대, 군대와 관련된 일 거부, 평화주의, 맹세하지 않는 것, 세상 법정에 호소하지 않는다.

스위스를 중심으로 하여 살던 아미쉬들은 1727년에 북미 대륙으로 이주를 하게 되고(펜실베이니아 지역), 현재 미국과 캐나다에는 20만 명이 넘는 아미쉬들이 자신들의 공동체에서 함께 생활하고 있다.

---

27) 위의 책, 132~133.
28) Rumspringa는 독일어 방언인데, 이 말은 "주변을 돌아다니다"(running around)라는 의미다. Rumspringa를 마친 후 아미쉬 젊은이들의 90% 정도는 공동체에 남는다고 한다.

아미쉬 가족

아미쉬의 교통수단 마차

이상에서 살펴본 후터라이트, 메노나이트, 아미쉬 공동체는 16세기 종교개혁기에 개신교 안의 급진적 운동이었던 재세례파에서 일어난 신앙과 생활공동체이다. 이미 살펴본 대로 이들은 신앙적 측면에서는 거의 동일한 원리나 방식을 적용하고 있다. 그러나 생활에 있어서는 독특한 면을 보이고 있는데, 후터라이트는 사유재산을 인정하지 않고 공동 소유의 공동체를 실천하고 있다. 이에 비해 메노나이트와 아미쉬는 사유재산을 인정하면서 공동체 생활을 하고 있으나, 메노나이트는 사회와의 관계에서 좀 더 개방적인 데 비해 아미쉬는 현대 문명의 이기(利器)를 소유하는 것까지도 반대하면서 보다 철저한 자신들의 신앙과 생활 원칙을 지켜나가고 있다는 점에서 독특한 차이가 있다고 하겠다.

무엇보다 이들은 기독교 공동체이면서, 자신들의 신앙과 함께 철저한 윤리 의식, 개인이 아니라 함께 협동하는 공동체 생활, 세상에서의 평화 추구(사회적 책임 의식), 경제적 자립 등을 실현하고 있다는 점에서 현대 사회에 많은 도전을 주고 있을 뿐만 아니라 협동조합과 관련해서도 좋은 교훈과 모범을 보여주고 있다고 하겠다.

2) 퀘이커 공동체

퀘이커 공동체(Quaker)는 생활공동체라고 하기보다는 신앙공동체라고 하는 것이 더욱 적절하다고 하겠다. 후터라이트나 메노나이트, 아미쉬 공동체가 신앙과 생활을 함께하면서 결속력이 강한 공동체라면, 퀘이커는 신앙을 중심으로 한 느슨한 공동체 형태라 하겠다.

퀘이커는 1600년대 중반에 영국의 조지 폭스(Geroge Fox, 1624~1691)에 의해서 시작된 기독교 내 신앙의 한 그룹이다. 이들은 친우회(Society of Friends)라고 불리기도 하고, 주님 앞에서 떨리는(quake) 모습으로 섰기 때문에 퀘이커 교도(Quakers)라고 불렸다.[29]

조지 폭스의 부모는 당시 유럽 대륙에서 일어났던 종교개혁 진영에 동조한 영국의 청교도였다. 이런 가정적 배경 속에서 자란 조지 폭스 역시 청교도의 엄격하고 철저한 신앙생활을 배우게 되었고, 어려서부터 종교적 관심이 매우 많았다. 19세가 되면서 그는 자신의 종교적 정체성을 찾기 위해서 영국의 각처를 여행하던 중 23세가 되던 1647년에 신비한 경험을 함으로써 인생의 새로운 전기를 맞게 된다.[30]

그는 우리 인간에게는 누구나 하나님을 찾을 수 있는 어떤 것이 있는데, 그것이 '내적인 빛(조명)'(inner light)이라고 한다. 이 내적 조명은 우리 인간이 하나님의 현존을 인식하고 받아들일 수 있는 능력이다. 그러므로 우리 인간은 성령의 내적 조명에 의해서 하나님과의 만남과 교제를 이룰 수 있다.

---

29) Williston Walker, *A History of the Christian Church*, 561. 퀘이커들은 하나님 앞에서 떨리는 모습으로 서기도 하지만, 다른 한편으로는 종교적 체험을 하면서 몸이 떨리기도 하여 퀘이커라고 불렸다.
30) 김영태, 『신비주의와 퀘이커 공동체』(고양: 도서출판 인간사랑, 2002), 94.

이들에 따르면 중요한 것은 외적인 의식이나 예배 형식이 아니라 성령의 인도하심 속에서 하나님을 내적으로 경험하고 계시를 듣는 것이다. 그러므로 이들은 예배를 외적인 형식에 의존하기보다는 침묵 가운데 성령의 내적 조명을 기다리는 침묵의 예배를 드린다. 그 결과 이들은 예배 의식이나 그것을 인도하는 사제(목사)까지도 신자와 하나님과의 관계를 가로막는 장애물로 생각하여, 이를 거부하였다. 모든 사람은 사제나 목사의 간여 없이도 하나님과 직접 관계를 가질 수 있는 것이다.

그리고 모든 인간 속에는 하나님이 주신 독특한 가치가 있으므로 모든 인간은 스스로 가치가 있는 것이며, 그래서 평등해야 한다. 이런 퀘이커의 입장은 남녀의 차별, 계급이나 신분의 차이를 거부하며 노예제도를 반대하기에 이르렀다. 또한, 이들은 산상수훈을 삶으로 실천하기 위해 전쟁, 맹세하는 것, 성례전, 십일조, 직업적 목회자를 거부하였다.

1652년에는 조지 폭스를 따르는 사람들이 영국의 프레스톤 패트릭(Preston Patrick)에 모여서 최초의 퀘이커 공동체가 공식적으로 출발하게 되었다. 그러면서 그들은 해외 선교도 적극 추진하여, 예루살렘, 서인도제도, 독일, 오스트리아, 네덜란드 등까지 복음을 전하였다. 그러나 퀘이커들의 독특한 신앙과 생활방식은 그 후 영국에서 심한 반대와 박해를 받게 되었는데, 1661년에는 조지 폭스를 포함하여 약 3,000명 이상의 친우회 회원들이 감옥에 갇히기도 하였고, 그중 약 400명이 감옥에서 죽음을 맞았다.[31]

이런 와중에도 1656년 최초의 퀘이커 교도들이 미국에 도착하여

---

31) Williston Walker, *A History of the Christian Church*, 562.

선교하였으며, 1681년 퀘이커 교도인 윌리엄 펜(William Penn, 1644~1781)이 펜실베이니아를 세우고 주지사가 되면서 퀘이커는 그곳에서 안정과 함께 성장을 이루게 되었다. 특별히 펜실베이니아주의 수도인 필라델피아(Philadelphia, '형제애'라는 의미)는 이들 공동체의 중심이 되면서 퀘이커의 신앙과 삶을 실천하는 곳이 되었다. 2005년 퀘이커는 전 세계적으로 약 367,000명 정도의 교세를 갖고 있다.[32]

현재 퀘이커는 자신들의 신앙과 함께 이 땅에서의 천국을 실현하기 위해, 인권, 평등, 사회의 정의, 평화, 양심의 자유, 공동체의 삶 등에 관심을 가지고 이를 개선하기 위해서 적극적으로 헌신하고 있다. 특별히 이들은 종교적(신앙) 생활(religious life)과 세상 속에서의 삶(secular life)을 구별하지 않으며, "너의 삶으로 말하게 하라."(Let your lives speak.)고 하는 표어처럼 신앙의 실천을 강조하고 있다. 그래서 이들은 노예제도 폐지, 원주민들을 돕는 일, 평화와 군축, 국제적 구호 활동, 난민을 돕는 일들에 최선을 다하고 있다.[33]

퀘이커 모임 　　　　　설립자 조지 폭스

---

32) 임종운, 『북미 기독교 공동체 사회』, 248~249. Friends World Committee for Consultation 의 자료 참조.
33) 위의 책, 284.

3) 모라비안 공동체

퀘이커 공동체가 17세기 영국을 중심으로 해서 일어났다면, 모라비안 공동체(the Moravian Brethren)는 그로부터 1세기 후 유럽 대륙의 모라비아 지역(체코의 동부 지역)에서 형성되었다. 먼저 모라비안 공동체를 이해하기 위해서는 당시 유럽 상황을 살펴볼 필요가 있다.

1517년 종교개혁이 일어난 후 유럽은 여러 가지로 혼란스러운 상황에 접어들게 되었다. 이 시기 구교라고 불리는 로마 가톨릭교회와 종교개혁을 따르는 신교, 즉 개신교 사이에는 많은 긴장과 갈등이 지속되었다. 그 결과 1618~1648년에는 소위 30년 전쟁이라고 부르는 신구교 간의 전쟁이 일어났고, 이로 인해서 유럽 인구의 약 절반이 줄어드는 상황을 맞기도 하였다.

이런 상황에서 개신교회는 종교개혁 시점으로부터 차츰 시간이 지나면서, 개혁의 열정이 식어지거나 왜곡되는 현상이 일어나고 있었다. 이런 상황에서 다시 종교개혁의 신앙과 정신을 회복하고, 거룩한 영적 삶을 실천하고자 하는 운동이 독일을 중심으로 하여 일어나게 되었는데, 이를 가리켜서 경건주의(Pietism) 운동이라고 한다. 이들은 지나치게 엄격하고 경직되어 있으면서 지적이고 교리적인 당시의 신앙에서 개인적인 체험과 감정을 중요시하고, 평신도들이 보다 능동적으로 기독교적 삶을 실천하면서, 이를 위해서 세상에 대한 금욕적 자세를 가져야 함을 강조하였다. 대표적 경건주의 지도자로는 필립 야콥 슈페너(Philipp Jacob Spener, 1635~1705)와 아우구스트 헤르만 프랑케(August Herrman Francke, 1663~1727) 같은 사람들이 있었다.[34]

---

34) Williston Walker, *A History of the Christian Church*, 651~653.

여기서 주목해야 할 사람이 바로 모라비안 공동체의 창설자 니콜라우스 루트비히 폰 진젠도르프(Nikolaus Ludwig von Zinzendorf, 1700~1760)이다. 그는 1700년 독일의 드레스덴에서 태어났으며, 당시 독일을 중심으로 하여 일어났던 경건주의의 영향을 많이 받았다.

그런데 그 시대 모라비아 지역에서 종교적 박해를 받은 사람들이[35] 유럽을 떠돌다 마침내 진젠도르프 백작의 영토 안으로 들어오게 되었다. 진젠도르프는 그들에게 피난처를 제공하였고, 그곳 이름을 헤른후트(Herrnhut, "주님이 보호하시는 곳")라고 하였다. 그리고 1727년에는 진젠도르프가 그들의 영적 지도자를 맡음으로써 모라비안 공동체(또는 헤른후트 공동체)가 새롭게 출발하게 되었다.

진젠도르프

이들은 사도 시대의 교회로 돌아가기를 원했고, 매일 예배하는 공동체 생활을 하였으며, 청년 남녀들은 주님의 일꾼으로 보내기 위해서 철저한 신앙 교육을 받았고, 아이들도 부모를 떠나 자립 훈련을 받았다. 그리고 직업과 모든 생활을 하는 데 있어서, 그들은 늘 공동체적인 삶을 실천하려고 하였다.

특별히 모라비안 공동체가 기독교 역사에 있어서 가장 큰 기여를 한 것은 해외선교이다. 그들은 1732년에 선교사를 서인도제도에 보낸 것을 필두로 하여, 남아메리카 수리남, 그린랜드, 아프리카(1736년), 호

---

35) 이들은 1400년대 체코(모라비아)에서 종교개혁을 부르짖었던 얀 후스(Jan Hus, 1372?~1415)의 가르침을 따르는 사람들이었다. 본격적인 종교개혁은 얀 후스로부터 1세기 후에 일어났지만, 이미 유럽에서는 종교개혁의 바람이 그전에 일어나고 있었던 것이다. 얀 후스는 종교개혁의 선구자로서 그의 삶을 바쳤고, 종교개혁(1517년)이 일어나기 약 100년 전인 1415년 7월 6일에 화형을 당하였다.

주 원주민 선교를 하였다. 그리고 1930년까지 세계 14개국에 3,000명의 선교사를 파송하기도 하였다. 이는 당시 모라비안 교도의 1/12에 해당하는 숫자로, 이를 달리 표현하면 모라비안 교도 12명 가운데 1명이 선교사로 파송되었다는 놀라운 사실이다. 이들 대부분은 정규 신학을 공부한 사람들도 아니었으며, 평신도 선교사로 직업을 가지고 복음을 전파하는 자비량 선교사들이었다.

모라비안 공동체는 오직 신앙을 목적으로 한 공동체라고 할 수 있다. 후터라이트, 메노나이트, 아미쉬 같은 공동체가 재세례파 계열의 같은 신앙의 입장(재세례파)을 가진 사람들이 공동생활을 하면서 신앙과 더불어 경제적, 문화적으로도 함께 생활한 경우라면, 모라비안은 경제적, 문화적 측면보다는 오직 신앙이 우선된 공동체로서 종교적 입장이 강한 공동체였던 것이다. 그래서 그들을 '모라비아 교도'라고 부르기도 한다.

3. 20세기 이후 현대 개신교 공동체 운동: 떼제 공동체와 라브리 공동체

종교개혁 후 개신교회를 중심으로 하여 공동생활을 추구하는 신앙공동체가 만들어져 지금까지 그 활동을 지속해오고 있다면, 20세기에 접어들어 개신교회 안에서도 수도원적인 공동체가 다시 등장하게 된다. 그 대표적인 것이 떼제 공동체와 라브리 공동체이다. 이에 대해서 간단히 소개하면 다음과 같다.

먼저 떼제 공동체(La Communauté de Taizé)는 로제(Roger Schütz, 1915~2005) 수사에 의해서 세워졌다. 그는 스위스의 개혁교회 출신(존 칼빈의 신학 사상을 따름)으로서 1940년 프랑스 동부에 있는 작은 마을 떼제(Taizé)에 정착하게 되었다. 그리고 그는 "1944년에 공동체를 세우고, 1949년부터는 전통적 수도자의 선서인 재산의 공유, 독신주의, 절대적인 순종을 내세우면서 원장에 취임"[36]하였다.

떼제 공동체는 처음에 개신교 수도단체로 출발했지만, 개신교 안에만 머무르지 않고 세계 교회의 일치를 위해서도 노력하고 있는데, 1969년부터는 가톨릭교회에도 그 문을 개방하면서 교회일치운동(Ecumenical Movement)의 중요한 역할을 하고 있다. 이들은 기도와 함께, 세상의 문제가 있는 곳으로 찾아가서 그리스도의 속죄와 화해, 그리고 공동체로 함께 살아가기를 실천하고 있다.[37]

지금도 세계의 수많은 젊은이들이 떼제의 이런 삶을 배우고 실천하기 위해서 프랑스의 작은 마을 떼제를 찾고 있으며, 이곳에서 그들은 형제애를 구체적으로 실천하는 현장을 보면서 화해와 일치, 공동체의 정신을 배우고 있다.[38] 한국에는 1979년 김수환 추기경의 초대로 4명의 떼제 공동체 형제(수사)들이 서울 강서구 화곡동에 자리를 잡고 활동하고 있다.

또 하나 20세기 기독교 공동체 가운데 주목할 만한 것은 라브리(L'Abri) 공동체다. 라브리는 불어로 '피난처'라는 의미인데, 인생의 문제를 안고 고민하는 모든 사람에게 그 답을 찾기 위해 머무를 수 있는 영적인 피난처라는 것이다.

이 공동체는 미국인 목사인 프란시스 쉐퍼(Francis Schaeffer)가 1948년 가족과 함께 스위스로 이주하여(미국 장로교 선교사로 파송을 받음), 1955년 6월 5일 스위스 휴모즈 수르 올온(Hu moz-sur-Ollon)에 세운 것

---

[36] 최형걸, 『수도원의 역사』, 91.
[37] 위의 책, 91.
[38] Regine Kuntz-Veit, *Frère Roger-Die Güte des Herzens*, 윤선아 역, 『떼제 공동체와 로제 수사』(왜관: 분도출판사, 2010), 5.

이다. 그는 제2차 세계대전 후 영적으로 피폐한 유럽의 모습을 보면서, "하나님은 살아 있고, 인간의 삶 자체를 구원할 수 있다."라는 구원의 복음을 전하려는 목적으로 스위스를 찾았다. 그리고 외부의 도움을 전혀 받지 않고 오직 기도를 통해 하나님의 인도하심을 받아 가는 공동체를 실현하고자 했다. 그리고 그들은 아무런 조건 없이 집을 개방하고, 찾아오는 사람들과 함께 식사하고, 함께 예배를 드리면서 자신들의 삶을 실천하고 있다.[39]

라브리 공동체는 오늘 인류의 고통과 불행은 우리 인간들이 하나님을 떠나 스스로의 힘으로 살려고 한 데서 기인한 것으로 본다. 그러기에 그들은 하나님은 살아계시며, 지금도 우리 삶의 현장에 함께하고 계시다는 것을 증거하려고 한다. 한국 라브리 공동체는 1990년 성인경, 박경옥 간사 부부가 강원도 양양에서 시작하였다.

20세기 이후 우리 인류는 과학과 기술, 그리고 경제적 발전에 힘입어 현대 문명과 물질의 혜택을 가장 풍요하게 받으며 살고 있다. 그러나 문제는 이런 물질적 풍요 속에서 영적으로는 더욱 빈곤해지고 있다는 사실이다. 오늘 우리 시대는 많은 사람들이 인생의 궁극적인 길과 진리를 찾지 못해서 고민하며 방황하고 있다. 이런 시대적 위기는 사람들로 하여금 영적 진리를 더욱 사모하고 추구하도록 만든다.

20세기에 등장한 기독교 공동체는 이런 시대적 현상과 삶의 문제들에 관련하여 만들어진 것이라 할 수 있겠다. 그 이전 기독교 공동체는 신앙과 함께 자신들의 사회적, 경제적 문제들도 함께 해결하는 자신들만의 공동체를 주로 만들었다. 그러나 떼제와 라브리 공동체

---

[39] 최형걸,『수도원의 역사』, 91~92.

는 보다 영적인 측면에 집중하면서, 영적인 가치를 추구하고 있다. 그래서 그 분위기도 수도원적인 면을 띠고 있다. 그들은 인생의 문제를 안고 고민하면서 그곳을 찾는 사람들이 그곳을 통해서 인생의 궁극적인 답을 찾기를 바라는 것이다.

또한, 이들 공동체는 과거에 비해 폐쇄적이지 않다. 과거 공동체들은 세상과 거리를 두고, 외부와 단절하면서, 주로 자신들만의 공동체를 꾸렸다. 그러나 떼제와 라브리는 자신들의 공동체를 모든 사람들에게 개방하고, 그들이 이곳에 와서 함께 예배하고, 기도하고, 노동하는 중에 공동체의 삶을 배우면서 자신들의 신앙과 인생의 길을 걸어가는 데 도움이 되도록 하고 있다.

7장
기독교협동조합의 역사와 발자취

　우리는 기독교협동조합의 역사를 살펴보기 전에 먼저 기독교 역사 속에서 일어났던 공동체들에 대해서 알아보았다. 그 공동체들은 대부분 신앙적인 문제든 현실적인 문제든 그것들을 공동체라는 방식을 통해서 해결하고자 하였다. 이러한 공동체 생활방식은 그 후 등장한 협동조합의 정신과 원리, 그리고 그 실천 방법에 있어서 매우 중요한 모범을 제공하였다. 그런 의미에서 협동조합의 토대요 배경은 기독교 공동체와 긴밀한 연관성을 갖는다고 할 수 있다. 이는 협동조합의 시작이 기독교 국가를 중심으로 하여 이루어졌다는 사실에서도 충분히 증명되는 것이라 하겠다.
　그러면 이제 기독교 안에서 시작된 협동조합은 어떻게 출발하였고, 그리고 전개되었는지 그 역사를 알아보도록 하자. 본 장에서는 먼저 협동조합이 시작된 유럽을 중심으로 하여 기독교협동조합의 역사에서 중요한 의미를 갖는 몇 나라를 보고, 그다음 북미 대륙과 아시아에서 일어난 기독교협동조합의 발자취를 살펴보도록 하겠다.

1. 유럽의 기독교협동조합

협동조합의 가장 강력하고 풍요로운 토양은 (당시) 유럽 사회의 정신적 토대인 기독교와 사회주의라고 할 수 있다. 기독교와 사회주의는 '유토피아'라는 평등하고 자유로운 이상향을 제시하고, 경제적 차별과 빈곤을 사회구제 또는 사회개혁의 관점에서 해결해야 한다는 경제사상을 통해서 협동조합인들에게 많은 영감을 주었다.[1]

이미 제2장(협동조합의 역사)에서 언급한 대로 영국에서 일어난 산업혁명(1760~1830년)은 산업 분야에서 완전히 새로운 변화를 불러일으켰지만, 이것은 또 다른 측면에서 사회적 변혁을 가져오도록 하였다. 산업혁명은 산업과 경제적 측면에서 긍정적인 면들을 일구어냈지만, 다른 한편으로는 극심한 사회적 문제들을 양산하고 있었다는 데 문제가 있었다.

이런 사회적 현상은 그 사회 전체의 문제가 될 뿐만 아니라 그 사회를 이끌어나가는 데 일익(一翼)을 담당하고 있는 종교의 주된 관심사가 될 수밖에 없었다. 당시 영국을 비롯한 유럽의 대부분 나라들은 기독교가 국교로 되어 있었다. 그러므로 국가 종교로서의 기독교는 그 나라와 사회가 직면한 문제들을 외면할 수 없었다. 산업의 발전으로 말미암은 대량 생산과 그에 따른 수많은 실직자의 양산, 도시화로 인해 도시로 유입된 인구의 증가와 함께 이들의 빈민화, 거대 자본의 등장과 그 앞에서 더욱 왜소해지는 노동자들의 신분, 저임금과 중노

---

1) 김형미, "협동조합운동에 스며든 기독교 사상", 「기독교사상」 제655호(2013. 7), 11.

동에 시달리는 노동 조건 등은 당시 사회와 교회(종교)가 해결하고 극복해야 할 중요한 과제로 등장하였다.

따라서 이런 상황들은 결과적으로 협동조합이 기독교(또는 교회)와 그 시작을 함께할 수밖에 없었던 중요한 이유요 배경이 되었던 것이다. 그리고 무엇보다 기독교가 협동조합에 적극적일 수밖에 없었던 것은 기독교가 갖는 중요한 가치인 이웃 사랑과 형제애, 공동체성과 협동 정신, 그리고 평등사상을 실천하려는 것이었다고 하겠다.

그러면 기독교는 협동조합의 출발에 있어서 어떤 역할을 하게 되었는지, 그 과정들을 살펴보도록 하자. 참고로 초기 협동조합은 종교(기독교)의 이름으로나 종교 기관(교회)에 의해서 만들어진 것이 아니고(현대에 들어서는 종교 단체, 즉 교회나 기독교 기관의 이름으로 많은 협동조합들이 세워지고 있지만), 대부분 기독교 정신이나 기독교인들의 영향 아래 만들어진 것이었기 때문에 여기서는 그런 관점에서 내용을 정리하고자 한다.

1) 영국: 기독교 정신이 깃든 협동조합의 출발

우리가 이미 아는 대로 영국은 협동조합운동의 산실이다. 협동조합의 선구자로 협동 공동체를 시도했던 로버트 오웬(Robert Owen), 그리고 그를 이어 협동조합 사상을 정립하고 협동조합을 실제 조직한 윌리엄 킹(William King), 무엇보다 근대적 개념에서 최초 성공한 협동조합의 모델을 만들어낸 로치데일 공정선구자조합(Rochdale Society of Equitable Pioneers) 등은 모두 산업혁명이 시작된 영국과 관련되어 있다. 그런 측면에서 영국은 산업혁명의 근원지이면서 또 한편으로는 협동조합의 근원지라 할 수 있겠다.

영국에서는 기독교협동조합과 관련하여 고려해야 할 중요한 두 인물 그룹이 있는데, 하나는 윌리엄 킹이고, 또 한 부류는 기독교 사회주의자(Christian Socialist)들이다. 먼저 **윌리엄 킹**(William King)에 대해서 알아보도록 하자. 윌리엄 킹은 무엇보다 독실한 기독교인으로서, 기독교적인 가치와 정신에 따라 영국에서 협동조합운동을 시도한 사람이다.

그는 본래 목사가 되려고 했을 정도로 기독교 신앙에 헌신적인 사람이었다. 그러나 나중에 진로를 변경하여, 영국 케임브리지 대학을 졸업하고 의사가 된 후에 그는 빈민의 의사로 불릴 만큼 빈민에 대한 관심과 구제 활동에 열의를 가졌다. 그뿐만이 아니라 그가 의사로 활동하던 브라이튼(Brighton) 지역에서 형무소의 개혁 운동에 참여하는 등 사회를 변혁시키기 위한 운동에도 적극 가담하였다.[2] 그러던 중 윌리엄 킹은 로버트 오웬의 협동 사상을 접하게 되었고, 이에 대한 관심과 함께 사회 변혁을 위한 하나의 대안으로 협동조합운동을 시작하게 되었다.

윌리엄 킹은 먼저 1827년에 브라이튼에서 두 개의 협동조합 조직을 결성하였다. 하나는 협동조합에 필요한 자금을 모아 지원하기 위한 브라이튼 협동조합자선기금협회(Brighton Co-operative Benevolent Association)였고, 또 하나는 소비조합 형태를 갖춘 브라이튼 협동사업협회(Brighton Co-operative Trading Association)였다.[3] 협동조합자선기금협회(또는 '협동우애기금조합')는 협동조합에 가입하려고 하는 사람들을 돕고, 협동조합에 대한 지식을 확산시키기 위한 기금을 마련하는 것을 목적으로 하였고, 협동사업협회(또는 '협동사업조합')는 소매사업을

---

2) 윤형근, 『협동조합의 오래된 미래 선구자들』(홍성: 그물코, 2014), 68~69.
3) Arnold Bonner, *British Co-operation*(Manchester: Co-operative Union LTD. 1961), 23.

하여 이윤을 얻고, 그 남은 이윤을 조합을 정착시키기 위한 자본금으로 활용하기 위해서 설립되었다.

그러나 무엇보다 윌리엄 킹이 협동조합의 역사에서 크게 기여한 점은 1828년에 월간지 「협동조합인」(The Co-operator, 1828~1830)을 발간하여, 협동조합 사상을 널리 보급하였다는 사실이다. 그가 여기서 협동조합에 대해 기술하고 있는 내용들은 대부분 상식(common sense)과 기독교 정신(Christianity)에 근거한 것들이었으며, 그런 내용들은 당시 영국에서 협동조합운동이 더욱 심도 있고 지속적으로 진행될 수 있도록 하는 데 큰 영향력을 발휘하였다. 특별히 킹의 협동조합 사상은 1884년 근대 최초의 성공적 협동조합인 로치데일 협동조합이 만들어지는 데도 지대한 영향을 미쳤다.[4]

윌리엄 킹은 당시 영국 사회의 빈곤과 질병과 범죄 현상은 경제 사회적 체제에 기인한 것으로 보았다. 그러나 그는 당시 노동자들이 자신들의 능력으로 이런 문제들을 극복해낼 수 있다고 확신하면서, 그 처방은 노동자들의 손안에 있다고 주장하였다. 그것은 바로 노동자들 스스로가 협동하여 만들 수 있는 협동조합(Co-operation)이었다. 한 명으로는 할 수 없지만 여러 사람이 함께하면 할 수 있다는 것이다.

킹은 「협동조합인」을 통해서 협동조합의 목적과 방법론 등에 대해서 언급을 하고 있다. 먼저 협동조합의 목적은 첫째로 빈곤에 대항해서 조합원들 스스로가 서로를 보호하고(빈곤에 대한 조합원 상호 간의 보호), 둘째로 노동자들이 보다 안락한 생활을 할 수 있도록 하며(필요한 생활물자의 더 많은 확보), 셋째로 공동자본을 통해서 노동자들이 독립(자립)할 수 있도록 하는 것(공동자본을 통한 독립의 달성)이다.[5]

---

4) 위의 책, 23.
5) 김형미, "협동조합운동에 스며든 기독교 사상", 14. 윤형근, 『협동조합의 오래된 미래 선

그리고 협동조합을 위한 방법론으로는 먼저 자본금을 모으고, 자본금이 충분해지면 공동매장을 만들어 이익을 내고, 이런 자본들이 커지면 공장을 만들어 조합원들의 일자리를 창출할 수 있도록 한다. 그리고 모든 자산은 공동 자산으로 한다. 조합원 중 누가 병들게 되면 공동경비로 치료하도록 하고, 자본이 충분해지면 토지를 구입하여 조합원들 스스로 경작하고 필요한 것들을 생산하도록 하는 공동체를 이룩한다. 노인과 과부를 공동체가 돌보고, 아이들은 공동비용으로 교육한다.

이러한 공동체의 도덕적 종교적 원칙은 그리스도인이 되어야만 한다. 이 공동체는 "네 이웃을 네 자신과 같이 사랑하라."라는 토대 위에 세워졌다. "그러므로 이런 공동체는 아무에게나 맞는 것이 아니고 그리스도인에게 적합한 곳이다. 보통 생활에서 사람들이 이 원칙(네 이웃을 네 자신과 같이 사랑하라.)을 실천한다는 것은 불가능하다. 우리는 우리 자신을 먼저 사랑하고, 그다음에 이웃을 사랑한다. 그러나 공동체 안에서 우리의 관심은 자신의 안정보다는 공동체가 보다 나은 안정을 갖도록 하는 것이다."(The Co-operator, No. 1.)[6]

이러한 윌리엄 킹의 협동조합에 대한 사상은 "자신의 협동조합을 기독교의 가르침(Christian doctrine)에 철저하게 근거한 것"[7]이라고 할 수 있다. 그가 활동하던 초기 1828년에는 4개에 불과하던 협동조합이 1829년에는 영국에 130개의 협동조합이 세워지고, 1830년에는 약 300개의 협동조합이 세워질 정도였다.[8]

구자들』, 71.
6) Arnold Bonner, *British Co-operation*. 25.
7) 위의 책, 26.
8) George Douglas Howard Cole, *A Century of Co-Operation*, 정광민 역, 『영국 협동조합의 한 세기』(홍성: 그물코, 2015), 63. 그러나 이런 협동조합들은 1830년대를 넘기면서 대부

다음으로 영국의 협동조합과 관련하여 생각해 보아야 할 그룹은 기독교 사회주의자(Christian Socialist)들이다. 이들은 당시 팽배해가고 있던 무신론적인 사회주의운동에 대한 염려와 함께 이를 비판하면서, 사회주의운동을 기독교 신앙과 정신에 입각한 운동으로 바꾸려고 했었던 사람들이다.[9] 기독교 사회주의자들은 당시 영국 사회의 빈곤 문제를 기독교적 박애 정신으로 해결할 수 있다는 입장을 가졌다. 따라서 "하나님의 부성(父性)과 인류의 동포성에 근거한 자발적 협동, 개심(改心), 성격의 개혁, 부의 청정화(淸淨化), 산업의 인류애화, 그리고 재산은 하나님께서 전 인류의 행복을 위해 맡긴 것(청지기직)"이라는 사실을 교육함으로써, 당시 사회적 문제를 극복할 수 있다고 보았다.[10]

기독교 사회주의자들은 주로 성직자와 법률가로 이루어졌는데, 대표적인 인물들로는 당시 젊은 법정 법률가였던 존 말콤 루들로우(John Malcolm Ludlow), 런던 킹스 칼리지(King's College)의 신학 교수였던 프레드릭 모리스 목사(Rev. Frederick D. Maurice), 찰스 킹슬리 목사(Rev. Charles Kingsley), 그리고 토마스 휴즈(Thomas Hughes)와 에드워드 닐(Edward Vansittart Neale) 등이 있다.[11]

『영국의 협동조합』(British Co-operative)이란 책을 저술한 아놀드 보너(Arnold Bonner)는 자신의 저서에서 기독교 사회주의자들에 대해 다

분 문을 닫게 되는데, 여기에는 조합이 정치 운동에 이용되고, 법인격(법인) 체제를 제대로 갖추지 못하여 각종 부정이 끊임없이 이어지고, 외상 판매 등으로 인한 자금 문제로 조합의 정상적 운영이 불가능한 데 기인하였다. 협동조합 역사에서 초기의 경험 미숙과 제도의 불완전함 등이 가져온 결과라고 하겠다. 윤형근, 『협동조합의 오래된 미래 선구자들』, 81~82.
9) 김형미, "협동조합운동에 스며든 기독교 사상", 19.
10) 임영선, 『협동조합의 이론과 현실』(서울: 한국협동조합연구소, 2014), 33.
11) 모리스 목사와 킹슬리 목사는 영국의 국교회인 성공회 소속으로 한국에서는 목사라 부르지 않고 신부로 부른다. 성공회는 개신교회에 속하는 교파다.

음과 같이 기술하고 있다.

> 그들은 당시의 모든 악이 기독교인의 의무(Christian obligations)가 사람과 사람 사이에서, 특별히 경제적 관계에서 무시됨으로 인해 일어나는 것으로 믿었다. 그들은 이기심과 경쟁을 비판하면서, '하나님의 질서'(God's order), 즉 상호 간의 사랑과 교제(fellowship)의 질서가 이루어져야 함을 간절히 바랐다. 그것은 곧 그리스도 아래서 실제 살아 있는 공동체(an actually living community)인데, 그 안에서는 어떤 한 개인이 자신의 소유에 대하여 권리를 주장하지 않고, (서로 간에) 영적인 교제와 실제적인 협동이 이루어지는 곳이다.[12]

이들은 이런 공동체가 협동조합을 통해서 실현 가능하다고 생각하였다. 그래서 이들은 생산자협동조합에 깊은 관심을 가지고 이를 실천하였는데, 특별히 노동자들의 자발적인 생산자협동조합을 설립하여 노동자들을 돕는 일에 힘을 기울였다.

이들이 협동조합 역사에서 이룬 큰 공헌 가운데 하나는 1852년 "산업공제조합법"(Industrial and Provident Societies Act)을 제정하여, 의회에서 승인을 받은 것이었다. 이 법은 이전에 협동조합이 보장받았던 모든 권한을 그대로 유지하면서, 생산자조합과 소비자조합운동을 자유롭게 할 수 있는 법적 근거가 되었다. 즉 이 법은 협동조합이 최초 승인된 법적 지위와 함께 그들의 자금을 보호받을 수 있도록 함으로써, 협동조합의 안정성과 함께 협동조합이 보다 활성화될 수 있도록 하였다. 그리고

---

[12] Arnold Bonner, *British Co-operation*, 61.

또 하나 이들의 기여는 1854년부터 '노동자대학'을 만들어 노동자들에 대한 교육을 하는 일에도 힘을 쏟았다는 것이다.

보통 기독교 사회주의자들의 주요 활동 시기는 1848년부터 1854년까지 약 7년으로 본다. 그러나 이들이 기독교 정신으로 사회를 개혁하고자 했다는 점, 그리고 그것을 위해서 협동조합운동에 적극적으로 참여하고, 이를 통해서 당시 빈민들과 노동자들의 삶을 개선하고자 했다는 점은 협동조합의 역사에서나 교회의 역사에서 매우 의미가 크다고 하겠다.

참고로 1844년 영국에서 설립된 로치데일 협동조합은 소비자 중심의 협동조합이었다. 그 후 영국 협동조합은 소비자협동조합을 중심으로 하여 발전하게 되는데, 1863년에는 맨체스터(Manchester) 도매협동조합이 설립되고, 이어서 1868년에는 영국 북부의 스코틀랜드 도매협동조합(Scottish Co-operative Wholesale Society)이 만들어진다. 영국의 협동조합 역사를 보면 주로 소비자협동조합이 중심이 됨으로써 다른 형태의 협동조합은 크게 발전하지 못하게 된 것을 볼 수 있다. 1877년까지 영국의 협동조합은 1,661개로 늘어났고, 약 100만 조합원을 보유하게 되었다.[13]

2) 프랑스: 기독교(가톨릭) 신앙 위에 세운 생산자협동조합

영국은 기독교 내에서도 성공회(Anglican 또는 Episcopal Church)가 국

---

13) Stefano Zamagni and Vera Zamagni, *La Cooperazione,* 송성호 역, 『협동조합으로 기업하라』 (서울: 한국협동조합연구소, 2013), 49.

교로 인정된 나라다.14) 그러나 프랑스는 가톨릭교회를 주로 믿는다. 따라서 프랑스의 정치, 문화, 사회는 자연스럽게 가톨릭의 영향을 받을 수밖에 없었다.

프랑스에서 일어난 협동조합운동 역시 마찬가지였다. 프랑스에서는 먼저 유토피아 사회주의자(또는 공상적 사회주의자, Utopian Socialist)들이라고 불리는 생시몽(Claude Henri Saint-Simon, 1760~1837)과 푸리에(Charles Fourier, 1772~1837) 등에 의해서 산업혁명과 자본주의로 인한 실직과 빈곤, 착취에 대항하여 이를 극복하고자 하는 협동적 공동체를 실현하고자 하는 운동이 있었다.15) 그러나 이들의 시도는 성공하지 못했다.

그 후 프랑스 협동조합운동과 관련하여 중요한 인물이 등장하는데, 그가 바로 필립 뷔세(Philippe Buchez, 1796~1865)다. 프랑스는 1789년에 시작된 프랑스혁명(1789~1794)을 통해서 절대왕정을 타도하고 새로운 사회 질서를 형성하게 되는데, 이제 왕족과 귀족의 지배 체제가 끝이 나고 자본가 계급이 새롭게 등장하게 된 것이었다. 그런데 이 시기 프랑스에서는 산업혁명이 계속 진행되면서 다시 자본가와 임금노동자들 사이에 계급적 분화가 일어나면서 사회적 갈등이 싹트게 되었다.16) 그리고 이런 과정에서 노동자들은 차츰 가난해지고, 빈부 격차와 불평등은 더욱 심화되었다.

그리고 결국 프랑스에서의 이런 노동자들의 환경은 역설적이게도 프랑스에서 노동자들을 중심으로 하는 생산자협동조합을 태동케 하

---

14) 원래 영국은 로마 가톨릭교회에 속하여 로마 교황청의 지도와 감독을 받았었다. 그러나 1534년 영국 국왕이었던 헨리(Henry) 8세가 로마 가톨릭교회와 결별을 선언하고, 영국의 교회를 성공회로 부르고, 이를 국교로 삼게 되었다.
15) 윤형근, 『협동조합의 오래된 미래 선구자들』, 142~160 참조.
16) 위의 책, 142.

는 배경이 되었다. 이는 영국이 로치데일 협동조합 등 소비조합을 중심으로 발전하게 된 것과 대조적인 모습이라 하겠다.

"프랑스 생산자협동조합의 창시자"[17]라고 불리는 필립 뷔세는 1796년 아르덴(Ardennes) 주에서 태어났으며, 생시몽의 사상을 접하고 그로부터 많은 영향을 받게 되었다. 그러나 그는 생시몽의 사상과 함께 그것을 가톨릭 신앙에 근거하여 실천하고자 하는 입장을 가졌다. 그런 의미에서 그는 가톨릭 사회주의자라고 할 수 있다.[18]

그는 노동자들의 비참한 현실을 보면서 노동자들의 조직에 관심을 갖게 되었고, 1831년에는 「유럽인」(L'Européen)이라는 잡지를 발간하여 자신의 사상을 전파하였다. 그는 노동자들이 협동조합을 통해서 노동자와 자본가 사이에 존재하는 차별을 극복해 낼 수 있다고 보았다. 그러면서 그는 실제 노동자생산조합을 조직하였는데, 1831년에는 가구공들의 생산자협동조합을, 1834년에는 금세공협동조합을 설립하기도 하였다.[19]

그는 협동조합이 타의에 의해서 강제되거나 강요되어서는 안 되고 노동자들의 자발적인 의사에 따라서 조직되어야 하며, 또한 그것은 기독교의 형제애를 바탕으로 하여 만들어져야 하고, 이를 통하여 노동자들이 자유롭고 더욱 나은 삶을 살아야 한다고 주장했는데, 이런 것들은 그가 가진 가톨릭(기독교)의 신앙관에서 비롯된 것들이라 할 수 있겠다.[20]

---

17) 위의 책, 169.
18) 필립 뷔세는 사회주의적 가톨릭(가톨릭 사회주의)의 창시자(a founder of social Catholicism)라고 불리기도 한다. 영국의 기독교 사회주의자들이 기독교 신앙으로 사회의 변혁을 시도한 것과 같은 흐름이라고 볼 수 있겠다.(가톨릭과 개신교는 큰 틀에서 기독교 안의 그룹들이다.)
19) 윤형근, 「협동조합의 오래된 미래 선구자들」, 164.
20) 위의 책, 165~166.

그 외에도 필립 뷔세는 생산자협동조합을 위한 규정들을 만들기도 했는데, 거기에는 민주적 방법의 선출, 급료, 잉여금의 분배, 잉여금의 적립, 조합의 자본을 관리하는 기준들을 담고 있다.

필립 뷔세는 기독교 사상에 입각한 사회의 개혁을 추진하였고, 그 하나의 방법으로 생산자 중심의 협동조합을 실현하였다. 그 후 이런 그의 실천은 프랑스뿐만 아니라 영국의 생산자협동조합에도 영향을 미쳤고, 특별히 영국의 기독교 사회주의자였던 루들로우(John Malcolm Ludlow)는 뷔세가 설립한 협동조합을 직접 방문하여 살펴보고 이를 영국의 생산자협동조합을 설립하는 데 적용하기도 하였다.

참고로 그 후 프랑스의 노동자협동조합 역사를 보면, 1848년 파리에만 255개 노동자 단체가 만들어졌으며, 1884년에는 노동자들의 생산협동조합 자문협의체가 구성되었고, 1904년에는 359개 조합이 결성되었다.[21]

3) 독일: 기독교(루터교) 정신 위에 세운 신용협동조합

독일은 1517년 종교개혁을 통해서 로마 가톨릭교회와 결별하고 개신교회로 새롭게 출발한 나라다. 독일 출신의 종교개혁가 마틴 루터(Martin Luther)를 통해 독일은 루터의 신학과 사상을 토대로 한 루터교가 국가의 중심 종교가 되었던 것이다. 이런 배경에서 독일의 협동조합 역시 기독교적 영향을 받을 수밖에 없었다.

독일은 협동조합에서 무엇보다 신용협동조합이 발달한 곳이다. "19세기 중엽 이후 독일은 도시나 농촌을 불문하고 신용협동조합이

---

21) Stefano Zamagni and Vera Zamagni, *La Cooperazione*, 49.

협동조합운동의 주류"를 이루었으며, "신용협동조합이야말로 독일 협동조합운동을 대표한다"고 할 수 있다.22)

19세기 중엽 이후 독일은 산업혁명의 여파로 도시나 농촌을 막론하고, 여러 가지 부작용을 겪고 있었다. 무엇보다 중산 계급으로 등장한 도시 수공업자나 상인, 그리고 농촌의 소농(小農)들은 대자본의 힘 앞에서 무너져가고 있는 실정이었다. 적은 자본으로 이런 대자본을 대항할 수가 없었던 것이다. 그 결과 많은 사람들이 고리대금업의 피해를 당할 수밖에 없었고, 이런 상황은 독일 중산층의 소요 자금을 해결해 줄 수 있는 신용기관을 필요로 하게 된 것이다.23)

이런 상황에서 독일의 신용조합(Credit Union)은 두 가지 형태로 발전하게 되었다. 하나는 슐체 델리치(Franz Hermann Schulze-Delitsch, 1808~1883)가 시도한 도시를 중심으로 하는 신용협동조합이요, 다른 하나는 라이파이젠(Friedrich Wilhelm Raiffeisen, 1818~1888)이 시도한 농촌을 중심으로 한 신용협동조합이었다.24)

슐체 델리치는 도시 지역의 수공업자들이 고리채로 인해서 고통을 당하는 것을 보며, 이들의 자금 문제를 해결해 주기 위해서 1852년에 신용협동조합을 만들어서 필요한 자금을 조합원들에게 대출해 주도록 하였다. 이것이 도시

라이파이젠

---

22) 윤형근, 『협동조합의 오래된 미래 선구자들』, 180.
23) 위의 책, 180~181.
24) 슐체 델리치와 라이파이젠은 '독일의 근대적 협동조합 체제를 만든 인물들'이다.
Gunther Aschhoff and Eckart Hemmingsen, *The German Cooperative System: Its History, Structure and Strength*(Frankfurt: Fritz Knapp Verlag, 1996), 19.

신용협동조합의 시초가 되었다.

그러나 기독교협동조합과 관련하여 중요한 인물은 라이파이젠이다. 당시 독일의 농민들은 영농자재의 외상값과 고리채 자본의 수탈로 인해서 많은 고통을 당하고 있었다. 이를 목격한 라이파이젠은 어려운 농민들을 돕기 위한 방법을 찾다가 1849년 '빈농구제조합'을 설립하였다. 그는 이 조합을 통해서 조합이 먼저 가축을 구입하여 그것을 농민들에게 양도하고, 농민들은 그 대금을 5년 동안 분할 상환하도록 하여 농민들의 부담을 크게 줄여주었다.[25] 이제 농민들은 고리채보다 낮은 금리로 가축이나 농기구, 농자재 등을 구입할 수 있게 되었다.

라이파이젠이 이렇게 어려운 농민들을 돕기 위한 방법으로 신용협동조합을 설립하게 된 배경에는 그의 기독교 신앙이 밑바탕에 있었다. 그는 경건한 신앙을 가진 어머니 밑에서 기독교 신앙 교육을 받으며 자랐고, 특별히 교회 지도자인 자이펠(Georg Wilhelm Heinrich Seippel) 목사의 영향을 많이 받았다. 이런 배경이 그로 하여금 이웃에 대한 사랑과 기독교 신앙을 실천하도록 하는 원동력이 되었던 것이다.

1853년에는 헷데스도르프(Heddesdorf)에서 헷데스도르프 복지조합을 창립하였는데, 그는 여기서 조합의 목적을 다음과 같이 진술하고 있다.

> 물질적인 행복의 향상을 통하여 복지도 이루어진다는 생각에서 우리 조합은 물질적인 행복을 위한 활동과 더불어 활동 분야를

---

25) 임영선, 『협동조합의 이론과 현실』, 44~45.

가능한 한 확대하는 것을 목적으로 한다. 특히 몸을 의지할 곳이 없는 고아들의 보육과 교육, 나태한 부랑아나 형량이 남은 전과자에 대한 직업 알선, 가난한 농가에 대한 가축의 보급, 그리고 혜택을 받지 못한 하층민을 위한 신용금고의 설립으로 활동 영역을 넓혀야 한다.[26]

헷데스도르프 복지조합은 11년 후인 1864년에 헷데스도르프 대부조합으로 바뀌게 된다. 이런 과정 가운데 우리는 복지조합을 통해서 라이파이젠이 어떤 사상과 사명을 가지고 협동조합을 하게 되었는가를 깊이 확인할 수 있다. 그것은 기독교 신앙에서 우러난 이웃 사랑의 실천이었다.

1869년부터 라이파이젠은 조합을 여러 개로 분할하여, 가능한 한 교구나 마을 단위까지 협동조합이 세워지도록 하여, 더 많은 사람이 조합의 혜택을 받을 수 있도록 정책을 추진하였다. 그리고 1872년에는 라인 농업협동조합은행을 설립하여, 각 조합의 자금 수급에 어려움이 없도록 하기도 하였다. 1876년에는 독일농업신용중앙회가 결성되기도 했는데, 이것은 후에 독일 라이파이젠 은행으로 이름이 바뀌었다. 그 후 1910년에는 조합 수가 15,517개에 다다랐고, 조합원 수는 260만 명이나 되었다.[27]

독일의 협동조합 역사를 종합하면, 독일은 이미 언급한 대로 신용협동조합이 성공적으로 이루어진 나라이다. 거기에 비해 소비자협동조합은 매우 약한 상황이었다. 1913년 독일 전체 협동조합은 약 35,000

---

26) 윤형근,『협동조합의 오래된 미래 선구자들』, 209~210.
27) Stefano Zamagni and Vera Zamagni, *La Cooperazione*, 50.

개의 협동조합에 600만 조합원을 둘 정도로 발전하였다. 그리고 이후에도 계속 성장하여 1933년에는 약 5만 개의 조합에 900만 명의 조합원이 활동하였다.

그러나 이런 추세는 나치 치하에서 통제를 받으면서 급격히 약화되었다가, 제2차 세계대전 무렵에는 거의 모든 협동조합들이 해체되고 말았다. 그러나 2차 대전 후 다시 독일 신용협동조합이 재건되어, 2000년대를 지나면서 현재 약 1,300개의 협동조합은행 아래 14,500개의 지점과 함께 1500만 조합원을 이루고 있다.[28]

4) 덴마크: 농업협동조합

그룬트비 목사

덴마크 역시 유럽의 다른 나라들과 마찬가지로 기독교가 국교인 나라다. 특별히 종교개혁 이후 독일 루터의 영향으로 형성된 루터교가 덴마크의 주된 종교가 되었다. 우리가 덴마크 하면 쉽게 떠오르는 인물이 '덴마크 중흥의 아버지'라 불리는 니콜라이 프레데릭 세베린 그룬트비(Nikolai Frederik Severin Grundtvig, 1783~1872) 목사다. 그룬트비 당시의 덴마크는 경제적으로나 사회적으로 매우 비참한 상황에 처해 있었다. 프러시아(현 독일)와의 전쟁에 패배하여, 막대한 배상금을 물어주어야 했으며, 국가 경제는 중앙은행이 파산할 정도로 파탄 지경에 이르렀으며, 그 결과 국민들은 희망을 잃고 좌절하고 있었다.

---

28) 위의 책, 92~93.

그룬트비는 당시 루터교 목사로서 이런 국가적 어려움을 목도하면서, 그것을 극복할 방안을 찾기에 골몰했다. 그 결과 그는 덴마크가 이 위기를 극복할 수 있는 방법은 국민들에 대한 의식개혁 운동과 함께 농촌을 부흥시키는 운동을 전개하는 것이라고 보았다. 그래서 그는 교육을 통해서 국민 의식을 개혁하고(국민고등학교 설립),[29] "하나님을 사랑하자, 이웃을 사랑하자, 땅을 사랑하자"라는 삼애(三愛)정신을 제창(提唱)하였다.

그러면서 그는 농촌 부흥을 위해서 낙농 사업을 보급함으로써 덴마크를 낙농 선진국으로 만드는 데 그 발판을 놓았다. 무엇보다 그는 낙농 기술을 보급하기 위해서 덴마크의 목사들을 먼저 설득하였고, 그 결과 각 지역의 교회가 낙농 기술을 가르치는 교육 장소가 되었으며, 이렇게 하여 덴마크는 교회를 중심으로 하여 새로운 농업 부흥 운동이 전개되었던 것이다.

덴마크 농업협동조합은 이런 배경에서 태어났다. 그룬트비는 학교를 세우는 일과 함께 농민들을 설득하여 농업협동조합을 세우도록 하였다.[30] 이런 과정 속에서 탄생한 덴마크 최초의 농업협동조합은 낙농업협동조합이었다. 이것은 1882년 닐센(Neilsen)에 의해서 덴마크 서부에 있는 예딩(Hjedding)에서 결성되었다. 이 낙농협동조합은 1인 1표제를 시행하여 민주적 협동조합제도를 발전시켰고, 조합원들에게 출자금보다는 원유납입실적에 따른 배당제도를 시행함으로써 조합

---

[29] 국민고등학교는 덴마크의 성인 국민들이 자발적으로 입학하여 함께 먹고 자고 일하고 배우는 성인 기숙학교였다. 이곳을 통해서 당시 수많은 덴마크 국민들이 새로운 희망을 갖게 되었고, 자신들의 의식을 개혁하게 되었으며, 이는 곧 덴마크 전체에 커다란 영향을 미치게 되었다. 덴마크에서 협동조합운동이 가능했던 것도 국민고등학교 교육을 통해서였다. Henning Ravnholt, *The Denish Co-operative Movement*(Copenhagen: Det Danske Selskab, 1947), 12~16. John W. Rutchinson, *The Cooperative Movement in Denmark*(London: Forgotten Books, 2017), 24~32.

[30] Stefano Zamagni and Vera Zamagni, *La Cooperazione*, 50.

의 발전에 긍정적인 기여를 하도록 하였다.[31] 그 후 낙농협동조합은 1900년까지 약 1,000개 이상의 조합으로 발전하였다.

이외에도 덴마크에서는 1887년에는 베이컨가공협동조합이, 1895년에는 계란판매협동조합이, 1906년에는 청과물판매협동조합이 조직되었으며, 1906년부터는 구매협동조합이 설립되기 시작하여 1907년까지 약 800개의 구매조합이 만들어졌다.[32] 그리고 협동조합 연합체도 결성되게 되는데, 1889년에는 덴마크의 모든 협동조합을 대표하는 덴마크협동조합중앙위원회가 창설되었으며, 1901년에는 낙농업 분야에서의 협동조합 연합체인 덴마크낙농가협동조합연합이 결성되었다. 그 후 지금까지도 덴마크의 농업협동조합은 활발한 활동을 이어오면서, 지구상에서 농업협동조합이 잘 발달한 나라로 인정을 받고 있다.

참고로 덴마크에서는 농업협동조합 이전에 1866년 7월 덴마크 역사상 최초의 협동조합이 세워지게 되는데, 그것은 '티스테드 노동자 소비조합'(Thisted Arbejderforening)이었다. 이 조합의 설립자 역시 당시 기독교(루터교) 목사인 한스 존네(Hans Christian Sonne, 1817~1880)로서, 기독교 신앙과 정신 위에서 이 협동조합을 세우게 된 것이다. 이 협동조합은 영국 로치데일 공정선구자조합의 원칙을 도입하여 적용함으로써, 로치데일 조합의 정신을 덴마크에 소개하였으며, 더 나아가서는 덴마크 협동조합의 선구자들에게 큰 영향을 주었다는 점에서 덴마크 협동조합의 역사에 소중한 가치와 의의가 있다고 하겠다.[33]

---

31) 이명수, "덴마크 농업의 이해", 『세계농업』 제151호(2013. 3), 10.
32) 임영선, 『협동조합의 이론과 현실』, 47~48.
33) 김형미, "한국 생활협동조합의 기원 - 식민지 시대의 소비조합운동을 찾아서", 아이쿱 협동조합연구소 편, 『한국 생활협동조합운동의 기원과 전개』(파주: 도서출판 푸른나무, 2012), 44~45.

5) 이탈리아: 사회적 협동조합

이탈리아는 가톨릭 국가다. 우리가 잘 아는 이탈리아의 수도 로마는 가톨릭교회의 교황청이 있는 곳이기도 하다. 가톨릭교회는 유럽의 역사에서 종교적인 영역뿐만 아니라 당대의 사회에 언제나 막강한 영향력을 가지고 있었다. 특별히 1891년 교황 레오 13세(Leo XIII)가 공포한 "노동헌장"(Rerum Novarum, "새로운 사태")은 근대 노동자조합운동과 관련하여 중요한 기여를 하게 되었다. 당시 노동자들의 삶은 자본의 착취로 말미암아 매우 힘든 상황에 처해 있었다. 교황 레오 13세는 이런 상황에 깊은 관심을 가지고 교회가 사회에 보다 적극적으로 관심을 가지고 참여해야 할 것을 이 문서를 통해서 공식적으로 밝힌 것이다. 특별히 이 문서는 노동자들의 삶을 개선하기 위한 노동자조합의 중요성을 언급함으로써, 교회가 노동자조합의 결성과 발전에 새로운 변화를 가져올 수 있도록 하였다.

이탈리아의 협동조합에 대해서는 그 역사를 간단히 살펴보고, 최근 이탈리아에서 가톨릭 사상을 배경으로 하여 시작된 사회적 협동조합에 대해서 알아보도록 하겠다.

이탈리아의 초기 협동조합운동은 1800년대 중반에 유럽에서 일어난 다양한 협동조합의 영향을 받으면서 시작되었다. 즉 영국 로치데일의 소비자협동조합, 프랑스의 노동자협동조합, 독일의 신용협동조합운동 등은 자연스럽게 이탈리아의 협동조합운동에도 상당한 영향을 주게 된 것이다.

이탈리아의 최초 협동조합은 1854년 토리노(Turin)에서 소비자협동조합으로 시작되었다. 그러나 이 협동조합은 오래가지 못하고 사라지고 말았다. 그것을 이어서 등장한 것이 공제조합(mutual aid society)이었는데, 이것은 지역을 기반으로 하여 자산을 출연한 사람들이 서로를 돕는 형태로 이루어졌다. 그리고 이런 형태는 차츰 신용조합으로 발전해 나갔다. 1880년에 이탈리아의 신용협동조합은 약 140개 정도로 늘어났었다.

1856년에는 이탈리아의 최초 노동자협동조합이 사보이 왕국의 소도시인 알타레(Altare)에서 유리를 만드는 노동자들에 의해 결성되었다. 그리고 1882년에는 그해 제정된 상법(Commerce Code)에 의해서 협동조합이 국가로부터 정식 공인을 받았고, 조합의 1인1표제의 민주적 원칙 등이 인정을 받게 되었다. 1890년에는 이탈리아에 신용협동조합을 제외한 전체 조합이 1,190개 정도 되었다.[34]

그리고 1900년대를 지나면서는 정부의 지원과 가톨릭교회의 사회적 참여 등으로 이탈리아의 협동조합운동은 더욱 활기를 띠게 되는데, 1910년에는 약 7,400개 정도의 협동조합과 100만 명이 넘는 조합원이 협동조합에 참여하게 되었다. 그리고 1920년대에 이르러서는 협동조합이 15,000개에 달할 정도로 발전하였으나, 무솔리니를 비롯한 파시스트(fascist)들의 등장과 함께 이들의 협동조합에 대한 공격과 파괴 공작으로 인해서 1922년부터 이탈리아의 협동조합은 내리막길을 걷게 되었다.

그러나 제2차 세계대전 후 이탈리아 공화국의 등장과 함께 다시 협동조합은 재건과 발전을 거듭하면서, 이탈리아 통계청 자료에 의하면 2001년 이탈리아의 협동조합 수는 53,393개에 달하고, 거기서 일하는 노동자의 수는 935,239명에 이른다. 특별히 이탈리아 북부에 위치한 볼로냐(Bologna)는 오늘날 대표적인 협동조합 도시로 유명하

---

34) Stefano Zamagni and Vera Zamagni, *La Cooperazione*, 105~196.

다.[35]

이미 언급했듯이 이탈리아에서의 협동조합, 특별히 노동자협동조합은 가톨릭교회의 지지와 협력이 매우 중요한 원동력으로 작용했음을 보았다. 그러나 이탈리아의 협동조합에서 더욱 중요한 것은 가톨릭 신앙과 정신에 기반하여 최근 일어난 사회적 협동조합(Social Cooperatives)이다.

이미 제2장 협동조합의 역사에서 언급했듯이 사회적 협동조합은 1963년 이탈리아의 가톨릭 운동가인 주세페 필리피니(Giuseppe Filippini)에 의해서 시작되었다. 사회적 협동조합은 어린이나 노인, 장애인들을 위한 사회적 서비스(social service)를 제공하고, 일자리를 창출하여 제공하는 것을 목적으로 한다. 그러나 사회적 협동조합이 전통적 협동조합과 다른 특별한 점은 조합에 소속된 조합원들뿐만 아니라 그 밖의 사람들을 위해서도 활동을 한다는 점이다. 다시 말하면 전통적 조합이 조합원들만의 이익을 추구한다면, 사회적 협동조합은 조합을 뛰어넘어 사회 공동체의 이익을 위해서 역할을 한다. 조합의 활동 영역이 조합에서 조합 밖의 공동체로 확대되었다는 것이다.

이들은 또한 의사 결정도 서비스를 제공하는 조합원들에 국한하지 않고, 서비스를 받는 사람들, 그리고 더 나아가서는 지역 공동체의 대표들까지 참여토록 하여 조합의 공공성을 높이고 있다. 이들은 사회적 서비스를 두 가지 유형으로 나누어 시행하는데, A형 사회적 서비스를 제공하는 협동조합은 사회적 약자들을 대상으로 돌봄, 보건,

---

[35] 볼로냐의 협동조합에 관한 자세한 내용은 김태열 외 3인, 『협동조합의 도시 볼로냐를 가다』(충남 홍성: 그물코, 2014)를 참고하라. 이 소책자는 볼로냐의 협동조합들을 탐방한 내용을 정리하여 소개하고 있다.

교육, 체육 및 레크리에이션 서비스를 제공한다. 그리고 B형 사회적 서비스를 제공하는 협동조합은 장애인이나 어려운 처지의 사람들에게 일자리를 제공하는 것을 목적으로 하고 있다.[36]

협동조합이 협동조합만의 이익을 추구할 때, 그것은 때로는 반사회적이요 사회 공동체의 유익을 해치는 이기적 조직이 될 수도 있다. 그러나 사회적 협동조합은 자신의 조합뿐만 아니라 사회 전체 공동체를 생각하는 기독교 정신(이웃 사랑과 형제애)이 깃들어 있다는 점에서, 기독교협동조합의 역사에서 매우 의미 있는 시도라 하겠다.

2005년 이탈리아의 사회적 협동조합은 약 8,000개 정도에 이르고, 거기에 고용된 노동자 수는 약 250,000명(30,000명의 장애인을 포함하여)이며, 이들의 서비스를 받고 있는 사람은 400만 명에 이르고 있다.[37]

6) 스페인: 협동조합의 새 역사 몬드라곤

스페인의 협동조합운동은 19세기 중반인 1860년부터 시작되었다. 그 후 스페인에서는 소비자협동조합, 노동자생산협동조합, 주택연합조합 등 다양한 형태의 협동조합들이 등장하여 활동하였다.[38] 1914년에는 스페인 북부 바스크 지역을 중심으로 한 스페인 북부 협동조합연맹(Union of Cooperatives of the North of Spain, Unión de Cooperativas del Norte de España)이 결성되었으며, 이 연맹은 1922년에 신용협동조합을 설립하기도 하였다. 1917년에는 가톨릭교회가 중심이 되어 전국

---

36) 위의 책, 132.
37) Carlo Borzaga, Sara Depedri, and Riccardo Bodini, "Cooperatives: Italian Experience", 3.
38) Florence E. Parker and Helen I. Cowen, *Cooperative Associations in Europe and Their Possibilities for Post-War Reconstruction*(Washington: United States Government Printing Office, 1944), 239~240.

가톨릭농업연합(Confederacin Nacional Catlica-Agraria)을 조직하였는데, 여기에는 1,500개 지역의 21개 연합체가 모여 만들어졌으며, 조합원의 수는 200,000명에 달하였다.[39] 1928년에는 스페인 협동조합연합회(Federación nacional de cooperativas de España)가 결성되기도 하였고, 1920년대 스페인 인구가 2000만 명 정도 되었을 무렵, 당시 협동조합에 가입한 인원은 262,000명 정도 되었다고 한다.[40]

그러나 1939년 스페인의 독재자 프란시스코 프랑코(Francisco Franco)의 통치가 시작되면서, 스페인의 협동조합은 더 이상 발전이 어렵게 되었다. 민주적 운영체제를 추구하는 협동조합을 권력의 통제 아래 두려고 할 때, 협동조합이 발전할 수 없다는 것은 이미 독일의 나치 치하 등에서 공통적으로 볼 수 있는 현상이라 하겠다.

이런 과정을 지나 스페인의 협동조합, 더 나아가 세계 협동조합의 역사에 새로운 장을 여는 인물이 등장하게 되는데, 그가 바로 가톨릭 신부인 호세 마리아 아리스멘디아리에타(Jose Maria Arismendiarrieta, 1915~1976)였다. 스페인은 우리가 잘 아는 대로 전통적인 가톨릭 국가다. 이런 종교적 배경에서 호세 마리아 아리스멘디아리에타는 1915년 몬드라곤에서 약 50km 정도 떨어진 마르키나(Markina)라는 마을에서 태어났다. 그는 어린 시절부터 가톨릭 신앙 안에서 성장하였고, 후에 사제가 되기 위해서 신학을 공부하였다. 그러나 그는 당시의 일반 신부들과는 다르게 신학과 함께 사회적 문제나 사회운동에도 많은 관심을 가지고 적극 연구를 하였다.[41] 당시 교회의 분위기는 사제들이

---

[39] William F. Whyte and Kathleen K. Whyte, *Making Mondragon: The Growth and Dynamics of the Worker Cooperative Complex*(Ithaca and London: ILR Press, 1991), 19.
[40] Florence E. Parker and Helen I. Cowen, *Cooperative Associations in Europe and Their Possibilities for Post-War Reconstruction*, 240~241.
[41] William F. Whyte and Kathleen K. Whyte, *Making Mondragon: The Growth and Dynamics of the Worker Cooperative Complex*, 27~28.

개인의 영혼을 구원하고 돌보는 것이 사역의 전부라고 여겼었다. 그러나 호세 마리아 신부는 오늘로 말하면 사회 구원 또는 사회 복음(Social Gospel)에 대한 깊은 관심을 가졌던 것이다. 그래서 그는 신학을 마치고 계속 사회학을 공부하려고 했지만 주교의 거부로 뜻을 이루지 못하기도 하였다.

마침내 그는 1941년 2월 5일 스페인 북동부 바스크 지방에 위치한 몬드라곤(Mondragon)에 사제로 부임하게 되었다. 당시 그의 나이 25세였을 때다. 그는 부임하고서 줄곧 지역주민들의 삶에 관심을 가지고 보다 나은 삶을 위한 방법을 찾기에 분주했다. 특별히 청년들에 대한 관심으로 1943년 이들을 위한 직업기술학교를 만들어서 청년들에게 기술교육을 시작하였다.

그의 이런 헌신적인 교육은 마침내 몬드라곤에 새로운 역사를 만들었다. 직업기술학교 출신 중 다섯 명이 뜻을 합하여, 1956년 몬드라곤 최초의 노동자생산협동조합인 울고(ULGOR)를 탄생시킨 것이다.[42] 울고는 처음 요리와 난방을 위한 스토브(cooking and heating stove)를 생산하여 판매하였다. 그러나 차츰 사업이 발전하면서 그 규모는 크게 확장되었다. 오늘의 몬드라곤 협동조합은 이렇게 소수의 노동자들을 중심으로 한 조그만 협동조합으로 출발하였는데, 지금은 세계 협동조합의 역사에서 가장 성공적인 모델로 발전한 것이다.[43]

---

42) 울고(ULGOR)는 최초 협동조합을 만든 다섯 사람의 이름 첫 자를 따서 만들어졌다. 그 다섯 명의 이름은 Usatorre, Larrañaga, Gorroñogoitia, Ormaetxea, Ortubai(Luis Usatorre, Jesús Larrañaga, Alfonso Gorroñogoitia, José María Ormaechea, Javier Ortubay)이다. Iñazio Irizar and Greg MacLeod, *32 Claves Empresariales de Mondragon*, 송성호 역, 『몬드라곤은 어떻게 두 마리 토끼를 잡았나』(서울: 협동조합 착한책가게, 2016), 33.

43) Jonston Barchall, *The International Co-operative Movement*(Manchester: Manchester University Press, 1997), 98~99.

호세 마리아 신부는 노동자생산조합 울고를 만든 후 다시 1959년에 협동조합은행인 노동인민금고(Caja Laboral)를 설립하였다. 이 은행의 주요 목적은 노동자생산협동조합과 기타 협동조직들을 설립하고 확장하는 일에 지원을 하는 것이었다. 그리고 노동인민금고는 은행의 기능과 함께 조합원에 대한 사회보장에 관한 사업을 하게 되었는데, 여기서 조합원들의 의료와 퇴직 후 연금 등에 관한 업무는 후에 사회보장협동조합인 라군아로(Lagun Aro)의 설립으로 이어졌다(1967년).

호세 마리아 신부

다음으로 1969년에는 소비자협동조합인 에로스키(Eroski)가 만들어지는데, 이것은 소비자협동조합이지만 소비자뿐만 아니라 여기서 일하는 노동자들이 함께 조합원으로 참여하는 혼합 형태의 조합 방식으로 구성되어 있다.

1974년에는 이켈란(Ikerlan) 기술연구소가 설립되고, 1987년에는 두 번째 기술연구소인 이데코(Ideko)가 세워지면서, 생산과 함께 연구 활동을 병행함으로써 협동조합의 발전을 더욱 진전시켰다. 그리고 1997년에는 몬드라곤 대학교를 세움으로써, 지역사회에 대한 교육적 기여를 하고 있다.

현재 몬드라곤에서 가장 주목받는 협동조합 기업은 스페인 최대의 가전제조업체로 자리잡은 파고르(Fagor), 대규모 유통업체로 성장한 에로스키, 그리고 스페인 금융기업 중 5위권 안에 드는 노동금고 등을 들 수 있다.[44] 몬드라곤은 세계사에서 협동조합이 어떤 일을 이

---

44) 김현대, 『협동조합의 도시』(파주: 도서출판 한울, 2013), 85~86.

룰 수 있는가를 오늘 우리에게 보여주는 생생한 사례라고 하겠다. 지금 몬드라곤 협동조합에는 266개의 협동조합 기업과 80,818명의 종업원, 15개의 기술연구소가 있으며,[45] 그 규모 면에서는 스페인에서 매출 9위, 고용 3위의 대기업이 되어 있다. 특별히 주목할 것은 2008년 세계 금융위기 속에서도 몬드라곤은 '단 한 명의 종업원도 해고하지 않은 기업'이었다는 점에서 오늘 우리 시대에 시사하는 바가 크다고 하겠다.[46]

몬드라곤은 기독교 신앙 위에 세워진 협동조합이다. 그리고 몬드라곤은 한 사람의 기독교 지도자가 얼마나 중요하며, 얼마나 위대한 일을 할 수 있는가를 우리에게 보여주고 있다. 호세 마리아 아리스멘디아리에타 신부는 오늘의 교회가 세상 속에서, 그리고 세상을 향하여 무엇을 해야 하고, 무엇을 할 수 있는지에 대한 하나의 방향을 제시해 주고 있는 것이다.

2. 북미 지역의 기독교협동조합

이제 유럽을 지나 북미 지역으로 시선을 돌려보자. 유럽인들이 새롭게 개척을 시도했던 신대륙에서 협동조합은 어떻게 시작되었고 그 자리를 잡았을까? 여기서 기독교는 협동조합과 어떤 관계를 갖고 어떤 영향을 주었을까?

---

[45] 몬드라곤 협동조합 홈페이지 https://www.mondragon-corporation.com/en/about-us/ 참조(2019. 1. 12).
[46] 김현대, 『협동조합의 도시』, 83~84.

1) 캐나다: 가톨릭 신앙과 신용협동조합

현재의 북미 대륙은 주로 유럽 이민자들에 의해서 새롭게 개척되고 세워진 곳이다. 따라서 북미 대륙은 자연스럽게 유럽에서 형성된 정치적, 경제적, 종교적 영향이 그대로 전이(轉移)될 수밖에 없었다. 당시 유럽 국가들의 종교는 신앙 형태에 있어서는 조금씩 차이가 있었을지라도 크게는 모두 기독교권에 속해 있었다. 그러므로 기독교는 신대륙에서도 역시 사회 전반에 걸쳐서 지대한 영향을 미치게 되었으며, 이것은 협동조합운동에 있어서도 예외가 아니었다.

> 캐나다의 협동조합운동은 19세기 중엽 이후 서부 평원과 해안 지방에서 발전하였다. 특히 서부의 곡창 지대에서 발전한 협동조합은 유럽에서 이민 온 사람들이 가져온 협동조합의 전통과 이미 싹트기 시작한 미국의 농업협동조합운동의 영향, 그리고 개척자들의 강력한 공동유대와 종교성이 기반이 되었다.[47)]

위에서 언급한 종교성이란 기독교 신앙과 정신을 말한다. 캐나다의 기독교협동조합과 관련하여 주목할 것은 퀘벡(Quebec) 주를 중심으로 하여 일어난 신용협동조합운동과, 캐나다 동부 해안에 있는 노바스코티아(Nova Scotia) 주에 있는 가톨릭계 학교인 성 프란시스 세비아 대학교(St. Francis Xavier University)를 중심으로 하여 일어난 '안티고니쉬 운동'(Antigonish Movement)이다.

캐나다 최초의 신용협동조합은 1900년 퀘벡주의 레비스(Lévis) 지

---

47) 윤형근, 『협동조합의 오래된 미래 선구자들』, 255.

역에서 만들어졌다. 이 일을 주도한 사람은 독실한 가톨릭 신자로서 북미 신용협동조합운동의 선구자인 알퐁스 데자르댕(Alphonse Dejardins, 1854~1920)이었다.

알퐁스 데자르댕

데자르댕은 당시 캐나다의 서민들이 고리채에 시달리는 고통스런 상황을 보면서 어떻게 하면 이들이 고리대금에서 벗어날 수 있을까를 생각하고, 이와 함께 가난한 사람들이 빈곤 문제를 근본적으로 극복할 수 있는 방안이 무엇인가를 찾아 연구하였다. 그 결과 그는 그 대안이 협동조합이라는 확신을 갖게 되었다. 서민들이 힘을 합해 자신들이 쉽게 이용할 수 있는 금융기관을 만들 수 있다면, 서민들이 고리대금으로부터 해방될 수 있을 것이라고 보았던 것이다.[48]

그러면서 그는 당시 협동조합이 발전하고 있었던 유럽에 관심을 가지고 연구를 하였으며, 유럽의 협동조합 지도자들과 교류하였다. 그리고 마침내 1900년 자신의 고향 레비스에 서민은행(credit union, 프랑스어로 caisse)을 설립하게 되었는데, 이것이 북미 최초의 신용협동조합이 되었다.

1900년 9월 20일 창립하고, 1901년 1월부터 데자르댕의 집에서 업무를 시작한 신용협동조합은 1905년에는 조합원 840명에 대출금이 8,000달러에 이르렀다. 그리고 1906년에는 데자르댕이 퀘벡 주의회에 제안하여 신용협동조합법이 제정됨으로써 캐나다의 신용조합의 기초를 놓게 되었다. 이렇게 데자르댕에 의해서 출발한 신용협동조합은

---

48) 위의 책, 256.

발전을 거듭하면서, 그 후 캐나다뿐만 아니라 미국으로까지 그 영향력을 미치게 되었다. 데자르댕 신용협동조합은 현재 데자르댕 금융그룹(Desjardins Financial Group)으로 발전하여, 퀘벡주 최대 금융기관이자 캐나다 최고의 금융 협동조합으로 발전하였다.[49]

특별히 퀘벡은 프랑스로부터 이민을 온 사람들로 구성되어서, 인구 대부분이 가톨릭 신자들이었다. 데자르댕 신용협동조합이 결성되고 발전할 수 있었던 데는, 설립자인 데자르댕의 기독교(가톨릭) 신앙과 함께, 당시 가톨릭교회 성직자들의 적극적 지원이 있었고, 이것이 교회를 중심으로 하여 전개되면서 성공할 수 있었던 것이다.[50]

다음으로 캐나다의 기독교협동조합과 관련하여 주목해 보아야 할 것은 '안티고니쉬 운동'이다. 이미 언급한 대로 안티고니쉬(Antigonish)는 캐나다 동부 해안에 있는 노바스코티아(Nova Scotia) 주에 속한 한 지역의 이름이다. 이곳이 캐나다 협동조합과 관련하여 주목을 받는 이유는 1920년대부터 그곳에서 이루어진 주민 교육 때문이다.

1920년대 안티고니쉬 주민들의 사정은 매우 어려웠다. 1919년 대공황 이후 이 지역주민들의 생활은 매우 비참했으나 그들이 안고 있는 경제 사회적 모순을 주민들 스스로의 힘으로는 극복할 수가 없었다.[51] 이런 지역주민들의 어려움을 보면서, 그 지역 가톨릭 학교인 세비어대학교의 제임스 톰킨스(James Tomkins)를 중심으로 한 몇몇 교수들이 이에 대한 대책을 마련하였다. 그들은 1921년 주민학교(People's School)를 대학 내에 개설하고, 주민 조직과 함께 교육을 시작하였다.

---

49) 김창진, 『퀘벡 모델: 캐나다 퀘벡의 협동조합 사회경제 공공정책』(고양: 가을의 아침, 2015), 325.
50) Jesuit Forum for Social Faith and Justice, "Cooperatives: the other Best Kept Secret," (Dec. 2012/Jan. 2013, Vol. 5, No. 2), 3. http://jesuitforum.ca
51) 염찬희, "협동교육연구원에 대한 재평가", 아이쿱협동조합연구소 엮음, 『한국 생활협동조합운동의 기원과 전개』(파주: 도서출판 푸른나무, 2012), 185.

그러다가 1928년 마이클 코디(Michael M. Coady) 신부를 부장으로 하는 지역사회교육부(Extension Department)가 대학 내에 정식으로 설립되고, 지역 성직자들과 주민들이 여기에 함께 참여하면서 안티고니쉬 운동이 본격화되었다.

안티고니쉬 운동은 지역사회 개발을 위한 주민운동이었다. 이를 위해서 지역주민들에게 교육을 실시하고, 경제적 협동을 통해서 자신들의 문제를 해결해 나가도록 도왔다. 그 결과 이 운동은 캐나다 동부 해안지역의 수많은 마을들을 변화시키는 놀라운 결과를 가져오게 하였다.[52]

1959년 코디 신부가 사망한 후에는 그의 이름을 딴 코디 국제연구원(the Coady Institute)이 만들어졌고, 이를 통해서 그동안 캐나다 국내에서만 머물렀던 안티고니쉬 운동이 이제는 국제적으로 확산되는 계기를 만들게 되었다. 제3세계의 수많은 사회지도자들이 이곳에 와서 교육을 받게 되었고, 그들은 다시 자신들의 나라로 돌아가서 지역 여건에 적합한 협동조합운동을 전개하였다.[53] 1960년 5월 부산에서 한국 최초의 신용협동조합(성가신용협동조합)을 세운 미국인 선교사 메리 가브리엘라(Sister Mary Gabriella Mulherin, 한국명 가별) 수녀와, 같은 해 6월 서울에서 '가톨릭중앙신협'을 세운 장대익 신부도 이곳에서 교육을 받고 돌아와서 한국에 신용협동조합을 세웠다.

참고로 퀘벡 협동조합운동과 안티고니쉬 운동을 거친 후, 1930년대에 들어서 캐나다의 협동조합은 전 지역으로 확산되어 9,000개의 협동조합과 18,000,000명의 조합원, 155,000명의 종업원과 100,000명

---

52) 윤형근, 『협동조합의 오래된 미래 선구자들』, 268.
53) 2009년 초까지 약 120여 개 나라에서 4,000명 정도의 지도자들이 코디 국제연구원에서 교육을 받았다. 염찬희, "협동교육연구원에 대한 재평가", 186.

의 자원봉사자, 그리고 연간 수입 500억 달러를 달성할 정도로 발전하였다.[54]

2) 미국: 사회적 그룹 중심의 협동조합

현재의 미국 역시 유럽인들의 이주와 개척에 의해서 새롭게 시작된 나라다. 특별히 유럽에서 같은 기독교권 안에 있었지만, 신앙의 내용과 형식의 차이로 인해서 박해를 받았던 사람들이 신앙의 자유를 찾아 출발한 신대륙으로의 이주는 그 후 수많은 유럽인들을 아메리카 대륙으로 불러들이게 하였다.

미국 역시 협동조합이 매우 이른 시기에 시작되었다. 유럽에서 협동조합을 경험한 사람들이 미국에 이주한 후 협동조합 조직도 자연스럽게 이들의 공동체에 자리를 잡게 된 것이다. 그런 의미에서 미국의 협동조합은 유럽의 유산(the European heritage)[55]이라고 할 수 있다.

그러나 초기 미국 협동조합운동에서 볼 수 있는 특징 중의 하나는 협동조합운동과 종교(기독교)가 거리를 두고 있다는 사실이다. 유럽의 대부분 나라와 캐나다 등이 기독교와 유대관계를 가지며 유무형의 지원 속에서 협동조합운동을 시작하고 발전시킨 것과는 달리, 미국에서는 협동조합운동이 종교보다는 자신들이 속한 사회적 그룹을 중심으로 하여 전개되었다는 것이다.

여기에는 두 가지 정도의 원인을 생각할 수 있겠다. 첫째는 유럽에서 미국으로 이동한 기독교회들이 가장 먼저 해야 할 일은 신대륙에

---

54) Jesuit Forum for Social Faith and Justice, "Cooperatives: the other Best Kept Secret", 3.
55) The University of Wisconsin Center for Cooperatives, *Cooperatives in the U. S.*, 2. http://www.uwcc.wisc.edu/whatisacoop/History/(2018. 7. 17).

서 자신들의 신앙을 뿌리내리도록 하고, 교회가 제도적으로 정착하는 것이 무엇보다 급선무가 되었을 것이라는 점이다. 교회의 일차적 관심은 무엇보다 종교적인 부분에 집중되었기 때문에 사회적이거나 정치적인 상황에 적극적으로 대처할 여유가 없었을 것이다. 두 번째로는 유럽에서 정교(政敎)일치로 말미암아 정부와 교회로부터 동시에 심한 박해를 받았던 경험을 가진 그룹들이 미국에 와 정착하면서 철저히 국가와 종교를 분리하려 한 것도 한 원인으로 볼 수 있겠다. 이러한 현상은 초기 미국으로 이주해온 기독교 공동체들(후터라이트, 메노나이트, 아미쉬, 퀘이커 등) 대부분이 협동조합과는 관계없이 자신들의 신앙과 생활 규범에 따라서 공동체 생활을 독립적으로 하는 데서 볼 수 있다. 이런 배경을 고려하면서, 미국의 협동조합 역사에 대한 내용은 교회와 관계없이 일반적인 측면에서 간략히 기술하도록 하겠다.

미국 최초의 협동조합 사업은 1752년 벤저민 프랭클린(Benjamin Franklin, 1706~1790)[56]에 의해서 만들어진 상호화재보험회사(The Philadelphia Contributionship for the Insurance of Houses from Loss by Fire, 필라델피아 주택화재보험 부조조합)였다. 이 조합이 만들어진 것은 당시 필라델피아에서 일어난 화재로 인해서 많은 피해가 발생하자, 화재로 인해서 피해를 입은 사람들을 상호부조(相互扶助)하여 돕기 위한 목적으로 만들어진 것이었다. 이 보험조합은 250년이 지난 지금도 The Philadelphia Contributionship(필라델피아 부조조합)이란 이름으로 사업을 계속하고 있다.

이 보험조합을 만든 벤저민 프랭클린을 기독교와 관련하여 언급한다면, 그는 비록 교회에 열심히 나가지는 않았지만, 부모로부터 청교

---

[56] 벤저민 프랭클린은 미국 독립선언서에 참여한 미국 초대 정치인 중의 한 명이며, 피뢰침 등을 발명한 과학자요, 저술가이기도 하다.

도 신앙을 물려받았고, 하나님의 존재와 천지창조, 그리고 하나님의 섭리와 지배를 의심하지 않았던 사람이었다. 그리고 그는 계몽주의자로서 인간의 이성과 과학, 도덕과 교훈적인 것에 많은 관심을 가지고 실천하였던 사람이었다. 따라서 필라델피아 화재보험조합은 그의 청교도적인 신앙과 함께 인류애(人類愛)를 지향하는 계몽주의적인 사상이 결합하여 시작된 것이라 볼 수 있겠다.

1810년에는 낙농과 치즈 협동조합이 미국에서 처음으로 세워지고, 이어서 농업과 관련한 원자재나 생필품 구입을 위한 협동조합들이 만들어지기 시작하였다.57) 그러나 초기 농업종사자들에 의해서 만들어

미국 100달러 지폐에 등장한 벤저민 프랭클린

진 협동조합들은 대부분 그 규모가 작고, 한 지역에 국한됨으로써 그 활동이 오래가지는 못하였다. 그러나 시간이 지나면서 이들은 자신들이 필요한 물건을 대량으로 구매하여 비용을 절감하고, 또한 자신들이 생산한 것을 적정한 가격에 판매하는 조직들로 변모하면서, 1866년 무렵에는 미국 전역의 중요한 지역들에 거의 협동조합이 세워지게 되었다.

그 후 농업협동조합은 계속 확산되어 2차 대전 이후에는 조합원이 700만 명에 이를 정도로 성장하였다. 그러나 차츰 경제 분야에서 농업이 차지하는 비중이 축소되면서 미국에서의 농업협동조합은 현재 매우 위축되어 있다. 자료에 의하면 1970년 미국의 농업협동조합 수

---

57) 위의 문서, 3~4.

는 9,163개에 720만 명 정도의 조합원이 있었는데, 1995년에는 5,625개에 480만 명, 그리고 2009년에는 2,389개 조합에 220만 명 정도의 조합원이 활동하고 있는 것으로 나타나고 있다.[58]

다음으로 노동자협동조합과 관련하여 살펴보면, 1845년에 노동자들이 중심이 된 최초 소비자협동조합이 시작되는데, 그 대표적인 것이 제일노동자보호조합(The First Workingmen's Protective Union)이었다. 이 협동조합은 대량 구매를 통해서 소비 단가를 낮춤으로써, 당시 경제적으로 열악한 노동자들이 저렴한 가격으로 물건을 구입할 수 있도록 하였다. 그러나 노동자협동조합은 충분하지 못한 자본금과 경영의 부실, 그리고 후원 부족 등으로 그렇게 성공적이지는 못했다.

미국 신용조합과 관련하여 최초의 신용협동조합은 1908년 캐나다 퀘벡의 신용협동조합운동가였던 알퐁스 데자르댕(Alphonse Dejardins)의 도움으로 뉴햄프셔(New Hampshire)주의 맨체스터(Manchester)에서 설립되었다. 조합의 이름은 '성 메리 서민은행'("La Caisse Populaire, Ste-Marie" The People's Bank)으로, 그 목적은 당시 뉴햄프셔 주에 있는 프랑스계 가톨릭 신자들을 돕기 위한 것이었다. 당시 이 조직을 실질적으로 만든 사람은 맨체스터의 성 메리 교구의 주임사제인 삐에르 헤비(Monseigneur Pierre Hevey)였는데, 그는 교회가 신자들을 돕기 위한 하나의 방편으로 협동조합을 시도하였다.

이어서 1909년에는 매사추세츠(Massachusetts) 주에서 최초로 신용조합법이 제정됨으로써 신용협동조합운동의 토대를 만들게 되었다. 그리고 1934년에는 연방 신용협동조합법이 만들어짐으로써 신용조합운동이 미국 전역으로 확산되는 계기를 마련하였다.

---

58) Patrizia Battilani and Harm G. Sch ter, ed., *The Cooperative Business Movement, 1950 to the Present*(New York: Cambridge University Press, 2012), 37.

특별히 초기 미국 신용협동조합운동에 있어서 중요한 인물이 두 사람 있다. 그들은 에드워드 파이린(Edward Filene)과 로이 버진그렌(Roy F. Bergengren)이다. 에드워드 파이린은 미국 신용협동조합의 실질적인 창시자로 일컬을 만큼 초기 신용협동조합의 설립과 법 제정, 제도의 정비 등에 많은 공헌을 했다. 그리고 로이 버진그렌은 변호사 출신으로 에드워드 파이린과 신용협동조합운동을 함께 했는데, 협동조합의 실무적 책임과 함께 전국적인 조직을 만드는 일에 크게 기여한 인물이었다. 이 두 사람이 적극적으로 활약하던 1930년대에 미국에서는 32개 주에서 신용협동조합법이 제정되었고, 약 1,100개 정도의 신용협동조합이 결성되어 사업을 할 정도로 큰 발전이 이루어졌다.

최근 미국 신용협동조합의 현황을 보면, 1970년 조합 수 23,098개에 조합원 약 2,570만 명과 매출액 약 246억 달러, 1995년 조합 수 11,880개에 조합원 약 7,138만 명과 매출액 약 3,360억 달러, 그리고 2009년 조합 수 7,381개에 조합원 약 9,200만 명과 매출액 약 9,040억 달러에 이르고 있다. 1970년대 이후 조합 수는 대폭 줄었지만(그 원인은 금융위기와 인터넷뱅킹의 발전으로 인한 구조조정의 결과가 아닌가 추정함), 오히려 조합원 수와 매출액은 비약적으로 증가하고 있음을 볼 수 있다. 현재 미국의 협동조합들 중에서 신용협동조합이 조합의 수나 조합원 수, 그리고 매출액 분야에서 있어서 선두 역할을 하고 있다. 참고로 2009년 현재 미국은 약 30,000개의 협동조합에서 3억 5천만 명의 조합원들이 활동하고 있다.[59]

기독교협동조합과 관련하여 북미 지역을 볼 때, 캐나다와 미국은

---

59) 위의 책, 38.

상당히 다른 방향에서 협동조합이 출발하였음을 볼 수 있다. 캐나다는 가톨릭 신앙을 중심으로 하여 신용협동조합운동이 시작되고 있음을 보았다. 그러나 미국은 기독교적인 측면보다는 농업, 노동자, 소비자 등 각각의 분야에서 자신들의 입장과 목적을 가지고 협동조합운동이 전개되었다. 단 하나 기독교와 관련할 수 있다면, 미국에서도 최초 신용조합운동이 가톨릭교회를 중심으로 하여 시작되었다는 점이라고 하겠다.

3. 아시아 지역의 기독교협동조합(일본)

이제 아시아권으로 눈을 돌려 기독교협동조합의 대표적인 나라로 일본을 살펴보도록 하겠다. 일본은 긴 선교의 역사에 비해서 기독교 인구가 매우 희소하다. 그러나 기독교 복음이 전해진 후 일본에서는 기독교로 말미암은 상당한 변화들이 일어났는데, 그중의 하나가 바로 협동조합운동이었다.

먼저 일본의 협동조합을 간단히 살펴보면, 일본은 19세기 서구에 문호를 개방하면서 유럽의 문물을 받아들였는데, 협동조합 역시 이 시기에 유럽의 모델을 배워 실천한 것이었다. 일본의 협동조합은 1870년대부터 시작되어 차츰 그 영역을 확대시켜 나갔다. 일본에서는 1879년 처음으로 생활협동조합이 출발하는데, 도쿄에서 교리츠쇼샤(共立商社)와 도에키샤(同益社)가 만들어지고, 오사카에서는 오사카교리츠쇼텐(大阪共立商店)이 설립되었다. 그리고 그다음 해에는 고베쇼

기샤 쿄리츠쇼텐(神戸商議社共立商店)이 만들어졌다.[60]

1900년에는 협동조합에 관한 법률이 정식 제정됨으로써 협동조합 운동이 더욱 활발하게 발전하게 되었으며, 그 결과 1912년에는 조합원이 100만 명, 1922년에는 191개 협동조합연맹에 소속된 조합원이 300만 명에 이를 정도가 되었다. 그 후 전제 정부가 들어서면서 일본의 협동조합이 잠시 위축되기도 했지만, 다시 회복되어 1972년에는 조합원 수가 2200만 명, 그로부터 20년 후에는 5700만 명에 이를 정도로 발전하였다.[61]

일본의 기독교협동조합과 관련하여 중요한 인물이 있는데, 그는 '일본 협동조합의 아버지'라 불리는 가가와 도요히코 목사(賀川豊彦, 장로교, 1888~1960)다. 그는 1888년 고베 시에서 태어났으며, 4세 때 아버지를 여의었다. 중학교에 다닐 때 미국인 선교사를 만나 예수를 믿기로 하고 세례를 받았다.[62] 그리고 그는 고베 신학교를 졸업하고, 후에는 미국 프린스턴 신학교에서 공부하였다. 특별히 가가와 도요히코가 협동조합에 대해 관심을 갖게 된 것은 프린스턴 신학교 재학 시 뉴욕의 근대적 협동조합 주택을 본 것이 계기가 되었다고 한다.

그는 고베 신학교를 졸업하고 고베 지역의 빈민가로 들어가서, 선교와 함께 가난한 사람들을 돌보는 일을 했다. 그리고 미국으로 유학을 다녀온 후에도 다시 고베의 빈민 지역에서 활동을 계속하였다. 그러면서 그는 기독교 신앙에서의 실천이 얼마나 중요한가를 다음과 같

---

[60] 사이토 요시아키, 다나카 히로시 역, 『현대 일본 생협운동소사』(홍성: 정우인쇄, 2012), 18.
[61] Stefano Zamagni and Vera Zamagni, La Cooperazione, 99.
[62] 가가와 도요히코, Brotherhood Economics, 송순명 역, 『우애의 경제학』(홍성: 그물코, 2014), 18~19.

이 언급했고, 그것을 자신의 일생을 통해서 실천하였다.

> 오늘만큼 그리스도의 가르침이 도전을 받는 시대는 일찍이 없었다. 만일 교회가 사회에서 사랑을 실천하려고 한다면 그 존재 이유가 거기 있을 것이다. 나는 신조만으로 세상을 구할 수 있다고 생각하지 않는다. 신조가 중요하지 않다는 것이 아니라, 신조나 교리와 함께 사회에서 속죄애를 적용하는 것이 필요하다.[63]

기독교 신앙은 교리나 이론에 그쳐서는 안 된다. 그것은 실천이 됨으로써 비로소 완성되는 것이다. 가가와 도요히코는 무엇보다 복음의 실천을 강조하였고, 그의 이런 입장이 그로 하여금 사회적 현실과 문제에 깊이 간여하도록 만들었다. 그가 일본의 농민운동, 프롤레타리아 정당운동, 그리고 협동조합운동에 적극적으로 참여하고 헌신하였던 이유는 바로 그의 이런 신학과 정신에서 비롯된 것이라고 할 수 있다. 그런 의미에서 가가와 도요히코는 기독교 사회주의자(Christian socialist)였다.

가가와 도요히코 목사

1909년 고베 시의 빈민가 사역을 하면서 가가와 도요히코는 영혼 구원을 위한 전도와 함께, 빈민을 돌보고, 가난을 극복하는 것 역시 중요한 일임을 깨닫게 되었다. 그러면서 그는 가난한 자들을 구제하는 것도 중요하지만 그것을 예방하는 것이 진정한 해결책이라는 생각을 하게 되었고, 그 길이 바로 협동조합이라는 확

---

[63] 위의 책, 6.

신을 갖게 되었다. 그래서 그는 빈민구제를 위한 방안으로 소비조합 운동에 관심을 갖고, 1920년 오사카에 구에키샤(共益社)구매조합을 만들었다. 그리고 1921년에는 고베소비조합과 나다(灘)구매조합을 세웠는데, 이것들은 다시 합병되어 나다고베 생활협동조합이 되었으며, 현재는 코프 고베(Co-op Kobe)로 세계에서 가장 큰 생활협동조합으로 발전하였다.[64]

그리고 1921년에는 최초 일본 농민조합을 결성하였으며, 1925년에는 도쿄에 '예수의 친구 목공 및 가구 생산협동조합'과 오사카에 농촌소비조합협회를 창설하였다. 1926년에는 도쿄학생소비조합을 세우고, 1927년에는 도쿄에 고토(江東)소비조합을 만들었다.[65]

가가와 도요히코 목사의 또 하나의 커다란 기여는 의료협동조합이었다. 당시 도시뿐만 아니라 특별히 농촌 지역에서는 의료 혜택을 거의 받기가 어려웠다. 도시의 빈민가와 농촌 지역의 이런 안타까운 사정을 본 가가와 도요히코는 이들에게 제대로 된 의료 혜택을 받도록 하기 위해서 1931년 도쿄의료이용조합을 만들었다.[66] 이를 계기로 의료협동조합은 일본 전체 농촌 지역으로 확대되었다.

1945년 가가와 도요히코는 일본협동조합연맹을 창립하고, 초대 회장직을 맡음으로써 일본 전체 협동조합의 발전과 방향을 정립하는 데 있어서도 크게 기여하였다.

일본은 비록 비기독교 국가이지만, 가가와 도요히코 목사는 기독교 정신과 인간에 대한 사랑의 실천으로 협동조합운동을 전개하였으며, 이를 통해서 가난하고 병들고 소외된 사회적 약자들을 보듬어 안

---

64) 윤형근, 『협동조합의 오래된 미래 선구자들』, 273.
65) 위의 책, 273.
66) 와카츠키 타케유키, 이은선 역, 『꺼지지 않는 협동조합의 불꽃』(홍성: 그물코, 2012), 72~75 참조.

고 일으켜 세웠다. 한 사람의 크리스천으로서, 한 사람의 목회자로서 그의 삶은 교회 내부뿐만 아니라 일본 사회 전체를 변화시키는 빛과 소금이 되었던 것이다.

가가와가 평생에 걸쳐 평화운동, 노동조합운동, 농민조합, 어민조합, 협동조합 등 폭넓은 활동을 펼칠 수 있었던 것은, 인간 해방을 꿈꾸고 풍요롭고 건강한 사회를 건설하려는 기독교인으로서 가지고 있었던 우애, 봉사, 상호협동의 정신 때문이었다.[67]

---

67) 윤형근, 『협동조합의 오래된 미래 선구자들』, 275.

8장

한국교회 협동조합의 역사

　전 장을 통해서 우리는 세계 여러 나라 기독교협동조합의 기원과 그것이 전개된 과정을 살펴보았다. 이제 한국 기독교협동조합은 어떤 역사적 과정을 통해서 시작되고 발전되어 왔는지를 알아보고자 한다.
　이미 2장 "협동조합의 역사"에서 언급한 대로 한국의 협동조합은 일제 강점기에 시작되었다. 1907년 조선총독부 주도로 금융조합이 만들어졌고, 1926년에는 산업조합법이 만들어지면서 산업조합이 조직되기 시작하였다. 금융조합은 신용사업을 중심으로 하였고, 산업조합은 금융 이외의 판매나 구매 등을 위해서 조직되었으나, 이것들은 총독부의 뜻에 따라 관이 주도하는 형태의 조합들이었다.
　그 후 1920년에는 조선인들이 주도하는 최초 자발적 협동조합인 '경성소비조합'과 '목포소비조합'이 조직되고, 1926년에는 일본 유학생들을 중심으로 한 '협동조합운동사'(協同組合運動社)가 만들어지면서 국내에 협동조합에 대한 소개와 교육과 조직을 시도하였다. 그리고 이 무렵 종교 단체들도 협동조합운동에 참여하게 되는데, 1925년에는 천도교가 '농민공생조합'(農民共生組合)을 만들어 농민들의 경제적 생활에 도움을 주고자 했으며, 기독교에서는 조선기독교청년연합회(조선YMCA)가 주축이 되어 1926년부터 농촌협동조합을 조직하기 시작하였다.[1]

이런 배경을 토대로 하여, 한국교회는 기독교협동조합과 관련하여 어떤 활동과 기여를 하게 되었는지 본 장에서는 한국 개신교회와 가톨릭교회를 중심으로 하여 개관하도록 하겠다.[2]

1. 한국 개신교 협동조합의 역사

한국에서의 개신교 선교는 1884년 미국 북장로교가 파송한 평신도 의료선교사인 호레이스 알렌(Horace N. Allen)이 이 땅에 발을 디딤으로써 마침내 그 문이 열리기 시작하였다. 그리고 그다음 해인 1885년에는 미국 교회에서 정식 안수를 받은 목사로서 호레이스 언더우드(Horace G. Underwood, 장로교 목사)와 헨리 아펜젤러(Henry Gerhard Appenzeller, 감리교 목사)가 입국하면서, 한국에는 개신교 선교가 본격화되었다.

처음 선교사들이 입국할 때에는 영혼 구원과 선교를 위한 사업들

---

[1] 김형미, "한국 생활협동조합의 기원 - 식민지 시대의 소비조합운동을 찾아서", 아이쿱협동조합연구소 편, 『한국 생활협동조합운동의 기원과 전개』(파주: 도서출판 푸른나무, 2012), 31~35.
[2] 한국교회 협동조합의 역사에 대해서는 아직 충분한 연구가 되어 있지 못한 편이다. 다행히 장로교(통합) 목사인 한경호의 글 "한국 기독교 협동조합운동의 역사와 성격"이 이에 대한 기본적인 내용을 정리하고 있어서, 본 장을 기술하는 데 많은 참고를 하였음을 밝힌다. 한경호, "한국 기독교 협동조합운동의 역사와 성격", 『기독교사상』 655호(2013. 7).

(교육, 의료 등)에 집중하였지만, 조선인들이 복음을 받아들이고 교회가 자리를 잡아가면서 한국교회는 자신들의 사회적 문제에 관심을 갖기 시작하였다. 무엇보다 조선인들이 신앙적으로 성장하여 교회 안에서 주체적으로 활동하기 시작하면서, 한국교회는 당시 시대적 상황과 사회적 문제들에 보다 적극적으로 참여하게 되었던 것이다.

한국교회의 협동조합운동은 이와 같은 맥락에서 출발하였다. 당시 일제 치하에서 신음하고 있던 조선의 백성들, 특별히 절대다수가 농업을 하는 농민들로서(전 국민의 85%가 농민) 이들이 일제의 수탈에 시달리고 있는 현실은 마땅히 조선의 교회들로 하여금 이런 문제들을 외면할 수 없도록 하였다.

1) 일제 강점기 개신교 협동조합운동

한국 기독교는 1919년 3월 만세운동에 적극적으로 참여하고 많은 기독교 지도자들이 이를 주도하면서 민족의 독립을 위해 큰 활약을 하였다. 그리고 더 나아가 한국 기독교는 당시 사회적 문제들에도 관심을 갖고, 이를 해결하기 위한 노력을 아끼지 않았다. 기독교협동조합 역시 이런 동기에서 시작된 것이었다.

한국 최초의 기독교협동조합운동은 조선기독교청년연합회(조선 YMCA)를 중심으로 하여 시작되었다. 배재학당의 교장으로 재직하다 1923년 YMCA의 총무가 된 신흥우는 당시 농촌에 대한 실태를 조사하여 이를 이사회에 보고하였고,[3] 1925년에는 YMCA 안에 농촌부를 만들어서 농촌사업을 시작하였다. 그러면서 농촌부는 농촌사업의

---

[3] 신흥우 총무는 약 3개월 동안 직접 농촌에서 지내면서 농촌의 실태를 파악하였다. 전택부, 『한국 기독교청년회 운동사』(서울: 범우사, 1994), 310.

가장 중요한 업무로 농촌협동조합운동을 전개하였고, 이를 통해서 농촌을 변혁하려고 했던 것이다.[4]

1927년 YMCA는 신흥우와 홍병선을 덴마크로 파견하여 덴마크의 농업과 협동조합에 대해서 알아보도록 하였다. 다음 해에 귀국한 이들은 덴마크 연수를 통해서 보고 배운 것들을 글로 써서 덴마크의 농촌운동을 소개하고, 농촌을 순회하면서 강연도 하였다. 그러면서 이들은 협동조합에 대한 지식을 농촌에 전수함과 동시에 협동조합을 조직하는 일에 박차를 가하였다.[5]

또한, 1928년에는 국제 YMCA의 도움으로 양주삼 목사, 정인과 목사, 김활란 박사 등 6명이 예루살렘에서 개최된 국제선교대회(IMC, The International Missionary Council)에 참석하게 되었다. 그리고 이들은 대회가 끝나자 바로 덴마크로 가서 시찰을 하게 되는데, 이들 중 양주삼 목사(감리교)와 김활란 박사는 귀국 후 덴마크의 농촌운동에 대해 자신들이 보고 배운 바를 신문과 책자를 통해서 소개하였다.[6]

1926년부터 YMCA가 서울 주변 지역을 중심으로 하여 시작한 농촌협동조합은 1929년에 전국적으로 49개(조합원 1,692명)가 조직되었고, 1932년에는 65개의 조합을 만들어내는 성과를 거두었다.[7] 이 무렵 YMCA에 의해서 추진된 협동조합운동은 그 유형에 있어서 주로 신용조합, 판매조합, 소비조합 등이었는데, 이것들은 대개 각 지역의 상황이나 조건에 적절히 맞추어서 조직되었던 것이었다.

그러나 이렇게 발전해 가던 협동조합운동은 1937년 중일전쟁을 계

---

4) 정원각, "단절의 속에서도 협동조합운동의 맥을 이어온 YMCA", 아이쿱협동조합연구소 편, 『한국 생활협동조합운동의 기원과 전개』(파주: 도서출판 푸른나무, 2012), 59.
5) 대한YMCA연맹 편, 『韓國 YMCA 運動史』(서울: 路出版, 1986), 63.
6) 한경호, "한국 기독교 협동조합운동의 역사와 성격", 23.
7) 대한YMCA연맹 편, 『韓國 YMCA 運動史』, 70.

기로 하여 고비를 맞게 되는데, 일부는 조선총독부의 농촌갱생운동에 편입되었고, 일부는 강제 해산됨으로써 더 이상 활동을 할 수 없게 되었다. 참고로 이때 해체된 YMCA의 협동조합은 해방 후 1970년대에 들어서면서 다시 부활하게 된다.

두 번째로 이 시기에 일어난 협동조합운동은 장로교회를 중심으로 전개되었다. 1928년 양주삼, 김활란 등과 함께 예루살렘 국제선교대회에 참석하고, 이어서 덴마크를 시찰한 장로교 목사 정인과는 귀국 후 조선장로교총회에 농촌부를 신설할 것을 건의하였다. 그리고 그 결과로 농촌부가 신설됨에 따라(제17회 총회, 1928년 9월) 정인과 목사가 총회 농촌부 부장(1928~1931)을 맡게 되었다.[8] 농촌부는 당시 피폐한 농민들의 삶을 개선하기 위하여 심혈을 기울였으며, 한편으로는 「농민생활」이란 잡지를 발행하여 농민들을 계몽하는 데도 힘을 쏟았다. 그리고 1930년 장로교 총회 산하에 '중앙신용협동조합'이 만들어져 초대 조합장으로 정인과 목사가 취임하면서, 장로교 안에서 신용협동조합운동이 시작되었다.[9]

이와 함께 총회 농촌부는 고등농사학원을 설치하여 여기서 협동조합에 대한 교육을 하였으며, 이를 통해서 농촌 지도자들을 양성하는 일을 하였다. 그리고 1932년에는 총회 산하에 있는 각 노회별로 신용조합을 설립하도록 권장하면서, 장로교는 특별히 신용협동조합이 중심된 협동조합운동을 진행하였다.[10]

세 번째 초기 한국교회 협동조합과 관련하여 주목할 인물은 고당

---

8) 죠션예수교쟝로회, 『죠션예수교쟝로회 총회 데십칠회 회록』(京城: 朝鮮基督敎彰文社, 1928), 41.
9) 한경호, "한국 기독교 협동조합운동의 역사와 성격", 24.
10) 위의 글, 24. 죠션예수교쟝로회, 『죠션예수교쟝로회 총회 데二十一회 회록』(京城: 朝鮮基督敎彰文社, 1932), 35.

조만식 장로다. 우리가 잘 아는 것처럼 조만식 장로는 '조선의 간디'로 불리던 민족지도자였다. 그는 22세에 기독교에 입문하였고, 일본으로 유학을 가서는(일본 메이지대학 법학과) 동경 조선 YMCA를 창립하고 초대 이사장이 되었다. 귀국 후에는 남강 이승훈이 평안북도 정주에 세운 오산학교에서 교사와 교장으로 일하면서 학생들에게 민족애와 장래에 대한 높은 이상을 품도록 하였고, 그 자신이 검소하고 절제된 생활을 솔선수범하면서 학생들에게 많은 영향을 미쳤다.

고당 조만식 장로

그리고 1920년 조만식은 평양에서 70명의 발기인을 모아 조선물산장려회를 조직하였다. 이 단체는 민족자본을 육성하고 경제적 자립을 도모하는 것을 목적으로 삼아, 조선 민족의 토산품 애용과 함께 소비조합운동을 전개하였다. 그리고 1929년 9월 6일에는 그 자신이 직접 발기인이 되어 평양소비자조합을 설립하였다. 창립 당시 조합원은 약 200명 정도였으며, 소비조합에서 취급하는 주요 품목은 식량, 시탄(땔감), 기름, 의복, 일용잡화 등이었다. 그 후 소비자협동조합은 황해도와 평안도 지역으로 확대되어 나갔으며, 나중에는 이 지역 조합들이 연합하여 '관서협동조합경리사'를 창립하게 되었고, 조만식이 이사장을 맡아 활동하였다. 협동조합의 밑바탕에는 "민족의 독립을 위해서는 먼저 경제적 자립을 이루어야 한다"는 그의 신념이 깔려 있었다.[11]

---

11) 김형미, "홍성지역 생협운동의 전통 - 교육과 협동조합을 통한 이상촌 건설의 이상과 그 계승", 아이쿱협동조합연구소 편, 『한국 생활협동조합운동의 기원과 전개』(파주: 도서출판 푸른나무, 2012), 119, 123.

2) 1950년대 이후 개신교 협동조합

개신교 관련 협동조합은 일제 강점기에 시작이 되었다. 그러나 일본 지배하에서 협동조합운동은 결코 순탄치 않았다. 전제주의 국가 체제에서 민주적 방식으로 운영되는 협동조합운동은 지배자들에게는 그리 달갑지 않았는데, 이런 현상은 일본 군국주의에서뿐만 아니라 독일의 나치주의(Nazism), 이탈리아의 파시즘(Fascism)에서도 공통으로 나타나고 있다. 이들이 지배하던 시대에 협동조합은 어디서나 박해를 받거나 해산당함으로써 협동조합운동이 퇴조하였다.

한국 기독교협동조합은 해방과 함께 이제 새로운 차원에서 활발하게 움직이기 시작하는데, 그것은 개신교뿐만 아니라 가톨릭교회에서도 마찬가지였다. 무엇보다 당시 국가와 사회가 처한 상황(농촌 문제, 도시화로 인한 빈민 문제 등)은 교회로 하여금 이에 대한 관심과 함께 적극적 참여를 불러일으키도록 하였다. 이 시기에 개신교와 관련하여 등장한 대표적 협동조합을 몇 군데 살펴보면 다음과 같다.

(1) 농촌 협동조합운동: 홍성 풀무협동조합

구한말(舊韓末) 나라가 기울어가는 것을 본 남강 이승훈(1864~1930)은 1907년 평안북도 정주군 갈산면에 오산학교를 세워, 국권의 회복과 민족정신을 교육하면서 민족지도자들을 육성하였다. 또한, 그는 그곳에 온 마을이 함께 협동하며 공동으로 살아가는 이상촌인 '용동촌'을 건설하여, 온 마을이 공동으로 생산하고 공동으로 판매하는 협동 생활을 실천하였다.

이런 공동체 속에서 태어나 그것을 배우고 자란 사람이 오늘날 홍성 풀무학교와 풀무협동조합이 있게 한 밝맑 이찬갑(1904~1974)이다. 이찬갑은 원래 이승훈의 종손(從孫, 장형의 손자)으로서, 오산학교에서 교육을 받았으며, 특별히 당시 교장이던 조만식 장로로부터 많은 영향을 받았다. 그리고 그는 씨알 함석헌과 오산학교 동급생이었으며, 무교회주의자로서 신앙생활을 하였다.

풀무협동조합 설립자 이찬갑

용동촌에서 그는 청년조직인 '용동자면회'를 조직하여 농지개량과 연료생산, 협동생산과 협동노동을 실천하였다. 그리고 1928년부터 1년 정도 일본을 방문하여 일본 협동조합의 아버지라 불리는 가가와 도요히코 목사를 만나 당시 일본의 농촌과 빈민 지역을 방문하고 협동조합을 살펴보기도 하였다.[12]

그러다 해방이 되고, 북한이 공산화되면서 토지 몰수와 기독교 박해가 심해지자 1948년 가족과 함께 월남하였다. 월남하여 서울에서 생활하던 중, 이찬갑은 무교회 신앙집회에서 감리교 출신인 주옥로 (1919~2001)를 만나게 되었다.[13] 그리고 1958년 4월 23일 주옥로의 고향인 충청남도 홍성군 홍동면에 풀무고등공민학교(중학교 과정)를 설립하였다. 당시 풀무학교의 설립 취지문에는 "그리스도인, 농촌의 수호자, 세계의 시민을 양성하기 위해 지역과 국가의 백년대계인 학교를 세운다."라고 되어 있다.[14] 설립 당시 학생은 18명, 교사는 이찬갑과 주옥로 2인이었으며, 교실 한 칸을 지어서 수업을 하였다. 풀무학교라

---

12) 김형미, "홍성지역 생협운동의 전통 - 교육과 협동조합을 통한 이상촌 건설의 이상과 그 계승", 123~124.
13) 주옥로는 1949년 감리교신학대학을 졸업하고, 1951년부터 홍동감리교회에서 전도사로 사역하였다. 그러나 당시 기존 교회에 실망하여 무교회주의로 돌아서게 되었다. 송두범 외 3인, 『우리는 왜 농촌 마을 홍동을 찾는가』(홍성: 그물코, 2017), 15.
14) 홍순명, 『풀무학교 이야기』(서울: 도서출판 부키, 2009), 100~191.

는 이름을 붙이게 된 것은 원래 이곳에 대장간이 있어서 그곳 이름이 풀무골이었기 때문에 그 이름을 그대로 따른 것이었다.15)

이와 함께 1959년에는 교사와 학생들이 함께 출자하는 형식으로 교내에 협동조합 형태의 구매부를 만들어 운영하였고, 1969년 3월에는 이것을 정식으로 교내 소비조합으로 확대 발족하였다. 그리고 같은 해 11월에는 교직원과 학생 18명이 조합원으로 참여하여 '풀무신용협동조합'(풀무신협)을 조직하고, 1972년 10월 8일 정식 창립총회를 열고 신용협동조합의 업무를 시작하였다. 풀무신협은 당시 연 49%에 이르는 농촌의 고리대금 문제를 해결하기 위해 융자를 통해서 주민들을 지원했으며, 그 외에도 의료 지원, 가축 방역, 축산사료 공동판매 등의 사업을 전개하였다. 1978년 풀무신협의 조합원은 234명, 출자금 640만 원, 총자산 규모가 2,400만 원이었으며, 2006년에는 조합원 3천 명에 총자산이 200억 원에 이르게 되었다.16)

1969년에 발족한 교내 소비조합은 학교를 중심으로 하여 운영되어 오다가, 1980년 5월 다시 창립총회를 열고 교내 소비조합에서 지역 소비조합으로 범위를 확대하였다. 그리고 명칭도 풀무소비자협동조합(풀무소협)으로 바꾸었는데, 이때 풀무학교 교직원과 졸업생, 그리고 지역주민 총 27명이 조합원으로 참여하여 출자금 7만 원, 총자산 500만 원으로 새롭게 출범하였다.17) 풀무소협의 목적은 홍동면 농민들의 생활필수품과 농사에 필요한 농자재 등을 공동으로 구매하는 것이었다.

그리고 1983년부터는 수도권 소비자 단체들과 농산물 직거래운동

---

15) 이번영, 『풀무학교는 어떻게 지역을 바꾸나』(홍성: 그물코, 2018), 13~14.
16) 김형미, "홍성지역 생협운동의 전통 - 교육과 협동조합을 통한 이상촌 건설의 이상과 그 계승", 126~128.
17) 송두범 외 3인, 『우리는 왜 농촌 마을 홍동을 찾는가』, 162.

을 시작하였으며, 1999년에는 '풀무소비자협동조합'을 '풀무생활협동조합'(풀무생협)으로 재창립하여 오늘에 이르고 있다. 2006년 풀무생협은 조합원 957명에 출자금 3억 5천만 원(1인당 35만 원), 총 사업금액 156억 원, 자산 25억 원 정도의 규모로 발전하였다.[18] 2013년부터는 한국여성민우회가 운영하는 행복중심생협과 협력하여, 행복중심풀무생협을 홍성읍에 개점하여 지역사회와 함께하고 있다.

(2) 도시 노동자를 중심한 협동조합운동: 도시산업선교회의 협동조합

협동조합의 역사는 그 출발에서부터 언제나 경제적, 사회적 약자들과 함께했음을 보여주고 있다. 이것은 한국 역시 예외가 아니다. 1960년대를 지나면서 한국 사회는 급속한 변화의 물결에 휩싸이게 되었다. 근대화의 바람, 산업화에 따른 급속한 도시화의 진행과 이로 인한 이농 현상 및 농촌의 붕괴, 도시로 몰려든 인구로 인한 빈민의 양산 등 1960년대 이후 한국의 사회적 상황은 매우 심각하였다.

특별히 산업의 발전을 위해 공장이나 공단들이 곳곳에 세워지면서 여기서 일하는 노동자들의 숫자가 급증하였는데, 노동자로서 이들의 삶은 매우 비참하였다. 노동자들은 과도한 노동 시간과 열악한 노동 환경, 그리고 저임금으로 인한 경제적 어려움에 시달리고 있었다. 이때 교회적 차원에서 이들을 돕고자 하는 단체들이 등장하게 되는데, 대한예수교장로회(통합) 교단이 1957년에 설립한 '산업전도위원회'(후에 영등포산업선교회로 개칭)와 기독교대한감리회(감리교)에서 1961년

---

[18] 김형미, "홍성지역 생협운동의 전통 - 교육과 협동조합을 통한 이상촌 건설의 이상과 그 계승", 129~130.

에 세운 '인천산업전도위원회'(후에 인천산업선교회로 개칭)가 바로 그것이었다.[19]

　이 단체들은 공장노동자들에 대한 선교를 목표로 하여 시작되었지만, 그 사역은 자연스럽게 노동자들의 생활에 관심을 갖지 않을 수 없었다. 그러면서 노동자들을 돕기 위한 하나의 방편으로 시작한 것이 협동조합이었다. 영등포산업선교회는 조지송 목사가 책임자로 부임하면서, 1965년부터 노동자들에게 소비조합에 대한 공부와 교육을 실시하였고, 1968년에는 노동자들의 주택난을 해결하고자 주택조합을 결성하였다.

　그리고 1969년에는 노동자들의 경제적 어려움을 해결하고 돕고자 하여 신용협동조합을 설립하게 되는데, 그 이름은 '영등포산업개발신용협동조합'이었다. 이 신용협동조합은 1969년 8월 11일 약 50여 명의 조합원이 14,000여 원을 모아 출발했다고 한다. 산업선교회는 이를 통해서 경제적 조직을 통한 산업선교를 이루어나가고, 어려움을 당한 노동자들에게 경제적 도움을 주며, 저임금 노동자들에게 목돈을 마련할 기회를 제공하고, 적은 돈을 모아 서로 협력하여 사용함으로써 구체적인 이웃 사랑을 실천할 수 있도록 하는 데 목표를 두었다. 영등포산업개발신용협동조합은 그 후 발전과 성장을 지속하면서, 1976년에는 조합원이 965명에 달하였고, 자본금은 3,550만 원에 이르렀으며, 이 돈으로 2,133명에게 대부를 할 수 있었다.[20] 그러나 불행스럽게도 박정희 정권이 노동운동을 탄압하면서 1978년에 이 신용조합은 강제 해산되었다. 그러나 1978년 6월 19일 영등포산업선교회는 다시

---

19) 한경호, "한국 기독교 협동조합운동의 역사와 성격", 26.
20) 정원각, "노동운동과 소비자 협동조합운동", 아이쿱협동조합연구소 편, 『한국 생활협동조합운동의 기원과 전개』(파주: 도서출판 푸른나무, 2012), 165.

'다람쥐회'라는 이름으로 신용조합 운동을 계속 이어나갔다.[21]

주택조합과 신용조합에 이어서 영등포산업선교회는 다시 소비조합운동을 시작하는데, 1976년 5월에 120여 명의 노동자들이 출자하여 공동구매 활동을 시작하였고, 이것이 모태가 되어 1980년에는 조합원이 450명에 이르렀다. 그러나 이 역시 전두환 군사정권의 탄압으로 1982년에 해산되었다. 하지만 1999년 다시 협동조합준비위원회를 구성하게 되었고, 2004년 6월 '서로살림생활협동조합'으로 재창립하여 활동을 개시하였다.[22] 그리고 2002년에는 도시 노동자들의 건강을 위하여 서울 영등포구 대림동에 '서울의료생협'을 만들어 노동자들을 위한 의료 활동도 하고 있다.

다음으로 1961년 설립된 감리교의 인천산업전도위원회 역시 다양한 형태로 협동조합운동을 전개하였다. 그러나 여기에 대한 자료들이 충분히 보존되어 있지 않아서 구체적인 것을 알기가 현재로서는 쉽지 않다. 다만 조화순 목사가 동일방직 내 소비조합에 깊이 관여한 것과 김동완 목사가 인천의 산우신협에서 전무로 활동한 것으로 보아, 지역사회의 소비조합과 신용조합운동에 참여했을 것이라고 추정된다. 그리고 지방에서는 청주산업선교회의 정진동 목사가 선교회 소속 회원들에게 충청신용조합에 참여토록 한 것을 볼 수 있으며, 울산산업선교회에서는 실무를 맡았던 정하성 목사가 1972년 12월 '영남복합신용협동조합'을 만들고 초대 이사장으로 활동하였다.[23]

---

21) 영등포산업선교회의 협동조합운동과 다람쥐회 등에 대한 더 자세한 연구는 진방주, "한국 기독교 협동조합운동 연구: 영등포산업선교회 협동조합운동 '다람쥐회' 사례를 중심으로"(석사학위 논문, 한일장신대학교 NGO정책대학원, 2017)를 참고하기 바란다. 진방주 목사는 현재 영등포산업선교회 총무로 재직 중이다.
22) 한경호, "한국 기독교 협동조합운동의 역사와 성격", 27.
23) 위의 글, 27, 정원각, "노동운동과 소비자 협동조합운동", 170~171.

(3) 기독교 의료협동조합

산업화와 자본주의는 역사적으로 그 궤적(軌跡)을 같이하고 있다. 산업의 발전은 자본의 증대로 이어지고, 자본의 증대는 다시 산업의 발전을 촉진한다. 그러나 이런 긍정적 측면과 달리 그 이면에서는 또 다른 문제가 제기된다. 산업화를 통해서 자본을 축적하며 부유해지는 사람들, 즉 자본의 혜택을 입은 이들이 있는가 하면, 한편으로는 산업화로 인해서 오히려 자본으로부터 소외되고 가난의 수렁에 빠져 빈곤의 나락(那落)을 헤매며 신음하는 사람들이 있다. 이것은 산업화가 시작되면서 한국의 도시들에서도 흔히 나타난 현상이었다. 도시는 가난한 빈민을 만들어내고, 그 빈민들은 경제적 문제와 함께 질병의 문제로 다시 고통을 받는다.

도시의 뒤안길에서 고통하는 이들에게 한국교회는 또 하나의 손길을 내밀게 되는데, 그것이 가난한 이들을 위한 의료협동조합이었다. 대표적인 의료협동조합은 1968년 부산에서 출발한 '청십자의료협동조합'이다. 1960년대 부산은 6·25전쟁 후 생겨난 피난민과 함께 도시 빈민들로 핍절한 생활을 하는 사람들이 부지기수였다. 이때 크리스천으로서 부산에서 성경공부 모임을 하던 장기려, 채규철, 함석헌, 이찬갑 등이 주축이 되어, 경제적 어려움과 질병으로 고통당하는 사람들을 돕기 위한 의료협동조합을 만들기로 한다. 특별히 장기려 박사(1911~1995)는 의사로서 이사장 겸 원장을 겸하고, 덴마크에서 협동조합을 배운 채규철(1937~2006)[24]은 실무책임자로 협동조합을 설립하

---

24) 채규철은 1937년 함경남도 함흥의 목사 가정에서 태어났다. 농촌을 위해서 헌신하기로 작정한 그는 덴마크 유학 후 충남 홍성의 풀무학교에서 교사로 농촌 계몽운동을 하였다. 협동조합운동에도 참여하여 청십자의료협동조합을 세우는 데 함께했으며, 그 후에는 대안학교운동을 시작하여 경기도 가평에 '두밀리자연학교'를 설립하여 어린이들을

청십자의료협동조합과
장기려 박사(가운데)

는 데 앞장서게 된다.

이렇게 하여 1968년 5월 13일 출발한 청십자의료협동조합은 수많은 가난한 자들과 병든 자들을 돌보고 치료하였으며, 1989년에는 그 조합원 수가 23만 명에 이를 정도가 되었다. 이런 청십자의료협동조합은 당시 가난한 환자들을 돌보는 일뿐만 아니라, 우리나라 정부가 의료보험제도를 도입하는 데에도 큰 영향을 미쳤다. 1968년에 시작한 청십자의료협동조합은 1989년 정부가 도시 지역 의료보험을 실시하게 되면서, 그해 자진하여 해산하였다.

기독교 의료협동조합과 관련하여 또 하나의 기관은 서울에서 만들어진 '난곡희망의료협동조합'이다. 당시 서울 관악구에 위치한 난곡은 농촌으로부터 이주한 가난한 사람들과 도시 철거민 등 빈민들이 사는 곳이었다. 1976년에 세워진 이 협동조합은 도시 빈민운동가인 김혜경에 의해서 추진되었다. 그녀는 개신교와 가톨릭이 연합한 수도권 특수선교위원회를 조직하여 당시 청계천 지역에서 도시 빈민 선교를 하였다. 그러다가 유신체제 아래에서 어려움이 커지자 난곡으로 장소를 옮겼고, 그곳에서 주말 진료를 하던 서울대학교 의과대학 가톨릭학생회(지도 김중호 신부) 팀과 연합하여 의료협동조

청십자의료협동조합을
함께 세운 채규철 선생

가르치기도 하였다.

합을 만들었다. 설립 5년 후인 1981년에는 조합원이 550세대(약 3,000명)가 되었고, 한번 진료에 100~150명의 환자를 돌보기도 했다.[25] 그러나 난곡희망의료협동조합은 여러 가지 운영상의 문제들이 제기되면서, 2011년 이후 활동을 하지 못하고 있다.

그 외 2002년에는 앞에서 언급한 영등포산업선교회가 서울 대림동에 '서울의료생협'을 만들어서 노동자들의 건강을 지키고 돌보는 일에 기여하고 있다.

(4) 기독교 여성 협동조합운동

한국 개신교 안에서는 여성들을 중심한 협동조합운동도 일어났다. 특별히 산업화 과정을 거치면서, 대량 생산과 소비가 확대되는 과정에서 여성(또는 주부)들이 소비자의 입장에서 자신들의 권익을 찾고자 하는 의식이 싹트게 되었다. 그러면서 이런 의식은 적절한 가격에 좋은 품질의 물품을 구매하고자 하는 소비조합운동으로 이어졌다.

최초 여성을 중심한 소비조합에 대한 관심은 기독교 대학인 서울여자대학교에서부터 시작되었다. 서울여대는 먼저 소비조합에 대한 교육을 대학 커리큘럼에 넣어서 실시하였다. 1963년에는 소비조합 과목을 농촌학과를 중심으로 하여 개설하다가, 1968년부터는 교양 필수과목으로 확대하여 강의를 하였다.

이런 협동조합에 대한 교육과 함께, 1965년에는 실제 소비자협동조합을 설립하여 운영하였다. 특별히 서울여대는 당시 도심으로부터 멀리 떨어진 태릉에 위치하고 있었기 때문에, 소비조합은 생활관에 사

---

25) 정원각, "의료, 양서, 육아 등의 협동조합", 아이쿱협동조합연구소 편, 『한국 생활협동조합운동의 기원과 전개』(파주: 도서출판 푸른나무, 2012), 283.

는 학생들에게 문구류나 잡화, 화장품, 다과류 등을 낮은 가격으로 편리하게 구입할 수 있도록 큰 도움을 주었다. 그러나 이 조합은 운영상의 문제 등으로 1983년에 폐지되었다.[26]

그 외에도 1967년 5월 2일 기독교 목사들을 중심으로 하여 '크리스천 소비자협동조합'이 조합원 56명을 중심으로 서울 퇴계로에서 시작되었다. 여기서는 밀가루, 설탕, 라면, 음료, 내의 등 약 300여 가지 생필품을 정찰가격으로 판매하였다.[27] 그러나 이 소비조합 역시 약 3년 정도 사업을 하다가 문을 닫고 말았다.

그리고 서울 여자기독교청년회연합회(서울 YWCA)를 중심으로 1974년 공동구매 클럽을 조직하는 등 소비자협동조합운동을 시작하였으나, 본격적으로 조합을 결성하는 데까지는 성공하지 못하였다.[28] 여성을 중심한 협동조합운동이 큰 결실을 거두지 못한 것은 운영상의 문제도 있었겠지만, 협동조합 자체가 특별히 여성들을 따로 구별하여 설립해야 할 이유가 없었기 때문이 아닌가 생각한다. 협동조합은 특별한 경우가 아니고는 성별, 인종, 종교 등에서 차별 없이 누구에게나 평등하여야 하는 것이기 때문이다.

(5) 교단과 교회의 협동조합

기독교협동조합은 주로 기독교 신앙을 가진 어떤 개인이나 단체들을 중심으로 하여 설립되고 운영되는 것을 볼 수 있다. 그러나 1970년대 한국 개신교회에서는 교단이나 개교회를 중심으로 하여 협동조

---

26) 이미연, "일제시대 여성 소비조합과 해방 후 1960~70년대 여성 소비조합 운동", 『한국생활협동조합운동의 기원과 전개』(파주: 도서출판 푸른나무, 2012), 94.
27) 위의 글, 93~94.
28) 정광모 편, 『서울 YWCA 80년』(서울: 서울 YWCA, 2002), 272~273.

합운동이 전개된다.

먼저 대한예수교장로회(통합) 교단은 해방 후 다시 농촌부를 조직하고, 1970년대부터 협동조합운동이 교단적 차원에서 전개되었다. 1971년 7월 총회 농촌부 주최로 열린 세미나에서 농촌교회들이 자립하기 위한 하나의 대안으로 신용협동조합을 설립할 것을 권장하도록 결의하였다. 그리고 계속하여 농촌교회들이 신용조합을 조직할 수 있도록 돕기 위하여 농촌지도자수련회를 개최하여 교육을 하였다. 그 결과 1976년에는 교단 산하 11개 노회에서 38개의 신용조합이 설립되는 결과를 가져왔다.[29]

장로교와 함께 감리교도 농촌교회에 관한 관심을 가지고, 1957~1960년까지 매년 2회씩 '전국농촌사업부 지방 총무 강습회'를 하면서, 농촌교회 지도자 양성을 위한 교육을 하였다. 그러면서 이 기간에 협동조합에 대한 강의도 이루어졌다. 그러나 이때 감리교 내에서 협동조합으로 조직이 된 경우는 찾아보기 어렵다.[30]

감리교에 속한 교회로서 일찍이 협동조합을 한 곳이 있었는데, 그곳은 제천 송악교회였다. 담임목사인 엄태성의 헌신적 노력으로 1969년 8월 12명의 조합원과 이들이 출자한 1,100원으로 신용조합이 만들어졌다. 1984년에는 조합원이 459명에 이르렀고, 출자금은 3억 원이 넘었다. 그러나 제천 송악교회 신용협동조합은 비신자들도 조합원으로 받아들이고, 신앙보다 물질중심적 경영을 하면서 교회 협동조합으로서의 본래 취지를 벗어나게 되었고, 결국 경영이 부실화되어 1997년 IMF 구제금융 사태를 겪으면서 문을 닫고 말았다.[31]

---

29) 한경호, "한국 기독교 협동조합운동의 역사와 성격", 28.
30) 위의 글, 29.
31) 위의 글, 28.

이 시기 개교회가 협동조합운동을 전개한 또 하나의 대표적인 예는 성남 주민교회(한국기독교장로회 소속)를 들 수 있다. 당시 성남의 빈민 지역에서 목회를 시작한 이해학 목사는 주민들에게 가장 절박한 것이 의료 문제라는 것을 알고, 처음에는 의료조합을 세우려고 했었다. 그러나 당국의 방해와 탄압으로 뜻을 이루지 못하고, 방향을 바꾸어 1979년 12월에 조합원 47명에 출자금 47,800원으로 '주민교회 신용협동조합'을 만들었다. 그리고 1993년에는 '주민생활협동조합'을 만들어 오늘에 이르고 있다.[32]

(6) 기타 협동조합운동

그 외 1970년대에 있었던 몇 가지 협동조합운동을 살펴보면, 먼저 YMCA를 중심한 협동조합을 들 수 있다. 이미 언급했듯이 YMCA는 초기 한국 기독교협동조합운동의 중심 역할을 했던 곳이었다. 그러나 일제 치하에서 자행된 탄압과 방해로 말미암아 결국 협동조합운동을 멈출 수밖에 없었다. 하지만 1970년대에 접어들면서 다시 협동조합운동에 관심을 가지고 새로운 시도를 하게 되는데, 1972년 3월 광주 YMCA를 중심으로 한 신용조합 창립이 그 시발점이 되었다. 1974년 이후에는 양곡협동조합을 만들어 춘궁기에 먹을 양식으로 인해서 어려움을 당하는 사람들에게 도움을 주었다. 그리고 1980년 5월에는 순천 YMCA를 중심으로 한 '학구축산협동조합'이 설립되었으며, 그 후 YMCA의 협동조합운동은 차츰 확산되었다.[33]

다음으로 가나안농군학교(설립자 김용기 장로)를 중심으로 만들어

---

32) 위의 글, 30.
33) 위의 글, 29.

진 신용협동조합을 볼 수 있다. 가나안농군학교는 기독교 신앙을 바탕으로 하여 1960년대 이후 한국 농촌 계몽운동을 주도해온 기관으로, 국내에 3개의 농군학교(양평, 원주, 밀양)와 함께 동남아나 아프리카 등 해외에서도 현재 많은 활동을 하고 있다. 가나안농군학교는 교육과 함께 협동조합운동도 전개했는데, 1971년 11월 조합원 30명과 출자금 59,000원으로 '가나안신용협동조합'을 결성하였으며, 그 후 2010년에는 자산 규모가 400억 원에 이르게 되었다.

1970년대 일어난 또 하나의 협동조합으로 '부산양서판매이용협동조합'이 있다. 이것은 김형기[34]를 중심으로 하여 1978년 4월 5일 부산에서 결성되었다. 그해 4월 22일에는 직영서점으로 '협동서점'을 개설하였는데, 이때 조합원 수가 107명이었다. 그리고 부산에서 시작된 이 양서협동조합은 곧이어 마산, 대구, 서울, 울산, 광주, 전주, 수원으로 확산되어 전국적으로 8곳에 양서조합이 설립되었다.

양서조합은 좋은 책을 소개할 뿐만 아니라 좋은 책을 적정한 가격으로 구입하여 보급하고, 지역사회 개발을 통한 문화의 향상, 지역사회에 대한 봉사, 협동조합의 홍보 등을 주요한 목표로 하였는데, 이런 형태는 오늘로 치면 하나의 문화협동조합이라고 할 수 있을 것이다.

그리고 양서조합은 문화적 측면과 아울러 사회 정의와 민주화운동에도 적극적으로 참여했는데, 이런 일들로 말미암아 당시 전두환 군사정권의 탄압이 계속되었고, 그 결과 양서조합운동은 1982년 서울양서조합이 문을 닫게 됨으로써 그 끝을 맺고 말았다.

---

[34] 김형기는 새문안교회 출신으로 1970년대 민주화운동에 참여하였으며, 후에 신학을 하여 목사가 되었다.

3) 1980년대 이후 최근의 개신교 협동조합

1980년대 한국 사회는 새로운 변화를 경험한다. 이 시기 한국은 군사 독재에 대한 지속적 항거와 함께 1987년 6월 항쟁을 기점으로 민주주의의 물꼬가 새롭게 트이기 시작했다. 그리고 이런 정치적 변화는 각 시민 사회단체들을 중심으로 한 시민사회운동을 활성화하는 계기가 되기도 했다.

한국 협동조합의 역사에서 있어서도 1980년대는 새로운 전환의 시기가 되었다. 이미 2장의 "한국 협동조합의 역사"에서 언급했듯이, 1980년대는 그동안 정부가 주로 주도해 왔던 협동조합(농협, 수협, 축협 등) 형태를 벗어나 자율적인 민간 협동조합들이 정착하면서 발전하기 시작하였다. 무엇보다도 한국 협동조합의 역사에서 1980년대가 갖는 중요한 의미는 생활협동조합(생협)의 등장이라고 하겠다. 그동안 협동조합은 주로 같은 위치나 같은 업종에 종사하는 사람들을 중심으로 하여 만들어졌었다. 즉 생산자는 생산자협동조합을 만들어 사업을 하고, 소비자는 소비조합을 만들어서 활동을 하는 식이었다. 그러나 생협은 생산자와 소비자가 함께 연합하여 만드는 새로운 조합의 형태였다.

생활협동조합(생협)의 등장은 당시 사회적 상황과도 긴밀한 관계가 있었다. 세계화에 따른 수입 개방으로 인해서, 특별히 농업 분야는 심각한 타격을 받지 않을 수 없었다. 농산물 가격 하락과 이로 인한 농가 소득의 감소, 농민 생활 수준의 악화와 함께 농업의 붕괴 위험, 그리고 식량 자급률의 하락[35] 등은 농민들의 문제일 뿐만 아니라 한국

---

[35] 우리나라의 식량 자급률은 1980년 69.6%(곡물 자급률 56%), 1990년 70.3%(곡물 43.1%), 2000년 55.6%(곡물 29.7%), 2010년 54.9%(곡물 26.7%), 2015년 50.2%(곡물 23.8%)로 계

사회의 문제로 대두되었다. 이런 가운데 외국 농산물 수입이 급증하면서, 잔류 농약과 중금속 오염 등 식품 안전의 문제 역시 시민들의 건강과 관련하여 중요한 이슈가 되었다. 그러나 또 하나 당시 한국 사회의 중요한 변화 가운데 하나는 산업의 발전과 함께 노동자들의 임금 상승과 중산층의 확대 등으로 인해서 소비의 형태가 더욱 다양화되어 가고 있었다는 점이다.[36]

이런 변화는 시민 사회로 하여금 농촌살리기운동, 생명운동, 그리고 친환경 농산물 직거래운동 등에 관심을 두도록 만들었고, 그 결과 1980년대 한국에서 생활협동조합운동이 일어날 수 있었다. 1980년대 한국의 생활협동조합운동에 관하여 연구한 정은미는 당시 생협이 시민 사회를 중심으로 하여 만들어지게 된 배경을 다음과 같이 언급하고 있다.

> 1980년대 후반부터 급격히 농산물 시장개방이 진행되면서 식량 자급률 저하와 먹을거리의 안전에 대한 걱정이 증가하였고, 당시 종교적 관점의 생명운동과 환경운동 등 생태계보전운동의 영향으로, 보다 안전한 농산물의 직거래를 통해 생산자와 소비자가 상호 협력하여 해결하려는 목적이었다.[37]

기독교협동조합 역시 이러한 사회적 상황과 연계되면서, 협동조합운동에 있어서 새로운 변화가 일어나게 된다. 특별히 교회는 한국의 모든 도시와 농촌에 함께 있기 때문에 도시와 농촌을 잇는 생활협동

속 하향하고 있다. 자료: 농림축산식품부.
36) 정은미, "1980년대 이후 생협운동의 다양한 흐름과 갈래", 아이쿱협동조합연구소 편, 『한국 생활협동조합운동의 기원과 전개』(파주: 도서출판 푸른나무, 2012), 309~312.
37) 위의 글, 305.

조합운동은 교회에도 매우 중요한 관심이 될 수밖에 없었다.

먼저 살펴볼 곳은 기독교 평신도들이 생명운동을 위해서 결성한 정농회(正農會, 1976년 1월 23일 창립)다. "바른 농부, 바른 농사"라는 기치를 건 이 조직은 성경에 입각하여 자연환경과 생태계를 보존하는 생명농업운동을 추구하면서, 친환경 농사 등을 실천하고 있다. 이들은 1987년 정농회 회원들의 농산물 판매를 위해 정농유통센터를 만들었으며, 1990년에는 경제정의실천시민연합(경실련)과 함께 '경실련정농생활협동조합'을 결성하여, 경실련은 농산물의 판매와 유통을 책임지고, 정농회는 안전한 농산물을 생산하여 공급하였다. 이 생협은 2005년 9월 그 명칭을 '정농생협'으로 변경하여 지금까지 그 사업을 지속하고 있다.[38] 정농회는 당시 농촌 개발과 함께 비료와 농약의 과도한 사용으로 인해서 환경 파괴뿐만 아니라 먹을거리의 안전성 문제가 제기되면서, 기독교인으로서 생명농업운동을 통해 자연생태계를 보존하고 안전한 먹을거리를 제공하고자 했다는 점에서 그 의의가 크다고 하겠다.

두 번째로 기독교 평신도들을 중심한 협동조합운동과 함께 이 시기 협동조합운동에 함께 한 기독교 내 그룹이 농촌교회와 목회자들이라 하겠다.[39] 1980년대 농촌에서 사역하는 농촌목회자들을 중심으로 한 모임(농목)이 결성되기 시작하는데(1985년 감리교 농목회, 1987년 예수교장로회 통합 농목회, 1989년 기독교장로회 농목회 창립), 이들을 중심으로 하여 농촌교회의 생명운동과 협동조합운동이 새롭게 전개되었다.

먼저 예장(통합)을 중심으로 하여 보면, 1989년에는 원주 호저면에

---

38) 정농회 홈페이지(http://www.jungnong.com/) 참조.
39) 한경호, "한국 기독교 협동조합운동의 역사와 성격", 32~33.

위치한 호저교회(담임 한경호 목사)가 마을 주민들과 함께 '호저소비자협동조합'을 창립하였고, 2000년에는 이것을 원주 시내 소비자들과 함께 연합하여 '원주소비자생활협동조합'으로 확대 개편하여 사업을 계속하였다.[40] 호남 지역에서는 대표적으로 전남 장성의 백운교회(남상도 목사)를 중심으로 하여 농민운동과 함께 협동조합이 전개된 것을 볼 수 있다. 백운교회는 1990년 생산자협동조합인 '한마음공동체'를 설립하였고, 1994년에는 한마음공동체 영농조합법인과 한마음신용협동조합을 설립하여 운영하게 되었다. 영남지역에서는 경북 봉화 옥방교회(담임 천정명 목사)가 중심이 되어 1991년 봉화, 예천, 영주 봉산지역의 농촌교회 교인 80여 명이 모여 '새누리공동체'를 창립하고, 1994년에는 이를 '새누리생활협동조합'으로 개편하여 생협 활동을 하였다.[41]

기독교장로회에서는 전북 완주 율곡교회(담임 여태권 목사)가 1991년 '완주한우영농조합법인'을 만들고, 2000년에는 '율곡공동체영농조합법인'을 만들어 지역사회의 변화에 큰 기여를 하였다. 감리교에서는 아산 송악교회(이종명 목사)가 2006년에 '송악골영농조합법인'을 만들었고, 경기도 강화 지역에서는 김정택 목사가 주축이 되어 1998년에 '강화환경농업농민회'를 결성하고 2004년에는 '양도면영농조합법인'을 만들어 강화 지역에서 협동조합사업을 하였다.[42]

세 번째 기타 기독교 기관을 통해서 일어난 협동조합운동을 보면, 먼저 교단을 중심으로 하여 일어난 협동조합이 있다. 예장(통합) 교단의 농어촌부에서는 1995년에 '예장생활협동조합'을 설립하였으며, 동

---

40) 한경호, "협동조합운동을 통한 치유와 화해의 사역 사례: 호저생협을 중심으로", 한경호 편, 『협동조합운동과 마을목회』(서울: 도서출판 나눔사, 2018), 231~244 참조.
41) 한경호, "한국 기독교 협동조합운동의 역사와 성격", 32~33.
42) 위의 글, 33.

교단 산하 영등포노회에서는 1996년에 '영등포노회 생활협동조합'을 창립하여 활동을 시작하였다. 감리교에서는 감리교 농목회원들을 중심으로 하여 1999년 '감리교농도생협'을 조직하여 서울 아현교회 내에 매장을 마련하고 사업을 하였다.

그 외 1990년대부터 YMCA가 각 지역 YMCA를 중심으로 하여 '등대생활협동조합'을 결성하여 생협운동을 전개하였고(안양, 부천, 광명, 군포, 의정부, 성남 등), YWCA는 부산 YWCA가 1987년부터 도농(都農)간의 농산물 직거래를 해오다가 2002년 '부산 YWCA 생활협동조합'을 만들어 사업을 계속하고 있다.

2. 한국 가톨릭교회의 협동조합

그러면 한국 가톨릭교회에서의 협동조합은 어떻게 시작되었고, 오늘에 이르기까지 어떤 과정과 역사를 통해 전개되어 왔는가? 가톨릭교회가 한국교회 협동조합운동의 역사에서 갖는 중요한 의미는 무엇인가를 살펴보도록 하자.

이미 2장 "협동조합의 역사"에서 언급했듯이 한국에서 오늘의 신용조합과 같은 비슷한 업무를 수행한 최초의 조합은 1907년 조선총독부에 의해서 세워진 금융조합이었다. 그리고 해방 후에는 1957년 농업협동조합이 세워지면서 이와 비슷한 일을 했었다. 그러나 한국 협동조합의 역사에서 현대적 의미의 신용협동조합이 실질적으로 세워진 진원지는 가톨릭교회였다.

1) 한국 최초의 신용협동조합

　최초 한국 신용협동조합은 1960년 5월 1일 부산에서 미국인 선교사 메리 가브리엘라(Mary Gabriella Mulberin, 한국명 가별, 1900년생) 수녀에 의해서 세워진 '성가신용협동조합'이다. 가별 수녀는 미국 가톨릭 교회의 메리놀(Maryknoll) 수녀회 소속으로, 1930년 30세 때 한국에 와서 평양과 신의주 등에서 선교활동을 하였다. 1950년 6·25전쟁으로 잠시 하와이로 피신을 갔다가, 1952년 다시 한국으로 와 부산 메리놀 병원에서 구호사업을 하면서, 전쟁으로 인해서 고통을 받는 많은 사람들을 돌보았다.

　그러던 중 그녀는 외국의 원조에만 의지하여 한국인들을 돕는 것은 일시적이라는 것을 깨닫고, 보다 장기적이고 근본적으로 한국인들이 스스로의 힘으로 일어날 수 있도록 돕는 방법을 찾아 고민하였다. 그러면서 그녀는 자조와 자립, 그리고 상호협동 정신을 바탕으로 하는 협동조합을 알게 되었다. 마침내 1957년 그녀의 나이 57세 때 가별 수녀는 캐나다 안티고니쉬(Antigonish) 운동의 중심지인 성 프랜시스 세비아 대학교(St. Francis Xavier University)의 코디 국제연구원(Cody International Institute)으로 연수를 가서 신용협동조합에 대한 전문적 교육을 받았다. 그리고 그다음 해에 귀국하여 신협에 대한 연구와 함께 한국인들에게 신협에 대해서 알리기 시작하였다. 외국인 전문가를 초청하여 신협에 대한 강의를 하기도 하고, 1960년 3월에는 7주간에 걸쳐 30여 명의 사람들에게 신용협동조합에 대한 교육을 실시하기도 하였다.[43]

---

[43] 염찬희, "협동교육연구원에 대한 재평가-한국 협동조합들의 산실", 아이쿱협동조합연구소 엮음, 『한국 생활협동조합운동의 기원과 전개』(파주: 도서출판 푸른나무, 2012), 181.

이러한 과정을 거쳐 마침내 1960년 5월 1일 메리놀병원, 가톨릭구제회의, 그리고 성분도병원 직원들 중 27명이 조합원으로 참여하여 한국 최초의 신협인 '성가신용협동조합'이 탄생하였다. 조합의 창립과 함께 가별 수녀는 조합이 뿌리를 내리고 잘 자라갈 수 있도록 조합원들에 대한 교육에도 온 힘을 기울였다. 그래서 1962년 2월에는 메리놀 수녀원의 '나자렛의 집'에 '협동조합교도봉사회'를 만들어, 협동조합 교육사업을 본격적으로 시작하였으며, 특별히 신용협동조합 지도자들을 양성하는 일을 감당하였다. 여기서 교육을 받은 사람들은 전국으로 흩어져 각 곳에 신용협동조합을 세우는 데 크게 이바지하였다.

1963년에는 부산의 '협동조합교도봉사회'가 서울에서 장대익 신부를 중심으로 하여 만들어진 '협동교육연구원'(Cooperative Education Institute)으로 연합 개편되어 신용협동조합운동을 전국적 차원으로 발전시키는 계기가 되었다.[44] 초대 원장은 가별 수녀가 맡아서 지도하였다.

이 시기 가톨릭 신용협동조합운동과 관련하여 가별 수녀와 함께 기억해야 할 또 한 사람이 장대익 신부다. 가별 수녀가 1960년 5월 1일 부산에서 한국 최초의 신용협동조합인 '성가신용협동조합'을 만들고, 바로 한 달 후인 1960년 6월 서울에서도 신협이 만들어지는데, 그것은 장대익 신부를 중심으로 하여 설립된 '가톨릭중앙신용협동조합'이었다.

장대익 신부는 원래 경기도 장호원교회에서 사목을 하면서, 그곳 농촌의 어려움을 목격하고 1956년 무렵 생산자협동조합을 시도하기

---

44) '협동교육연구원'이 장대익 신부가 설립한 것으로 볼 것인지, 혹은 가별 수녀가 세운 '협동조합교도봉사회'를 이어받은 것으로 볼 것인지에 대해서는 논란이 있다.

도 하였다. 그러던 중 1957년 메리놀회 한국지부장 겸 충북 감목(監牧)대리로 활동하던 제임스 파디(James V. Pardy) 주교의 추천으로 가별 수녀가 교육을 받았던 성 프랜시스 세비아 대학교로 유학을 떠나 그곳에서 2년 정도 신용협동조합에 대한 교육을 받았다. 귀국 후 1959년에는 가톨릭 신자들로 구성된 '협동경제연구회'와 함께 신용협동조합에 대한 협력 방안을 모색하고, 서울, 인천, 대구 등 전국 가톨릭교회와 함께 서강대, 효성여대 등 전국 대학을 돌면서 신용협동조합에 대한 강의를 하였다. 이와 함께 신협운동을 이끌어나갈 평신도 지도자들을 교육하여 육성하는 일을 계속하였고, 마침내 1960년 6월 26일 서울 시내 가톨릭교회 신자들을 중심으로 하여 '가톨릭중앙신용협동조합'을 창립하기에 이르렀다.[45]

이렇게 가톨릭을 중심으로 시작된 신용협동조합은 그 후 가톨릭을 넘어 개신교회로 확산되었고, 더 나아가서는 일반 사회에도 큰 영향을 주어 한국 사회 속에 신

한국 가톨릭 신용협동조합운동의 선구자들

용협동조합운동이 뿌리내리도록 하는 데 큰 기여를 하였다. 그리고 마침내 1964년 4월 25일에는 전국 신협대표 51명이 모여 신용협동조합의 연합체인 '한국신용협동조합연합회'를 결성하기에 이르렀다.[46]

2) 가톨릭 원주교구를 중심으로 한 협동조합운동

가톨릭교회의 협동조합운동에 있어서 중요한 것 중의 하나가 가

---

45) 염찬희, "협동교육연구원에 대한 재평가-한국 협동조합들의 산실", 183.
46) 위의 글, 190.

톨릭 원주교구다. 원주교구는 1965년 3월에 세워졌고, 그해 6월 초대 주교로 지학순 신부가 취임하였다. 지학순 주교는 지역사회에 대한 관심이 남달랐으며, 특별히 지역사회 개발을 위한 방안으로 협동조합 사업에 지대한 관심이 있었다.

지학순 주교의 이런 정책에 따라 1966년 11월에는 원주 지역 가톨릭 신자 35명(원동성당)이 조합원으로 참여하면서 '원주신협'이 시작되었다. 조합원들의 출자금은 64,190원이었고, 초대 이사장은 원주 대성학원의 설립자이면서 지역사회 운동가였던 장일순이 맡았다. 그리고 '원주신협'을 시작으로 하여 강원도 지역에서는 바로 '문막신협'(1966. 12), '단구신협'(1968), '주문진신협'(1968), '삼척신협'(1969) 등이 지역 성당을 중심으로 계속 설립되었다.[47]

1968년에는 지학순 주교가 설립한 진광중학교 내에 '협동교육연구소'를 부설기관으로 세워서, 학생들에 대한 협동조합 교육과 함께 도내 교회와 농촌 지역에 신협 교육을 실시하여 신협을 조직할 수 있도록 도왔다. 이때 '협동교육연구소'의 주된 인물은 '원주신협' 이사장인 장일순과 협동교육연구소에서 간사로 일한 장상순, 그리고 진광학교 교사였던 박재일 등이었다. 1970년에는 협동교육연구소 수료자들을 중심으로 하여 '진광학교신협'을 결성하였고, 여기에는 학생과 교직원들도 함께 참여하였다. '진광학교신협'에 이어 같은 해 8월에는 원주 '세교신협'이 설립되고, 1972년 10월에는 원주 '밝음신협'이 창립되었으며, 그 후 강원도 지역에는 많은 신협들이 계속 조직되면서 신협운동이 활발하게 전개되었다.

---

47) 염찬희, "생협운동의 또 하나의 씨앗-천주교 원주교구와 강원도 생협운동", 아이쿱협동조합연구소 엮음, 『한국 생활협동조합운동의 기원과 전개』(파주: 도서출판 푸른나무, 2012), 210~211.

이런 신협운동과 함께 1970년대 후반부터는 강원지역에서 소비자협동조합(소협)운동이 일어나게 된다. 1979년 강원도 평창의 '신리소비자협동조합'을 필두로 하여, 횡성군의 강림, 영월의 연당 등 소협은 강원도 전 지역으로 빠르게 확산되었다. 특별히 강원도는 산악지역으로 인해 공산품 가격이 비쌀 수밖에 없는 상황에서, 소협은 공동구매를 통해서 지역 조합원들에게 저렴한 가격으로 물건을 공급할 수 있었다. 그러나 이런 소협운동은 1980년대 중반부터 쇠퇴하기 시작하는데, 그 이유는 이농 현상으로 인한 농촌 지역 인구 감소와 이로 말미암은 구매력 축소, 그리고 교통의 발달로 인해 유통이 수월해지면서 지역 간 가격 차이가 별로 없어진 것 등이었다.[48]

1980년대로 들어서면서 가톨릭 원주교구를 중심으로 하여 또 하나의 협동조합에 대한 시도가 이루어지게 되는데, 그것은 바로 생활협동조합(생협)운동이었다. 이것은 원주교구 내에 있는 사회개발위원회를 중심으로 하여 시작되었는데, 여기서는 농촌 지역에 생활협동조합을 소개하고, 생협의 설립을 지원하며, 생협 운영에 대한 지도와 함께 임직원에 대한 교육, 그리고 각종 사업을 지원하는 일을 하였다. 그 결과 1980년대 중반에는 원주교구 관할에 있는 강원도 영월, 평창, 원성, 횡성, 그리고 충북의 제천과 증원군, 경기도의 여주군 내에 26개의 농촌 생협이 설립되어 운영될 수 있었다. 그뿐만 아니라 태백과 정선 등 탄광 지역에도 영향을 미쳐 10여 개의 광산노동자생협이 결성되었다.[49]

강원도 지역에서 생협운동이 일어나게 된 과정을 좀 더 자세히 보면, 먼저 1981년 일본 가톨릭교회의 초청으로 원주교구의 지도자들과

---

48) 한경호, "한국 기독교 협동조합운동의 역사와 성격", 31.
49) 염찬희, "생협운동의 또 하나의 씨앗-천주교 원주교구와 강원도 생협운동", 223.

사회운동가들이 일본의 유기농 현장과 생활협동조합을 견학하게 되었다. 그리고 1984년 말 다시 한번 '일본 유기농업과 생활협동조합운동 연수'를 다녀온 후, 1985년 6월 24일 한국 최초의 도시 생활협동조합이라고 할 수 있는 '원주소비자협동조합'을 결성하였다. 당시 조합원은 53명에 출자금은 590,000원이었다. 이들은 이 생협운동을 통해서 생명에 대한 존중(생명운동)을 바탕으로 하여 농촌의 생산자와 도시의 소비자가 함께 하는 도농 상생의 공동체를 실천하고자 하였다.[50]

그리고 1986년 6월 원주소협이 창립되고 일주년이 되면서, 당시 이사장이었던 박재일은 도시와 농촌의 직거래를 보다 활성화하기 위해 서울로 올라와서, 서울 동대문구 제기동에 '한살림농산'이라는 매장을 열었다. 그리고 소비자들을 조직하여 1988년 '한살림공동체소비자협동조합'을 창립함으로써, 한국 생협의 역사에 한 획을 긋는 '한살림운동'을 시작하였다.

3) 임실 지역을 중심으로 한 지정환 신부의 협동조합운동

강원도 원주를 중심으로 한 협동조합운동과 함께 가톨릭 협동조합운동에서 눈에 띄는 것이 또 하나 있는데, 바로 전북 임실 지역을 중심으로 한 협동조합운동이다. 오늘날 임실은 '임실 치즈'로 전국에 잘 알려진 지역이다. 그러나 이런 임실 치즈가 나올 수 있기까지는 한 외국인 신부의 헌신과 희생이 있었기에 가능한 일이었다.

지정환 신부. 그는 원래 벨기에 출신의 신부로서 본명은 디디에 세스테벤스(Didier t`Serstevens)였다. 지정환 신부는 1931년 벨기에 브뤼셀

---

50) 위의 글, 228.

에서 태어나, 1958년 사제로 서품을 받고, 1959년 한국에 와서 전주교구 소속 신부로서 부안과 임실 지역에서 사목활동을 하였다. 특별히 그는 전쟁 후 무지와 가난 속에서 허덕이던 당시 한국의 농촌을 보면서, 이들의 삶을 개선하기 위한 노력을 하였다. 그가 1961년 부안성당 주임신부로 있을 때는 주민들과 함께 바다를 막아 농토를 만드는 간척사업을 통해서 굶주리는 농민들에게 식량을 자급할 수 있도록 농지를 보급하였다.

지정환 신부

그리고 1964년에는 다시 임실로 임지가 바뀌자, 그는 임실에 와서 그가 하고자 하는 본격적인 사역을 시작하였다. 그는 먼저 당시 한국 가톨릭교회를 중심으로 하여 일어나고 있었던 신용협동조합을 임실에서 시작하였다. 임실 역시 경제적으로 너무나 피폐한 상황이었기 때문에 그는 먼저 주민들이 경제적으로 일어설 수 있는 기반을 만들 수 있도록 하기 위하여 신협이 필요한 것을 알고 이를 실행한 것이었다. 지정환 신부가 임실에서 신협을 시작할 수 있었던 직접적인 계기가 된 것은, 당시 신태근이라는 청년을 통해서였다.

신태근은 지 신부의 전임지였던 부안 출신으로서, 가톨릭 협동교육연구원에서 신용협동조합에 대한 교육을 이미 받은 사람이었는데, 지 신부에게 지역민을 위해서 신협운동을 해야 한다는 것을 강력하게 권하였다.[51] 그 결과 지 신부는 지역민들에게 신협에 대한 소개와

---

51) 고동희, 박선영, 『치즈로 만든 무지개: 지정환 신부의 아름다운 도전』(서울: 명인문화사, 2007), 61.

교육을 실시하였고, 본인이 제1호 조합원이 되어서 신협을 출발시켰다. 그리고 여기에는 종교와 관계없이 지역민 누구나 조합원이 될 수 있도록 하였고, 조합원들의 소액을 모아 필요한 사람에게 융자를 해 주었다.[52]

이러한 신협운동을 바탕으로 1966년 12월에는 산양을 기르는 사람 12명이 모여 '산양협동조합'을 결성하였다. 오늘로 말하면 생산자협동조합이라고 할 수 있겠다. 이 조합을 통해서 산양을 사육하는 지식과 기술을 함께 익히고, 또한 산양의 젖을 함께 판매하는 일을 시도하였다. 그러나 당시 산양유를 먹는 사람들은 거의 없었기 때문에 판매에 많은 어려움이 뒤따랐다. 그러던 중 지정환 신부는 남아도는 산양유로 치즈를 만들어 판매를 하려고 했지만 그 제조 과정이 쉽지만은 않았다. 이에 1969년 지 신부는 치즈에 대해서 본격적으로 배우기 위해서 유럽으로 향했다. 그리고 다시 임실로 돌아와 그는 한국 최초로 치즈를 만드는 데 성공하였다.

치즈 제조의 성공과 함께 더 이상 산양만으로는 충분한 양의 치즈를 만들 수 없는 형편에 이르게 되자, 1972년 모든 조합원들이 산양을 처분하고 젖소를 키웠다. 그 결과 '산양협동조합'이라는 명칭은 더 이상 맞지 않게 되어, 1972년 6월 '임실치즈협동조합'으로 새롭게 시작하게 되었다. 그러면서 치즈의 생산과 함께 자금의 문제 등을 해결하기 위하여, 1981년에는 신용협동조합으로 인가를 받았다.[53]

지정환 신부는 오늘의 임실치즈협동조합이 있게 한 중심적 인물이었으며, 이를 통해서 지역사회에 대한 발전을 이루도록 하는 데 큰 기여를 하였다. 또한 그는 임실뿐만 아니라 전라북도와 전라남도 지역

---

52) 위의 책, 62~65.
53) 위의 책, 137~138.

에 협동조합을 소개하고 조직하는 데도 헌신적 노력을 하였다. 하나님께서는 한 사람의 종을 통해서 협동조합과 함께 그 땅을 새롭게 바꾸는 위대한 일을 이루신 것이다.[54]

이상에서 살펴본 바와 같이 한국교회는 일찍이 이 민족과 함께 해왔으며, 특별히 국가와 사회가 처한 현실을 외면하지 않고 그곳에 들어가 함께 사회를 바꾸고 변혁하고자 하는 노력들을 계속해 왔다. 협동조합운동도 그중의 하나였다. 일제 강점기 암흑의 시간에 가난과 빈곤으로 인한 이 민족의 경제적 어려움을 극복하고자 하는 방편으로 교회는 협동조합운동을 적극적으로 소개하고 전개하였다. 그리고 그 이후 군사 독재 시기 등을 거치면서도 그 불을 끄지 않으려고 부단히 애를 써왔다.

특별히 한국이 산업화 과정을 거치면서 나타난 여러 가지 부작용들을 목격하면서, 교회는 협동조합을 통해서 생명운동과 농촌 살리기, 친환경 농업 등 다양한 사업들을 전개하였다. 지금은 무엇보다 신자유주의와 함께 부각된 자본주의의 문제들, 즉 경제적 불평등으로 인한 빈부격차의 심화, 급속하게 진행되는 소득의 양극화, 일자리 감소와 고용의 불안 등 심각한 사회적 위기 현상에 직면하면서, 교회 또한 깊은 고민에 빠져 있다. 그러면서 이를 극복하기 위한 대안으로 다시 협동조합에 대한 교회적 관심이 높아지고 있다. 역사적으로 볼 때 협동조합은 사회적 위기 속에서 출발을 하였고, 그것을 극복하는 중요한 역할을 감당해 왔다는 점에서, 한국교회 역시 오늘 직면한 우리

---

54) 안타깝게도 지정환 신부는 필자가 본서의 저술 작업을 마무리할 무렵인 2019년 4월 13일 88세를 일기로 하나님의 부르심을 받았다. 2016년 대한민국 정부는 한국을 위한 그의 사랑과 헌신을 높이 평가하여 그에게 한국 국적을 부여하였으며, 2019년 장례식에서는 그의 일생의 업적을 기려 국민훈장 모란장을 추서(追敍)하였다.

사회의 어려움들을 함께 극복하고 더 나은 세상을 만들기 위해 더욱 적극적으로 협동조합운동에 참여하고 이를 실천할 수 있어야 할 것이다.

9장

함께 사는 세상 함께 하는 교회

협동조합은 많은 학자들이 예측했던 것처럼 경제가 성장한 후에도 쉽게 쇠퇴하거나 사라지지 않았다. 오히려 2008년 세계 경제 위기(financial crisis) 속에서 협동조합은 관심을 받게 되었고, 그 어느 때보다 더욱 주목을 받게 되었다.[1)]

인류 역사 속에 등장한 협동조합은 그 출발과 발전 과정이 결코 쉬운 것은 아니었다. 많은 곳에서 일어난 협동조합들은 실패를 거듭하기도 하고, 상당한 수의 협동조합들은 역사 속으로 사라져 버리기도 하였다. 거대한 자본에 대항하여 일어났지만, 자본주의 체제 속에서 자본이 갖는 힘 앞에 협동조합은 풍전등화(風前燈火) 같은 처지가 될 때가 많았다.

그러나 그런 위기의 상황 속에서도 협동조합은 결코 그 생명력을

---

1) Patrizia Battilani and Harm G. Schröter, ed., *The Cooperative Business Movement, 1950 to the Present*(New York: Cambridge University, 2012), 263.

잃지 않고 오늘에 이르렀다. 특별히 20세기 후반 자본주의의 극단적 문제들이 오히려 사회의 위기를 부채질하는 것을 보면서, 이제 협동조합은 오히려 그 필요성이 날로 증대되고 있다. 세상은 결코 자본의 힘과 경쟁으로만 지탱할 수 없다는 것을 인류는 깨닫게 된 것이다. 이제 21세기는 위기와 함께 그 대안으로 협동조합에 주목하고, 이를 통해서 보다 나은 세상을 꿈꾸고 있다.

이제 우리 눈을 우리가 사는 한국 사회와 교회로 돌려보자. 그리고 협동조합의 미래를 함께 생각해 보자.

1. 한국 사회에 대한 전망

한국은 세계 역사상 유례를 찾기 어려울 정도로 초고속 경제 성장을 이룩한 나라다. 우리는 이에 대한 자부심과 긍지를 가질 수 있어야 할 것이다. 그리고 마땅히 경제 성장이 가져다준 결과를 함께 누릴 수 있어야 한다.

그러나 경제의 성장과 발전, 세계 시장에 대한 경제적 개방과 교류 등은 지금 우리 사회가 예기치 못한 전혀 다른 또 하나의 문제를 안겨주고 있다. 함께 일하고 땀 흘리고, 그 결과 또한 함께 나누고 누려야 되는데, 지금 우리 사회는 오히려 경제적 불평등과 불안이 증대되고 있다. 자본의 힘이 날로 거대해지면서 임금으로 살아야 하는 노동자들의 삶은 상대적으로 더 위축되고, 그 결과 소득의 격차는 빠르게 확대되고 있으며(소득의 양극화), 부의 독점과 빈곤층의 증가는 사회적으로 매우 심각한 상태가 되고 있다.

또한, 경제가 발전하였음에도 불구하고 고용이나 일자리 문제는 더 심각해지고 있으며, 산업의 발전과 함께 증대되어 가는 환경 문제, 그리고 삶의 불안정성과 미래 사회에 대한 비관적 전망에 따른 결혼율 감소, 출산율 저하 등으로 인한 인구 감소 등은 한국 사회를 매우 어둡게 하고 있다. 물론 과학이나 기술적 측면에서는 인공지능, 로봇, 화석 연료를 대체하는 신재생에너지 개발 등 과거에 경험하지 못한 새로운 세계가 전개될 것이다.

1) 불평등 사회: 경제적 불평등의 심화

미래 한국 사회의 가장 심각한 문제는 불평등한 사회, 무엇보다도 경제적 불평등이라 할 수 있을 것이다. 2018년 국세청이 발표한 '국세통계연보'를 보면, 2017년 한국 사회에서 상위 소득 10%에 해당하는 사람들이 전체 종합소득의 56.5%를 차지하고 있다. 그리고 나머지 90% 사람들이 43.5%를 가지고 나누고 있다. 특별히 최하위 10%에 해당하는 사람들은 전체 소득의 0.4%를 겨우 가지고 살고 있다. 최상위 10%와 최하위 10% 사람들의 소득을 비교하면, 최상위 10% 사람들(1인당 평균소득 1억 7700만 원)은 최하위 10% 사람들(1인당 평균소득 121만 원)의 146배에 해당하는 소득을 얻었다.[2] 이런 결과는 가진 사람들은 더 갖게 되고, 가난한 사람들은 더 가난해지는 빈익빈부익부(貧益貧富益富)의 사회를 만듦으로써, 장기적으로 우리 사회와 국가에 커다란 부담을 가져오게 될 것이다.

경제적 불평등에 대해서 심도 있는 연구를 수행해온 프랑스 경제학자 토마 피케티(Thomas Piketty) 등이 주축이 되어 쓴 『세계 불평등

---

[2] 국세청, 「2018년 국세통계연보」(2018. 12. 27) 참조.

보고서 2018』에서는 오늘날 세계 각국에서 심각한 문제가 되고 있는 경제적 불평등 현상에 대해 경제학적으로 분석을 하고 있다. 그러면서 그들은 "심화되는 불평등은 적절히 감시하고 대처하지 않으면 온갖 정치, 경제, 사회적 재앙으로 이어질 수 있다."[3]고 경고하고 있다.

한국은 지금 세계적으로 소득 불평등 지수에서 미국 다음으로 2위에 올라있다. 한국노동연구원이 2017년에 발표한 자료에 따르면, 2015년에 이미 한국은 최상위 10%가 전체 소득의 48.5%를 차지함으로써, 최상위 10%가 전체 소득의 50%를 차지하는 미국에 이어 소득 불평등에 있어서 두 번째 나라가 되었다.[4] 이런 불평등 구조 속에서 더 큰 문제는 소득 격차가 갈수록 더 빠르게 진행이 되고 있다는 사실이다. 이런 흐름이 지속된다면 2019~2020년 무렵에는 한국이 세계에서(OECD 국가 중) 소득 불평등 1위 국가가 될 수 있다는 경고도 있다.[5] 따라서 여기에 대한 올바른 대처를 하지 못한다면 우리 사회의 미래는 매우 암울할 수밖에 없을 것이다. (국세청이 발표한 「2018년 국세통계연보」를 볼 때, 2017년 이미 한국은 상위 10%의 소득이 56.5%로 급증하였다. 다른 나라들의 정확한 통계가 나오지 않아서 비교할 수 없지만 한국노동연구원의 경고는 오히려 더 앞당겨져서 이루어진 것으로 충분히 짐작할 수 있다.)

인류 역사에서 자본주의가 갖는 장점과 기여는 인정하되, 자본이 지배하는 사회, 어떻게 보면 자본의 횡포 앞에 무방비 상태에 놓인 사회는 불행해질 수밖에 없다. 그런데 지금 우리가 사는 21세기는 자본

---

[3] Facundo Alvaredo, Lucas Chancel, Thomas Piketty, Emmanuel Saez and Gabriel Zucman, *Rapport sur les inégalités mondiales 2018*, 장경덕 역, 『세계 불평등 보고서 2018』(서울: 글항아리, 2018), 10.
[4] 한국노동연구원, "2015년까지의 최상위 소득 비중", 「노동리뷰」(2017. 2), 81.
[5] 1991~2012년까지 한국의 소득 불평등 지수를 분석한 경향신문은 이렇게 가파른 추세가 계속된다면, 2019~2020년 무렵에는 한국이 OECD 국가 중에서 소득 불평등 1위 국가가 될 수 있을 것이라고 추정하였다. 주영재, "한국 소득 불평등, 2019년 OECD 국가 중 1위 된다", 「경향신문」, 2014. 9. 12.

주의의 이런 민낯을 목도하고 있다. 자본의 지배와 극단적 이윤 추구, 이로 인해 발생하는 지대한 소득 격차와 불평등의 심화, 이런 현상은 물론 국가 간에 다소 차이가 있다고는 하겠지만 지금 세계 각처에서 공통적으로 일어나고 있는 심각한 문제들이다. 무엇보다 한국은 그 중에서도 최상위 그룹에 속한다는 점에서 이 문제를 보다 심각하게 받아들이고, 이에 대해서 적극적으로 대처하지 않으면 미래는 매우 비관적일 수밖에 없다는 것을 명심해야 할 것이다.

> 자본의 수익률이 생산과 소득의 성장률을 넘어설 때 자본주의는 자의적이고 견딜 수 없는 불평등을 자동적으로 양산하게 된다. 19세기에 이런 상황이 벌어졌으며, 21세기에도 그렇게 될 가능성이 상당히 높은 것으로 보인다. 이러한 불평등은 민주주의 사회의 토대를 이루는 능력주의의 가치들을 근본적으로 침식하게 한다.[6]

2) 일자리 감소와 고용 불안

21세기에 일어나는 또 하나의 사회적 문제는 일자리의 감소와 고용 불안이다. 이것은 한국 사회 역시 예외가 아니다. 자본주의는 그 속성상 영리를 추구하는 경제 체제이기 때문에 언제든지 수익이 줄어들면 노동자들을 해고함으로써 그 손실을 메우려 한다. 자본주의의 위기에 대해 연구한 리처드 울프(Richard D. Wolff)는 자본주의는 실업의 문제를 근본적으로 해결하기 어려운 제도라고 하면서 다음과 같이 주장하고 있다.

---

6) Thomas Piketty, *Le Capital au XXIe Siècle*, 장경덕 외 역, 『21세기 자본』(파주: 글항아리, 2018), 8.

자본주의에서의 고용은 주로 어떤 제품(production, 생산품)을 만들어내고자 하는 자본가의 결정에 따라 이루어지는데, 이러한 결정은 그 수익(profit)에 따라 달라진다. 만약 자본가가 높은 수익을 기대하고 그것을 만족시킬 수 있다면 그들은 고용을 하게 된다. 그러나 그 반대의 경우가 된다면 해고를 한다.[7]

오늘 한국 사회는 일자리 문제로 골치를 앓고 있다. 전체적인 실업률의 증가, 청년 일자리의 부족, 여기서 더 나아가 수명의 연장과 함께 발생하는 중장년층의 실업 등 일자리의 문제가 심각함에도 불구하고, 여기에 대한 해결의 실마리가 보이지 않는다.

통계청이 발표한 2018년 고용 동향[8]을 보면, 2018년 한국 사회의 실업률은 3.8%(실업자 수 1,073,000명)로 17년 만에 최고치를 기록하고 있다. 참고로 2016년에는 실업률 3.7%(실업자 1,009,000명), 2017년에는 실업률 3.7%(실업자 1,023,000명)이었다. 이런 통계는 실업자 수가 줄어들지 않고 점점 증가하고 있다는 사실을 보여주고 있다.

2018년 15~64세(생산가능인구)의 고용률은 66.6%인데, 이런 비율은 2014년 이후 크게 개선이 되지 않고 있다. 2014년 생산가능인구의 고용률은 65.6%, 2015년 65.9%, 2016년 66.1%, 2017년과 2018년에는 66.6%로, 거의 65~66%대를 유지하고 있다.

특별히 청년실업률(15~29세)은 지금 한국 사회의 심각한 문제가 되고 있다. 청년실업률은 2012년 이후 지속적으로 상승하고 있는데, 2012년 7.5%에서 시작하여, 2013년 8.0%, 2014년 9.0%, 2016년과 2017년에는 9.8%를 기록하고 있다. 그리고 2018년 1분기(1~3월)에는 한때

---

7) Richard D. Wolff, *Capitalism's Crisis Deepens*(Chicago: Haymarket Books, 2016), 60.
8) 통계청,「2018년 12월 및 연간 고용 동향」(2019. 1. 9).

10%를 넘어가기도 하였는데(2018년 평균은 9.5%), 이때 청년 실업자 수는 113만 명에 이르렀고, 실제 실업 체감률은 23%였다.[9]

청년 일자리의 문제는 이들의 장래까지도 어둡게 한다는 점에서 매우 우려스러운 일이다. 그 결과 청년들이 직업, 연애, 결혼, 출산, 주택 구입 등을 포기하는 절망스러운 일들이 일어나고 있으며, 이것은 청년의 문제를 넘어 미래에 한국 사회의 심각한 문제가 될 것으로 예견된다.

일자리 문제와 함께 또 하나 고용의 문제는 안정적 일자리가 사라지고 비정규직 등 임시직이 늘어나고 있다는 사실이다. 2014년 한국 사회의 비정규직 비율은 32.2%에서 2016년 32.8%, 2018년에는 33%로 계속 증가하고 있다(2018년 비정규직 인원 661만 4천 명). 비정규직은 고용의 불안과 함께, 무엇보다 임금이 대부분 정규직의 절반 정도에 머무르고 있어서 개인의 경제적 불안정과 함께 국가 전체의 소득 불평등의 원인이 되고 있다.[10]

더군다나 인공지능(Artificial Intelligence, AI)이나 로봇 산업의 발전 등은 미래 일자리를 더욱 불안하게 하고 있다는 점에서, 일자리의 문제는 우리 사회의 핵심적 이슈가 되리라 본다. 우리 사회와 국가는 이런 변화를 예견하면서, 거기에 적절한 대응 방안을 찾아 이를 극복해 나갈 수 있어야 할 것이다.

---

9) 통계청,「경제활동인구조사」(2019. 2. 13).
10) 장용석 외,『사회적 가치의 재구성』(고양: 도서출판 문우사, 2018), 71~74. SBS 미래부,『더 나은 사회 더 나은 미래: 미래 한국 리포트』(파주: 한울앰플러스, 2017), 41~44 참조.

3) 인구: 저출산, 고령화, 다문화 사회

지금 한국 사회에서 또 하나 중요한 이슈가 되고 있는 것이 인구 문제다. 대가족으로 구성되었던 전통적 가족제도가 산업화 시대를 거치면서 핵가족으로 변모되었고, 더 나아가 국가에서 시행한 산아제한정책으로 인해서 가족 구성원 수는 급격하게 줄어들었다. 이런 근시안적 정책과 함께 최근 들어서는 여러 가지 힘든 사회적 환경들로 인해서 젊은이들이 결혼과 출산을 기피하는 현상이 점점 증가하면서, 한국은 그야말로 인구 절벽의 시대를 예고하고 있다.

미래 한국 사회의 인구 상황과 관련하여 먼저 생각할 것은 저출산의 문제다. 이미 언급한 것처럼 가족제도의 변화, 과거 국가의 인구 정책 등이 이런 저출산의 결과를 만들어왔다. 그러나 최근의 상황은 사회적 요인과 크게 관련되어 있다. 여성들의 사회 진출이 본격화되면서 노동과 출산, 육아 등에 따른 어려움, 젊은이들의 구직난과 거기서 오는 경제적 빈곤 문제와 결혼 회피(포기 또는 지연) 현상, 그리고 결혼에 대한 젊은이들의 인식 변화(결혼을 꼭 해야 하는가) 등은 자연히 결혼과 출산율을 낮추게 만들고, 이것은 미래 인구의 감소로 이어지고 있다.

우리가 잘 아는 대로 현행 인구가 그대로 유지되기 위해서는 한 가정에서 평균 2.1명의 자녀를 낳아야 한다. 그러나 한국의 평균 출산율(가임여성 1명당)을 살펴보면 1970년에 4.3명이던 것이 1975년에는 3.43명, 이어서 1983년에는 2.06명으로 한 가정 당 출산율이 2명 정도로 떨어졌다. 그리고 이런 추세는 계속되어 1987년 1.53명, 2001년 1.30명, 2005년 1.08명, 2017년에는 1.05명까지 감소되었다.[11] 그리고

---

11) 통계청, 연도별 출산율 및 신생아 수 참조

2020년에는 1명에도 못 미치는 0.84명에 이르게 되었다.[12]

현재 인구의 감소는 미래 사회의 문제로 직결된다. 만일 이런 인구 추세가 지속한다면 미래 한국 사회는 생산 인구의 부족으로 인한 경제적 문제, 그리고 생산 인구는 줄어드는데 노령 인구는 계속 증가함으로써 이에 따른 노령 인구 부양의 부담 등 심각한 사회적 문제들이 대두할 것이다.

둘째로 인구와 관련하여 생각할 것은 고령 인구의 증가다. 한국 사회에서 65세 이상의 고령 인구 비율을 살펴보면, 1990년에는 5.1%, 2000년에는 7.1%, 2010년에는 11.0%, 그리고 2017년에는 14.0%(전체 인구 5175만 3820명 중 725만 7288명)로 꾸준히 그 증가 폭이 확대되고 있다.[13] 우리가 한 사회를 고령 인구 비율로 구분할 때, 65세 이상의 고령 인구가 전체 인구의 7% 이상을 차지하면 '고령화 사회'로, 14%를 넘으면 '고령 사회'로, 그리고 20% 이상이면 '초고령 사회'로 규정한다. 이런 구분에 따르면 한국 사회는 2017년을 기점으로 고령 사회에 이미 진입을 한 것이다.

그러나 더 심각한 문제는 출산율 감소와 함께 이런 고령화 추세가 계속된다면, 2030년에는 고령 인구의 비율이 24.3%, 2040년에는 32.3%, 2050년에는 37.4%, 2060년에는 40.1%가 될 것이라는 전망이다.[14]

셋째로는 인구와 관련된 사회적 변화는 다문화 사회로의 전환이다. 그동안 한국은 단일 민족 국가였고 이것은 어디서나 당연한 것으로 인식되었다. 그러나 2000년대를 넘어서면서 이제 한국은 단일 민

---

[12] 통계청, 2020년 출생 사망 통계 잠정 결과(2021. 2. 24).
[13] 통계청, 고령자 통계 한국의 사회지표 참조.
[14] 통계청, 65세 이상 고령 인구 증가 전망 참조. 통계청, 「세계와 한국의 인구 현황 및 전망」(2015. 7. 8).

족 국가라고 부를 수 없게 되었다. 2000년대부터 본격 유입되기 시작한 외국인들은 2001년에 50만 명을 넘어서면서, 2007년에 100만 명, 2016년에 200만 명을 초과함으로써, 한국 사회는 이제 다문화 사회로 급격한 변화를 보이고 있다.[15] (참고로 200만 명은 현 충청남도 인구와 맞먹는 것이다.) 법무부는 만일 이런 추세가 지속된다면 2021년에는 한국에 체류하는 외국인이 300만 명을 넘어설 것으로 전망하고 있다.[16]

체류 외국인이 증가하는 주된 이유는 외국인 노동자의 증가와 함께 외국인과의 결혼 인구가 계속 늘어나고 있기 때문이다. 외국인 노동자가 증가하는 것은 한국 사회에 노동력을 제공한다는 긍정적 의미와 함께 한편으로는 일자리가 그만큼 축소됨으로써 한국인들의 고용에 문제를 만들고 있다. 그리고 외국인과의 결혼으로 만들어진 다문화 가정은 당사자들의 한국 사회와 문화에 대한 적응, 다문화 가정 자녀의 교육 등 한국 사회에 새로운 도전이 되고 있다. 따라서 국가나 사회는 이에 대한 적절한 대응 방안을 강구함으로써, 다문화 사회로서의 미래 한국이 제대로 자리를 잡아갈 수 있도록 해야 할 것이다.

4) 환경 문제

자본주의는 산업의 발전과 그 궤를 같이하고 있다. 그 속성상 영리를 추구하는 자본주의는 더 많은 수익을 내기 위해서 '대량 생산 대량 소비'를 부추길 수밖에 없다. 대량으로 생산하고 대량으로 소비하도록 만듦으로써, 자본가들은 더 많은 이윤과 부를 자신들의 손에

---

15) 통계청, 국가통계포털(KOSIS) 「체류외국인통계」 참조.
16) 연합신문, 2016년 7월 27일 보도. https://www.yna.co.kr/view/AKR20160727075600004.

쥐게 되기 때문이다.

여기서 문제는 대량 생산이다. 대량 생산은 크게 두 가지 문제를 일으키는데, 첫째는 대규모 자원 소비로 인한 지구상의 자원 고갈 문제다. 지구에 매장된 자원은 한정돼 있는데 자본의 탐욕은 무분별한 개발과 착취를 통해서 자원의 고갈을 더욱 부추기고 있다. 오늘날 글로벌(global) 자본주의는 더 많은 수익을 거머쥐기 위해서 더 많은 생산과 소비를 조장하고, 그 결과는 우리 인류에게 절망과 고통을 안겨주고 있다.

그리고 두 번째 문제는 환경오염이다. 대량 생산을 위해서는 그만큼 많은 공장을 세우고 시설을 만들어야 한다. 공장이 많아진다는 것은 다른 말로 그만큼 많은 화석 연료를 소모해야 하고, 그 결과 대기를 오염시키는 매연과 함께 수많은 폐기물(쓰레기)을 양산하게 된다는 것이다. 이것들은 곧 환경 문제로 직결된다. 최근 한국 사회의 심각한 문제가 되고 있는 미세먼지는 이에 대한 좋은 예가 될 것이다. 국내에서 만들어지는 오염 물질에 더해서 중국에서 날아오는 미세먼지는 이제 사람들로 하여금 숨도 제대로 쉬기 어려운 환경을 만들고 있다.

미국의 협동조합 전문가인 나도(E. G. Nadeau)는 통제되지 않는 자본가들의 이윤 추구는 결국 인간의 사회생활뿐만 아니라 환경에도 지대한 폐해를 가져올 것이라고 하면서, 이에 대한 하나의 해결책이 협동조합이라고 주장한다. 그러면서 그는 오늘의 심각한 환경 문제에 대해, "만약 우리가 이산화탄소와 기타 온실가스 배출량을 급속히 감소시키지 않으면, 2050년 우리는 해수면이 상승하고, 가뭄과 홍수가 급증하며, 심각한 이상 기후가 전 세계에 빈발하는 기온의 정점(a tipping point in global temperature)에 이르게 될 것"이라는 과학자들

의 견해를 언급하고 있다.[17]

자본주의에 의해서 추동(推動)되는 산업의 발전은 필히 환경의 문제를 가져올 수밖에 없다. 이것은 이제 한국뿐만 아니라 전 세계적인 현상이 되고 있다. 공장과 자동차의 매연으로 인한 공기 오염, 이산화탄소의 증가와 이로 인한 기후 변화, 공장의 폐수, 플라스틱 사용으로 인한 바다의 오염과 생태계 파괴, 생산 증대를 위한 비료와 농약의 과다한 사용으로 인한 식품의 안전성 문제 등은 이제 인간의 생존을 위협하는 요인으로까지 작용하고 있다.

한국 사회는 이런 문제를 어떻게 극복할 수 있을까? 그동안 한국은 경제 개발과 성장에 초점을 맞추어 왔었다. 그러기 위해서 환경오염과 파괴는 어느 정도 용인을 하고, 희생을 하는 것이 당연시되었다. 이런 현상은 비단 한국만의 문제가 아니었다. 대부분의 선진국에서도 경제 성장 과정에서 이런 일을 겪었던 것이다. 그 결과 1970~1980년대를 거치면서 많은 나라가 환경의 심각함(오존층 파괴, 기후 변화, 생태계 파괴와 멸종 위기 등)을 인지하고, 이에 대한 대응 방안을 찾게 되었고, 한국도 조금씩 환경 문제에 관심을 기울이게 되었다.

5) 과학과 기술의 진보

한국의 미래에 대한 전망은 대부분 밝지 않은 것이 사실이다.(한국뿐만 아니라 대부분 지구상의 모든 국가들 역시 마찬가지가 아닌가 생각한다.) 한국의 사회, 경제, 정치 등에 관한 미래는 불확실하면서 동시에 많은

---

17) G. E. Nadeau, *The Cooperative Solution: How the United States can tame recessions, reduce inequality, and pretect the environment*(Madison: The Cooperative Foundation, 2012), 26~27.

난제들이 쌓여 있다. 그러나 모든 분야들 중에서 가장 낙관적 전망을 하는 분야가 있다면 바로 과학 기술 분야다. 미래에 대한 과학 기술 분야는 매우 희망적이며 발전적인 전망을 내놓고 있다. 이러한 근거는 "대부분 미래에 대한 상상은 기술의 발전을 전제로 하고 있고, 기술의 발전이 편리함과 행복함을 가져다준다는 믿음에 기초"[18]하고 있기 때문일 것이다.

한국공학한림원의 의뢰를 받아 한국의 미래 기술 사회에 대해서 연구한 이인식은 자신의 저서 『2035 미래 기술 미래 사회』에서 2035년 한국의 기술 사회를 다섯 분야로 나누어 정리를 하고 있다.[19] 먼저 그는 '스마트한 사회'를 언급하면서 미래 자동차 기술의 발전(무인 자동차 또는 자율주행 자동차, 친환경 자동차 등), 정보통신 네트워크 기술(인터넷을 통한 초연결 사회), 스마트 도시(정보통신기술을 통한 도시 관리) 등이 실현될 것이라고 전망한다. 두 번째는 '건강한 사회'로 생명공학의 발전은 의학 분야에서 놀라운 발전을 이룰 것(분자진단 기술, 사이버 헬스케어, 맞춤형 치료 등)이라고 하고, 세 번째 '성장하는 사회'에서는 무인항공기술(드론 등)과 로봇 기술의 발전 등으로 우리 사회가 전반적으로 더욱 편리하게 될 것이라고 한다. 네 번째는 '안전한 사회'로 인체인증 기술(신원 확인 등)의 발전으로 시민들의 안전한 생활이 더욱 보장되며, 식량 기술의 발전으로 기아 등의 문제를 해결할 수 있다. 다섯 번째는 '지속 가능한 사회'인데 신재생에너지(new renewable energy) 기술의 발달로 청정한 에너지(수소, 태양광, 풍력, 조력 등)를 생산하고, 온실가스 저감 기술의 발전으로 지구 생태계를 살리게 될 것이다.

매년 세계의 미래에 관한 보고서를 작성하여 발표하는 박영숙과

---

18) 한국과학기술기획평가원, 『미래 한국 보고서』(서울: 한스미디어, 2015), 16.
19) 이인식, 『2035 미래 기술 미래 사회』(파주: 김영사, 2017), 127~242.

제롬 글렌(Jerome Glenn) 역시 자신들의 저서 『세계미래보고서 2019』에서 세계의 미래를 조망하고 있는데, 이들 역시 미래 세계는 초연결 사회, 의료 환경의 혁신과 기술적 발전, 인공지능 시대, 로봇 기술, 스마트 하우스와 도시, 태양광 등 청정에너지, 바이오 혁명 등을 대표적으로 들고 있다.[20]

위에서 언급한 과학자 또는 미래학자들의 언급에서 보듯이 21세기 우리의 미래는 상상 속의 세계를 더욱 현실화할 것으로 보인다. 이러한 과학과 기술의 발전은 물론 우리의 삶을 보다 편리하고 풍요롭고 안전하게 할 것이다. 그러나 과학과 기술은 홀로 발전해 가는 것이 아니라 사회와의 관계 속에서 함께 발전한다. 그런 측면에서 과학 기술은 사회와 동반자적 관계를 갖지만 때로는 갈등의 관계에 놓일 수도 있다. 결국, 과학 기술은 자신만을 위한 것이 아니라 궁극적으로 사회에 기여할 수 있을 때 그 의미와 가치가 살아날 수 있을 것이다.

이상 21세기 미래 한국 사회를 전망하면서, 경제적 불평등과 고용의 문제, 변화하는 인구 상황과 환경 문제, 그리고 과학과 기술의 진보 등을 간단히 살펴보았다. 그 내용은 긍정적 전망보다는 부정적인 것들이 더 많다. 이것은 오늘의 사회 현상들이 미래 한국을 그렇게 밝게 볼 수 없도록 한다는 반증이기도 할 것이다.

중요한 것은 이런 상황에서 우리는 어떻게 이 문제들을 극복하고, 새로운 대안을 찾아낼 수 있을 것인가 하는 점이다. 오늘의 자본주의가 갖는 문제와 한계를 보면서, 우리 인류는 지금보다 나은 미래를 위해 보다 나은 대안과 어떤 체계를 마련할 수 있어야 할 것이다.

---

20) 박영숙, 제롬 글렌, 『세계미래보고서 2019』(서울: 비즈니스북스, 2018) 참조.

2. 미래의 한국교회

다음은 교회다. 한국교회다. 지금 우리가 한국교회를 생각하면 어떤 느낌을 갖게 될까? 어떤 생각이 떠오를까? 그리고 한국교회의 미래에 대해서는 어떤 생각을 하게 될까?

한국교회 역시 미래 전망이 그리 밝지만은 않다. 그동안 한국 사회가 급속한 경제적 성장을 이루어왔듯이 한국교회 역시 급속한 외형적 성장을 이루어 왔다. 그러나 한국 사회가 경제적 성장은 이루었지만 도덕적, 사회적 성장은 제대로 이루어내지 못했듯이 한국교회 역시 외형적 성장은 이루었지만 내적, 질적 측면에서의 성장은 이를 따르지 못하였다.

그중의 가장 큰 문제가 교회의 사회적 책임에 관한 것이다. 교회 자신은 성장했지만 교회가 사회에 대해 가져야 할 책임이나 사명은 제대로 감당하지 못했다. 그리고 사회적 책임과 사명을 다하지 못한 교회는 스스로 외톨이가 되었고, 사회로부터 고립되었으며, 심지어 사회로부터 비난과 지탄을 받는 지경에 이르렀다. 지금 한국교회는 어디로 가야 하는가?

1) 위기와 회복의 갈림길

현재 한국교회가 위기라고 하는 데 대해서 의견을 달리하는 사람은 거의 없다. 한국교회(개신교)는 19세기 말 복음을 받아들인 후 약 100년 동안 세계사에서 찾아보기 어려울 정도의 놀라운 부흥과 성장을 이루었다. 그러나 이렇게 짧은 시간의 성장은 또한 짧은 시간 안에 교회의 위기를 불러오는 역설적 상황을 맞도록 하고 있다.

지금 한국교회는 성장도 멈추었지만, 더 심각한 것은 이런 위기를 극복할 수 있는 확실한 대안을 찾고 있지 못한다는 데 있다. 이와 함께 더 우려되는 것은 교회에 대한 세상의 비판과 외면이다. 지금의 한국교회가 이런 위기적 상황에 처하기까지는 몇 가지 생각해 보아야 할 문제가 있다.

첫째, 한국교회의 신앙적 경향이다. 그동안 한국교회는 내세(來世) 지향적 신앙에 치우쳐 있었다. 물론 종교는 궁극적으로 영원한 천국을 바라보고 이 땅에서 믿음으로 사는 것이지만, 그것으로 인해서 오늘 우리가 사는 현실을 외면해서는 안 된다. 예수님 자신이 하늘에만 계시지 않고 친히 인간의 몸을 입고 성육신하심으로써 우리와 함께 하셨듯이, 교회는 마땅히 교회가 속한 세상 속으로 들어가 세상과 함께할 수 있어야 한다. 그러나 그동안 한국교회의 신앙은 내세 지향적으로 치우쳤으며, 이는 결국 교회로 하여금 세상을 외면하도록 만들고 말았다. 그리고 이제는 그 교회가 오히려 세상으로부터 외면을 받는 처지에 이르게 된 것이다.

둘째로 이런 내세 지향적 신앙은 교인들로 하여금 교회 중심적 생활을 하도록 만들었다. 내세 지향의 신앙이 현실을 외면하듯이 교회 중심의 생활은 교회와 세상에서의 삶을 분리하도록 하였다. 교회는 교회에 모이고 기도하고 예배하고 교회를 위해서 봉사하는 것을 가장 중요시하고 이것을 교인들의 신앙 척도로 삼았다. 그러나 이런 자세는 교회와 세상을 분리함으로써, 그리스도인들로 하여금 세상에서의 책임과 사명은 소홀히 하도록 하고, 심지어는 교회 안에서의 삶과 교회 밖에서의 삶이 완전히 다른 이중적 생활을 하도록 만든 것이다.

그리고 이러한 교회 중심적 사고는 각 교인들의 생활뿐만 아니라 교회 자체도 개교회주의로 빠지도록 하였다. 개교회주의는 모든 것이 자기 교회가 우선이고, 교회의 인적, 물적 모든 역량을 자기 교회의 유지와 관리와 확장에만 집중하도록 한다.[21] 그렇게 함으로써 개별 교회는 성장할지 모르지만 이웃과 세상에 대한 책임과 봉사는 소홀히 할 수밖에 없었다.

셋째로 오늘의 한국교회의 위기는 교회의 성장제일주의와도 관련이 있다. 하나님의 교회는 마땅히 성장해야 한다. 그러나 그 방법은 하나님의 방법에 의해서여야 한다. 하지만 오늘 한국교회의 성장 이면에는 하나님이 아닌 인간의 욕망, 하나님의 방법이 아닌 인간적인 방법들에 의해서 상당한 교회들이 외형적 성장을 이루어 왔음을 부인할 수 없다. 인간적 욕망과 방법이 결합된 성장제일주의는 교회가 해서는 안 될 비도덕적, 비윤리적인 일들까지도 서슴없이 저지르도록 했다.

비성서적, 비신앙적, 비윤리적 방법을 통해 성장한 교회는 또한 그런 방법을 써서 교회를 유지하였고, 마지막에는 그 교회를 세습하고자 또 한 번의 비도덕적인 일을 기꺼이 저지르면서, 교회를 세상의 조롱거리요 지탄의 대상으로 전락시키고 있다. 지금 한국교회의 위기는 이러한 일들로부터 오는 역풍일지 모른다. 하나님이 기뻐하지 않으시고, 세상 사람들이 지탄하는 교회가 더 이상 어떻게 성장할 수 있을까?

끝으로 이런 교회는 사회적 불신을 받을 수밖에 없다. 이것은 오늘 한국교회의 가장 심각한 문제라고 본다. 세상을 구원해야 할 교회가 세상으로부터 불신을 받는다면 이 세상에서 교회의 존립 근거는 흔들릴 수밖에 없다. 초기 한국교회는 영혼 구원에 대한 열정과 함께 헐벗고 굶주린 이들을 돌보고, 소외된 자들과 함께하며, 민족의 고난

---

21) 이원규, 『기독교의 위기와 희망』(서울: 대한기독교서회, 2003), 144.

에 동참함으로써, 믿지 않는 사람들로부터도 신뢰를 받는 종교였다. 그러나 2000년대를 지나면서 교회가 보여주는 모습은 매우 실망스럽기 그지없다. 한국기독교윤리실천운동본부에서 주기적으로 발표하는 "한국교회의 사회적 신뢰도 여론조사" 결과를 보면, 2013년 한국교회(개신교)에 대한 신뢰도는 19.4%였고, 2017년에는 20.2%였다. 국민 10명 중의 2명 정도만이 개신교회를 신뢰한다는 것이다. 종교별(가톨릭, 불교, 개신교) 신뢰도에 있어서도 개신교는 계속 꼴찌를 벗어나지 못하고 있다.[22]

오늘의 한국 개신교의 위기는 이러한 일들의 결과라고 본다. 매우 복합적이고 해결하기에 쉽지 않은 문제들이다. 그러나 우리는 여기서 주저앉으면 안 된다. 이 위기를 넘어서야 한다. 오늘의 위기를 만든 원인들을 정확하게 분석하고 거기에 대한 반성과 함께, 미래 한국교회가 나가야 할 길과 방향을 찾고 새로운 도전을 시작해야 한다.

2) 지역사회에 대한 책임과 사명

교회는 교회 자체로서 존재하지 않는다. 또한, 교회는 교회 자체를 위해서 존재하는 것도 아니다. 교회가 존재하는 가장 중요한 이유는 이 세상을 위한 것이다. "하나님이 세상을 이처럼 사랑"(요 3:16)하셨듯이 교회 역시 이 세상을 사랑하고, 세상과 함께하며, 세상을 위해서 존재해야 한다. 세상이 없으면 교회도 있을 필요가 없다. 교회는 세상이 있음으로 있을 수 있는 것이다.

그러나 한국교회는 그 동안 교회 안에 매몰되어서 교회를 위해서

---

[22] 기독교윤리실천운동본부, "2013년 한국교회의 사회적 신뢰도 여론조사"(2014. 2. 5)와 "2017년 한국교회의 사회적 신뢰도 여론조사"(2017. 3. 3) 참조.

만 교회가 존재하지 않았는지 깊이 성찰해야 한다. 심지어는 자신의 교회 성장을 위해서 세상까지도 오히려 이용하지 않았는지 반성할 일이다. 세상에 나가서 봉사하고 전도하는 것까지도 그 목적이 자신의 교회 성장을 위한 것이 아니었는지 돌이켜 봐야 할 것이다.

세상도 이제는 교회를 잘 안다. 교회가 왜 저런 일을 하는지 훤히 들여다보고 있다. 이제 순수하지 않은 봉사나 전도는 통할 수가 없다. 그런 의미에서 교회는 하나님과 사람들 앞에서 진실하고 순수해져야 한다. 순수한 동기를 가지고 자신의 사역을 감당해야 한다. 그럴 때 세상 사람들도 감동을 받고 공감하면서 반응을 보이게 될 것이다.

21세기 한국교회는 이제 지역사회에 대한 관심을 가져야 한다. 그동안 교회는 세상에서 외딴 섬처럼 스스로를 고립시켜 오지 않았는지 돌아보고, 자신이 속한 지역사회의 일원으로서 교회가 해야 할 일을 찾고, 이 일을 통해서 하나님의 뜻을 세상에서 이루어 나가야 한다.

최근 들어 교회 안에서도 이런 관점에서 새로운 사역 운동이 일어나고 있는 것은 미래 한국교회를 위해서 매우 바람직한 일이라 생각한다. 마을 목회, 협동조합 등에 관심을 가지고 교회가 지역사회와 함께하려는 움직임은 교회와 세상을 위해서 매우 의미 있는 것이라 본다.

이제 교회는 교회 안으로 향한 시선을 세상으로 돌리면서, 세상 속에서 고통하며 신음하는 자들, 약하고 소외된 자들을 돌보고, 이 시대가 안고 있는 문제들에도 적극 참여하여 그것을 개선하는 데 헌신해야 한다. 환경의 문제나 사회적인 문제, 정치적 문제가 있을 때, 지역사회와 함께 이에 대한 관심을 가지고 거기에 적극 참여함으로써, 보다 나은 세상을 만들고 변화시키는 일에 앞장설 수 있어야 한다. 이렇게 함으로써 한국교회는 진정한 의미에서 "세상의 빛과 소금"이 될 수 있을 것이며, 이를 통해서 세상 사람들의 칭송을 받고, 하나님의 나라를 이 땅에서 확장시켜 나갈 수 있을 것이다(행 2:47).

3) 선교적 교회(missional church) 실현

최근 선교학적 측면에서 관심을 끄는 용어 중의 하나가 "선교적 교회"라는 것이다. 교회는 내외적으로 해야 할 많은 사역들이 있다. 예배와 교육, 친교와 봉사 등과 함께 외부적으로는 복음을 전하고 선교하는 사역은 교회의 중요한 사명이다. 그러나 여기서 한 가지 생각할 것은 선교에 대한 개념이다. 그 동안 교회는 선교가 특별한 사람을 택하여 해외로 파송하는 것이라 주로 생각을 하였다. 그리고 교회는 선교사를 파송할 뿐만 아니라 이들을 뒤에서 적극 지원하는 것이 선교적 사명이라고 여겼다.

물론 이런 전통적 선교 개념이 잘못된 것은 아니다. 그러나 최근 들어서 선교에 대한 개념에 변화가 오기 시작하였다. 이런 변화의 시발점이 된 인물은 영국의 선교사였던 레슬리 뉴비긴(Lesslie Newbigin, 1909~1998)이었다. 그는 인도에 선교사로 파송을 받아 약 40년 동안 사역을 하다가 1974년 은퇴하여 영국으로 돌아왔다. 그러나 그가 돌아와서 본 영국은 과거와는 완전히 달라져 있었다. 자신의 고국 영국은 이제 선교사를 파송하는 선교 국가가 아니라 오히려 선교해야 할 피선교국과 다름이 없는 상황이었다. 기독교 토대 위에 세워졌지만 이제 영국의 문화는 기독교의 진리를 인정하지 않았고, 교회의 공적인 영향력은 쇠퇴해 있었다.

선교적 교회(론)는 이런 배경에서 제기되었다. 어떻게 하면 다시 기독교 복음이 서구 사회와 문화 속에서 생명력을 갖고 살아날 수 있을까? 선교적 교회론에서 이제 교회는 더 이상 선교와 구별된 것(선교사를 별도로 파송하는 기관)이 아니고, 교회 자체가 선교를 위해 세상에 '파송된'(being sent) 기관이다. 이제 교회는 자신이 속한 사회의 문화와 상황을 바로 파악하고, 세상에 파송된 사도(ἀπόστολος, '사도'라는 말 자체가 원어로 '보냄을 받은 자', '파송을 받은 자'라는 뜻이다.)로서 복음을 증거하는 공동체가 되어야 한다. 그리고 공동체에 속한 사람들을 선교사로 준비시켜야 하며, 교회의 구조 역시 선교적 체제를 갖추도록 해야 한다.

그동안 전통적 교회는 사람을 교회로 모이도록 하는 데 목표를 두었다. 그래서 전도도 교회로 사람들을 끌어모으는 데 목적을 두었고, 이를 위해서 다양한 프로그램들과 화려한 건물 등을 준비하는 데 진력하였다. 그리고 어떤 교회들은 교인들의 욕구에 초점을 맞추어 이를 충족시키고자, 성경공부, 상담, 감성적 예배 등을 주된 사역으로 하였으며, 선교는 교회의 여러 사역 중의 하나 정도로 취급하였다.

선교적 교회는 이미 교회 자체가 세상에 파송된 하나님 백성의 공동체로서, 교회의 모든 사역과 거기에 속한 교인들의 삶이 선교 지향적이어야 한다. 여기에는 교인들이 교회에서뿐만 아니라 자신이 속한 사회에서 성경의 가르침과 기독교 정신을 실천함으로써, 기독교 신앙과 정신을 개인 차원을 넘어 사회 차원으로 확대해 나가야 한다.[23]

오늘 한국에서 기독교인의 수는 적은 것이 아니다. 특별히 사회 각 분야의 지도층에 속한 크리스천들의 수는 타 종교에 비해 월등히 많은 것을 볼 수 있다. 그러나 그 영향력은 별로 발휘되지 못하고 있다.

---

23) 정재영, 『한국교회의 미래 10년』(서울: SFC출판부, 2019), 210~211.

그것은 곧 세상 속에서의 기독교 영향력이 그만큼 크지 못하다는 것을 의미한다.

기독교는 교회당 안에서만 머물러서는 안 된다. 그리스도인들의 삶 역시 교회 안에서만 머물러서도 안 된다. 그리스도인들은 삶의 현장에서 기독교 신앙과 정신으로 삶으로써, 세상을 변화시키는 빛과 소금이 되어야 한다. 교회 역시 공적 영역에 적극 참여함으로 인해, 지역사회를 바꾸고, 그 사회의 정치와 경제, 문화를 변혁시켜 나갈 수 있어야 한다. 이것이 선교하는 공동체로서의 교회가 세상(사회) 속에 존재하는 이유다. '선교적 교회'는 그런 의미에서 미래 한국교회에 중요한 모델이 될 것이라 본다.

어느 미래학자는 이렇게 경고하고 있다.

> 한국교회, 잔치는 끝났다. 한국교회는 성장이 잠시 주춤한 것이 아니라 이미 쇠퇴기에 접어들었다. 뼈를 깎는 노력으로 갱신하지 않고 그냥 이대로 가면, 2050~2060년경에는 400만, 아니 300만 명대로 교인 수가 줄어들 수 있다.[24]

위의 언급처럼 미래 한국교회는 현실적으로 그 전망이 밝지 않다. 지금 교회가 교회로서의 본질에 충실하지 않고, 교회의 본래적 책임과 사명을 다하지 않는다면, 한국교회는 급격하게 쇠퇴할 수 있다. 이제 교회는 내적으로 교회로서의 본질에 더욱 충실해야 하고, 외적으로는 사회적 관심과 참여를 통해서 그 책임을 다할 수 있어야 한다.

---

24) 최윤식, 「한국교회 미래 지도」 (서울: 생명의말씀사, 2013), 39.

특별히 교회는 영적 공동체이면서, 동시에 현실적으로는 지역사회에 속한 하나의 공동체라는 사실을 상기하면서, 지역사회와 함께함으로써 그 안에서 그리스도의 빛을 비출 수 있어야 할 것이다. 그 빛을 통해 하나님께서는 다시 한국교회에 소망의 빛을 비추어 주실 것이다.

3. 협동조합의 미래

『자본주의를 넘어』의 저자 다다 마헤슈와라난다(Dada Maheshvarananda)는 오늘의 자본주의가 갖는 모순과 한계를 보면서, 그것을 극복할 수 있는 미래의 대안으로 협동조합을 언급하고 있다.

> 협동조합은 미래에 올 사회적 경제 체제다. 글로벌 자본주의 경제 체제가 회복 불가능한 중병에 걸린 상황에서, 하나의 독립된 대안으로서 협동조합을 개발(발전)하는 것은 대단한 의미가 있다.[25]

이제 인류는 오늘의 자본주의 경제 체제가 더 이상 사람들을 행복하게 만드는 데에는 한계가 있음을 보면서, 그 대안을 모색하느라 분주한 모습이다. 그런 과정에서 협동조합을 재발견하고, 이를 통해서 오늘의 경제 사회적 위기를 극복하고자 많은 시도들을 하고 있다. 이제 미래 협동조합은 어떠해야 하며, 특별히 기독교협동조합은 무엇을 위해 존재하고, 어떻게 운영해야 하는가를 살펴보도록 하자.

---

25) Dada Maheshvarananda, *After Capitalism*. 다다 첫따란잔아난다 역, 『자본주의를 넘어』(서울: 한살림, 2014), 233.

1) 협동조합의 필요성 증대

> 지금의 자본주의 경제 체제는 각종 위험과 부작용들을 양산하면서 사람들의 몸과 마음을 더욱 지치게 만들고 있다. 지속성장, 동반성장에 대한 믿음도 여지없이 깨져 버렸다. 그만큼 미래에 대한 불안감도 더욱 커질 수밖에 없다.[26]

자본주의의 한계와 위기가 심화될수록 역설적으로 협동조합의 필요성은 더욱 증대되고 있다. 인간이 만든 체제는 어떤 체제든 결코 완전할 수 없다. 한편으로는 인류에 대한 기여가 있는가 하면 또 다른 편에서는 많은 부작용을 만들어낸다. 자본주의라는 경제 체제 역시 마찬가지다. 자본주의가 갖는 장점은 인간의 삶에 풍요함을 안겨주는 긍정적 기여를 해왔었다. 그러나 지금은 오히려 자본주의가 갖는 부정적인 문제들로 인해서 인류가 신음하고 있다.

협동조합은 이런 상황에서 어떤 일을 해낼 수 있을까? 먼저 협동조합은 오늘 인류가 직면한 **경제적 위기와 불평등을 해소**할 수 있다. 오늘 자본주의 경제 체제에서 일어나는 대표적인 문제를 들라면, 반복되는 경제 위기와 경제적 불평등의 심화라고 할 수 있을 것이다. 이미 우리나라도 1997년 국가 부도 위기에 직면하여 국제통화기금(IMF)의 구제금융을 받은 적이 있다. 한국 경제는 1970년대의 경제 성장과 1980년대 경제적 호황을 누리고 있었지만, 예상하지 못한 외환 위기로 국가 경제가 부도에 직면하게 되었던 것이다. 이로 인해서 기업들이 줄도산하였고, 수많은 노동자들이 직장에서 해고되어 실업자가 되

---

26) 위의 책, 13~14.

었다. 다행히 이를 극복해냈지만, 2008년 세계적 투자은행이었던 미국의 리먼 브러더스(Lehman Brothers)에서 시작된 금융위기는 곧바로 미국뿐만 아니라 글로벌화된 세계 경제에 위기를 불러왔으며, 그 영향은 한국에서도 마찬가지였다. 당시 미국에서는 이 사태로 말미암아서 실업률이 10%까지 치솟았고, 수많은 사람들이 집을 잃고 빚더미에 앉게 되었으며, 모든 사람들에게 더 이상 미래에 대한 확신을 갖지 못하고 경제적 불안정감을 갖도록 만들었다.[27]

자본주의가 발달하면서 그 자본으로 인해서 세계는 지금 반복되는 위기를 오히려 경험하고 있는 것이다. 그 바탕에는 무엇보다 인간들의 절제되지 않는 자본에 대한 탐욕이 자리 잡고 있다. 리먼 브러더스의 파산 역시 자본의 탐욕이 불러온 결과였다. 그리고 그 영향은 한 기업의 파산에 머무르지 않고, 수많은 사람과 기업들, 그리고 다른 나라들의 경제까지 위기로 몰아넣게 된 것이다.

> 자본주의의 치명적 결함은 부의 극단적 집중이다. 지나친 탐욕, 부와 여타의 물질적인 것들에 대하여 스스로 행동의 결과를 고려하지 않는 이기적 추구는 다른 사람들이 필요한 것들을 빼앗는다. 규제되지 않은 자본주의하에서는 이런 이기적인 본능을 통제하기보다는 오히려 권장한다. 자유시장적 자본주의의 몇 가지 요소들은 탐욕을 하나의 긍정적인 자질로 간주해야만 한다고 주장할 정도에 이르렀다.[28]

---

[27] G. E. Nadeau, *The Cooperative Solution: How the United States can tame recessions, reduce inequality, and protect the environment*. 21.
[28] Dada Maheshvarananda, *After Capitalism*. 59.

인간의 탐욕이 배어있는 자본주의는 그 탐욕 때문에 또 따른 경제적 위기를 불러온다. 그러나 문제는 자본주의가 발달할수록 거기에 비례하여 이런 위기 현상이 가중된다는 사실이다. 그래서 무한 탐욕과 무한 경쟁이 지배하는 자본주의 사회는 결국 인간의 삶과 사회를 파괴하고 더욱 피폐하게 만드는 것이다.

오늘날 대부분 자본주의 사회나 국가에서 일어나고 있는 경제적 불평등 역시 여기에서 비롯된 것이다. 가진 자가 더 가지려는 탐욕으로 인해서 없는 자들은 더욱 가난해지는 악순환이 지금 모든 나라에서 보편화되어 가고 있다.

이런 사회에서 협동조합은 개인의 탐욕이 아니라 공동체, 즉 조합 구성원들의 전체적 이익을 위해서 일하게 되며, 조합의 민주적 운영을 통해서 자본의 탐욕을 막을 수 있다는 점에서 현 자본주의 경제가 갖는 문제점들을 극복할 대안이 되는 것이다. 무엇보다 세계적 경제 위기를 통해 많은 기업들이 도산을 하는 가운데서도 세계의 대표적 협동조합들은 큰 위기 없이 지속 경영될 수 있었다는 점도 오늘 우리에게 시사하는 바가 크다고 하겠다. 심지어는 도산하는 기업을 노동자들이 인수하여 협동조합 체제를 만들어 운영하면서, 다시 기업을 살려내는 성공적인 사례들이 국내에서도 발견되고 있다. 그런 점에서 미래 협동조합은 경제적 위기를 안정적으로 극복하고, 또한 오늘의 경제적 불평등을 해소할 수 있는 좋은 대안이 될 것이다.

둘째로 협동조합은 **실업과 일자리 문제를 해결**할 수 있다. 이미 언급했듯이 자본주의는 그 특성상 끝없이 실업자들을 양산할 수밖에 없고, 이 문제를 근본적으로 해결할 수도 없다. 자본가들은 자신들의 이익을 위해서 언제든지 노동자들을 이용하고, 수익이 줄어들면 그 노동자들을 가장 먼저 버릴 준비가 되어 있는 사람들이다. 그들은 노동자(인간)보다는 자신들의 이익(자본)이 언제나 우선이기 때문이다.

그러나 협동조합은 경영에 있어서 자본보다는 사람을 우선으로 한다. 그래서 협동조합은 주식회사처럼 소유한 주식에 비례하여 권리를 행사하는 것이 아니라 '1인1표주의'를 통해서 모든 사람이 동등한 권리를 행사할 수 있도록 한다. 경영에 있어서 '사람 우선주의'를 실천할 뿐만 아니라, 협동조합은 많은 사람(종업원)들을 직접 채용하여 일하게 한다는 점에서 일자리를 만들고 고용에 대한 기여도 하게 된다. 그뿐만 아니라 협동조합은 몬드라곤 사례에서 본 것처럼 어떤 경제적 위기가 와도 한 사람의 종업원을 해고하지 않음으로써, 실업의 문제를 예방할 수 있도록 한다.

자본주의가 지속되는 한 그 사회는 언제나 실업과 일자리 문제를 벗어날 수 없을 것이다. 그러나 협동조합은 협동조합을 통해서 일자리를 창출하고, 사람 중심의 경영을 하며, 실업을 최소화할 수 있다는 점에서 미래 사회에서도 중요한 역할을 할 것이다.[29]

셋째로 협동조합을 통한 **환경 문제의 극복**이다. 자본의 탐욕은 인간의 삶을 피폐화할 뿐만 아니라 자연계에도 심각한 환경 파괴를 불러일으킨다. 자본(또는 자본가)은 더 많은 수익을 위해 대량 생산을 독려하고, 대량 생산은 필경(畢竟) 인류가 소유한 한정된 자원의 고갈을 가져오도록 만든다. 그리고 공장과 생산 시설 등을 확장하면서 자연 생태계의 파괴, 오염 등으로 인해 우리가 사는 지구촌을 지속적으로 황폐화시켜 나가고 있다.

협동조합이 해야 할 중요한 일은 조합 구성원들에 대한 봉사와 함

---

[29] John Restakis, *Humanizing the Economy: Co-operatives in the Age of Capitalism*(Gabriola Island: New Society Publishers, 2010) 참조, 저자 존 레스타키스는 본서를 통해서 협동조합이 인간 중심의 경제를 실천할 수 있음을 주장하고 있다.

께, 지역사회에 대한 관심과 기여다. 여기에는 지역사회의 정치적 경제적 문제뿐만 아니라 환경 문제도 포함된다. 예를 들어 지금 세계 도처에서는 협동조합을 중심으로 하여 친환경에너지 사업이 진행되고 있다. 기존 기업들은 석유나 석탄 등 화석 연료를 통해서 자신들의 부를 축적하였고, 이 과정에서 자연 생태계를 오염시키고 거대한 삼림 지대를 파괴하는 심각한 일을 아무런 망설임도 없이 저질렀다. 그러나 협동조합들은 가정이나 빌딩의 에너지 효율을 증진시키는 사업, 에너지 재생 사업, 삼림 사업 등 다양한 분야에서 협동조합을 결성하여 환경에 기여하는 일을 하고 있다.[30]

이와 같은 것들은 협동조합을 통해서 환경 문제를 극복해 나가는 하나의 예가 될 것이다. 그 외에도 우리가 사는 지구촌의 환경을 위해 협동조합은 다양한 형태의 사업을 통해서, 환경에 기여하는 일을 할 수 있을 것이며, 미래로 갈수록 이런 필요성은 더욱 증대될 것이라 본다.

2) 협동조합의 지속성: 정신과 본질에 충실

미래 협동조합은 많은 기회와 함께 여러 형태의 유혹과 위협도 있을 것이다. 이런 가운데서 중요한 것은 협동조합의 지속성이다. 그동안에도 수많은 협동조합이 일어나고 또한 역사 속으로 사라졌다. 좋은 아이디어를 가지고 출범을 했지만, 그것을 뿌리내리지 못하고 만 것이다. 협동조합이 지속성을 갖기 위해서는 무엇을 해야 할까?
첫째는 **협동 공동체로서의 협동조합 정신**을 잃지 않아야 한다. 협

---

30) G. E. Nadeau, *The Cooperative Solution: How the United States can tame recessions, reduce inequality, and pretect the environment*, 30.

동조합은 그 출발에서 약자들이 대자본에 개인적으로 대항할 수 없다는 것을 알고, 협동을 통해서 자신들의 권익과 이익을 신장하기 위해서 만들어졌다. 그리고 개인들의 경쟁이 아니라 협동을 통해서 공동체의 유익과 그 목표를 실현하였다.

이를 위해서 협동조합은 뜻을 같이하는 모든 사람들에게(누구에게나) 개방(open)되고 모든 사람들이 자발적(voluntary)으로 참여하도록 해야 하며, 또한 민주적(democratic)으로 운영되어야 하고, 모든 조합원들이 공정한(equitable) 위치에서 참여해야 한다. 이것은 현 국제협동조합연맹(ICA)이 만든 '협동조합의 원칙'에 명시된 사항이다.

협동조합은 어떤 한 사람이나 그룹에 의해서 좌우된다거나, 구성원들의 위치가 공평하지 못하다거나, 비민주적 방법으로 운영되어서는 안 된다. 모두가 함께 동등한 입장에서 참여하고, 결정하고, 함께 기여해야 한다. 이것이 협동조합의 정신이다. 그러나 협동조합이 서로의 협동보다는 소수의 사람들에 의해서 움직일 때, 또는 어떤 자본의 힘에 의해 조종될 때, 협동보다는 경쟁을 앞세울 때, 협동조합의 위기는 거기서 오게 되는 것이다.

협동조합은 협동 정신을 가지고 운영될 때만이 협동조합으로서의 가치를 갖는다. 그러나 이런 원칙을 지키는 것은 쉬운 일이 아니다. 자본이나 어떤 개인에게 의존하게 될 때 현실적으로는 효과적일지 모르지만, 그것은 협동조합을 망치는 일임을 잊지 않아야 한다. 특별히 어떤 권력이 작용해서도 안 된다. 한국에서 일찍이 만들어진 농업협동조합 등이 성공하지 못하고 국민들로부터 외면을 받은 것은 조합원들의 참여와 협동이 아니라 관의 일방적인 주도하에 움직였기 때문이다. 어렵지만 협동조합은 협동이라는 기본 정신을 가지고 여기에 충실하려고 할 때 협동조합으로서의 입지를 굳게 세워나갈 수 있음을 알고, 언제나 이것을 지켜나가도록 해야 할 것이다.

둘째로 협동조합의 지속성을 위해서 필요한 것은 **경제적 자립**이다. 협동조합은 그 특성상 하나의 사업(business)이다. 그러므로 협동조합은 그 운영을 통해서 수익을 창출하고 경제적 자립을 이루어야 한다. 많은 협동조합들이 만들어졌다가 실패한 주된 이유 중의 하나는 이상은 좋았지만, 현실적으로 경제적 자립을 이루지 못한 데 있었다.

경제적 자립을 위해서는 조합의 목표나 비전과 함께 조합이 할 수 있는, 또는 해야 하는 적절한 사업을 계획하고 그것을 발전시켜 나가야 한다. 그리고 또 하나 해야 할 일이 능력있는 경영전문가들을 조합원으로 영입하여, 이들이 조합에 대한 경영과 관리, 사업, 회계, 법률 등에 대해서 기여할 수 있도록 해야 한다.

셋째로 **협동조합 간의 네트워크를 구성**하는 것이다. 협동조합 자체도 하나의 공동체이지만 협동조합이 함께 만나고 연결하는 협동조합 공동체도 필요하다. 그동안 개별 협동조합이 출발은 힘차게 했지만 도중에 실패했던 중요한 이유 가운데 하나는 거대 자본이나 기업과의 경쟁에서 밀릴 수밖에 없었기 때문이었다.

그런 측면에서 세계적으로 성공한 협동조합, 즉 스페인의 몬드라곤이나 일본의 생활클럽생협, 협동조합의 연대를 통해서 지역개발을 주도하는 캐나다 퀘벡, 지역의 생산과 소비를 연결하여 협동조합 지역사회를 형성하고 있는 이탈리아의 볼로냐 등은 지역 협동조합의 연합을 통해서 모두가 성공할 수 있었다는 점에서 우리에게 교훈을 주고 있다.[31] 지금도, 그리고 앞으로도 협동조합은 거대 자본이나 기업

---

31) 윤형근, 『협동조합의 오래된 미래 선구자들』(홍성: 그물코, 2014), 369.

들과 끊임없이 경쟁해야 한다. 이런 상황에서 협동조합이 생존하고 지속적으로 발전하기 위해서는 개별 협동조합 차원을 넘어서 지역의 타 협동조합과 함께 연합하는 것이 절대적으로 필요하다.

지역 협동조합공동체(연합)는 그 지역에 새로운 협동조합을 설립할 때 거기에 필요한 지식과 경험을 통해서 도움을 줄 수 있고, 재정적 어려움이 있을 때 함께 도와줄 수 있다. 그리고 여기서 더 나아가 협동조합이 연합하여 지역개발 사업 등을 공동으로 추진함으로써, 서로 간의 연대와 함께 지역사회에 대한 기여도 할 수 있을 것이다.

넷째로는 협동조합이 **지역사회에 대한 참여와 기여**를 할 수 있어야 한다. 과거에 협동조합은 사실상 협동조합을 위해서 존재했다. 협동조합을 조직하고, 공동의 목표를 나누며, 조합원의 이익을 위해서 봉사하는 것이 협동조합이 할 일이었다.

그러나 이제 협동조합은 그런 차원을 넘어섰다. 협동조합은 자신의 조합을 위해서만 아니라 더 나아가 지역사회에 대한 참여와 기여가 있어야 한다. 이제는 협동조합 역시 지역 공동체 중의 하나인 것이다. 지역에 대한 경제적 기여, 사회적 참여와 책임, 그리고 지역주민들을 위한 봉사 등은 협동조합이 지역의 한 조직이라는 소속감과 함께 지역민들의 관심과 지지를 얻을 수 있도록 할 것이다.

경제적인 면에서 보면 협동조합은 지역 경제의 자립과 외부로부터의 통제에서 벗어나도록 만든다. 특별히 한국 상황은 지방자치제를 시행하고 있음에도 불구하고 경제적으로는 중앙에 종속되어 있다. 대형 마트, 백화점 등은 지방에서 물건을 팔아 돈을 벌지만, 그 돈은 바로 서울로 유입되어 버린다. 그 지방의 경제에는 아무런 도움이 되지 않는 것이 현실이다. 그러나 협동조합은 지역에서 수입을 얻고, 그것을 지역사회로 순환시킴으로써 지역 경제에 도움을 줄 수 있다.

이런 경제적 기여와 함께 협동조합은 또한 지역 사람들을 고용함으로써, 고용 창출의 효과를 지역에 안겨줄 수 있다. 그 외에도 지방의 현안에 참여하여 함께 해결하고, 협동조합사업을 통해서 지역에 대한 사회적 서비스(아동이나 노인 돌봄, 장애인 돌봄, 주택 사업 등)도 제공할 수 있다. 이렇게 하여 지역과 연대하는 협동조합은 그 지역에 보다 튼튼한 뿌리를 내릴 수 있게 될 것이다.

3) 기독교 신앙과 정신을 실천하는 장으로서의 기독교협동조합

기독교협동조합은 하나의 협동조합이되 기독교 신앙과 정신을 기본으로 한다는 점에서 다른 협동조합과 구별된다고 하겠다. 이미 협동조합의 역사를 통해서 보았듯이 기독교는 협동조합의 시작과 출발에서부터 큰 영향을 미쳤고, 그 후 세계 각국의 협동조합이 조직되고 확산하는 데도 지대한 역할을 하였다. 그리고 지금도 교회는 역시 협동조합에 대한 관심을 가지고 이에 참여하고 있다.

기독교 초기 공동체는 함께 협동하는 공동체였다. 모든 사람들이 있는 것을 함께 나누는 경제적 유무상통의 이상적 공동체를 실현하였다. 그리고 그 이후 기독교에서는 수도원 공동체의 등장이 있었고, 종교개혁 후에는 재세례파를 중심한 공동체와 그 외의 많은 신앙공동체가 활발히 활동하였다. 그리고 이런 기독교의 공동체성은 유럽에서 최초 협동조합이 시작되는 데 중요한 토대가 되었고, 실제 많은 협동조합의 지도자나 활동가들은 크리스천이었다.

협동조합운동은 기독교 정신으로 충만한 가운데 발전해 왔다. 물론 오늘날 전 세계의 대다수 협동조합들은 종교적 성격과 무관하며 사회적 가치와 경제적 가치의 기우뚱한 균형을 이루면서 성장해 가고 있다. 하지만 협동조합의 기본 정신과 출발점에는 기독교적 박애정신과 인간관이 자리하고 있으며, 현재의 운영체계 안에서도 그러한 정신을 분명하게 발견할 수 있다.[32]

기독교는 전통적으로 사회적 상황에 민감하게 반응하면서 늘 거기에 함께해 왔었다. 그래서 종교적인 개혁뿐만 아니라 정치적, 사회적 개혁에도 앞장선 것이 기독교였다. 초창기 협동조합 역시 당시 기독교 사회주의자들의 영향이 컸음을 이미 살펴보았다.

오늘의 자본주의는 그 앞면의 화려함과 함께 뒤로는 수많은 문제들을 양산하고 있다. 부유한 자들의 환호가 있는가 하면 한편에서는 빈곤한 자들의 신음이 끊이지 않는다. 가지려는 자들의 탐욕이 있는가 하면 또 다른 편에는 거기에 착취당하는 자들의 고통이 있다. 이렇게 자본주의는 부유한 자들을 계속 양산하는 만큼 그 이면에서는 사회적 경제적 약자들을 무수히 만들어내고 있는 것이다.

이런 상황에서 교회가 해야 할 일은 무엇일까? 그것은 당연히 기독교 신앙과 정신에 입각하여 약자들을 돌보고 사회 구조적인 문제들을 개선해 나가는 것이다. 기독교협동조합이 해야 할 일이 바로 여기에 있다. 그동안도 기독교협동조합은 협동조합을 통해서 빈곤을 퇴치하고, 가난하고 병든 자들에게 치료의 길을 열어주며, 노동자나 농민 등 소외 계층을 돕기 위한 일환으로 협동조합운동을 전개해 왔었다. 이런 면은 세계 기독교협동조합의 역사에서도 그 자취를 확인할

---

[32] 최혁진, "사회적 협동조합의 등장과 교회의 역학", 「기독교사상」 제655호(2013. 7), 70.

수 있고, 한국교회의 협동조합운동에서도 선명하게 볼 수 있다. 따라서 오늘의 기독교협동조합은 이렇게 소중한 유산을 계승하면서, 또 한편으로는 미래를 위한 올바른 방향을 정립할 수 있어야 할 것이다.

먼저 생각해야 할 것은 협동조합이 협동조합의 본래적 정신을 잃지 않아야 하는 것처럼 기독교협동조합은 기독교협동조합으로서의 본질을 잃지 않아야 한다. 그것은 곧 **기독교 신앙과 정신에 입각한 협동조합**을 만들고 그것을 변함없이 실천하는 것이다.

어느 조직이든 처음 출발은 좋았지만 시간이 지나면서 처음 정신을 상실함으로써 그 조직의 존재 가치도 함께 잃어버린 경우들이 많다. 기독교협동조합 역시 기독교 신앙과 정신을 상실해버린다면 그 존재 이유가 없게 될 것이다. 신앙은 잃어버리고 사업에 우선을 둔다거나, 사업을 위해서 수단 방법 가리지 않고 운영을 한다면 그것은 이미 기독교협동조합이라고 할 수 없을 것이다. 기독교협동조합은 기독교 신앙과 정신, 그 본질에 충실함으로써 기독교협동조합일 수 있기 때문이다. 사업과 신앙이 대립되는 것이 아니라 사업과 신앙이 조화를 이루고, 기독교 정신에 부합한 사업들이 추진됨으로써 하나님의 뜻을 이 세상에 실현할 때 비로소 기독교협동조합은 이 땅에서 빛과 소금의 사명을 감당할 수 있을 것이다.

둘째로 기독교협동조합이 지향해야 할 것은 **인간 중심의 경제**를 실현하는 것이다. 자본주의는 그 근본이 물질 중심이다. 따라서 자본이 중심된 경제는 필연적으로 인간의 비인간화(dehumanization), 또는 우리가 사는 세상(사회)의 비인간화를 만들어간다.

그러나 성경은 인간을 중심으로 한다. 하나님의 창조의 모든 중심에는 인간이 있다. 하나님은 하나님의 형상을 부여하여 우리 인간을 창조하셨고, 모든 만물은 인간을 위해서 존재하도록 하셨다. 그러나 인류의 역사를 보면 우리 인간은 인간이 아닌 피조물(물질)을 중심에 두거나, 아니면 인간 위에 그것을 두고 섬기기를 계속해 왔다. 현대 사회 역시 별반 다르지 않다. 특별히 자본주의는 자본(돈)이라는 맘몬(mammon)을 우상처럼 섬기면서, 인간의 탐욕을 더욱 부추기고 있다.

성경은 오직 하나님만을 섬겨야 할 것과 함께 인간에 대한 사랑을 강조하고 있다. 협동조합 역시 협동조합 자체가 목적이 아니라 그것을 통해서 우리 인간의 삶을 더욱 풍요롭고 아름답고 인간이 인간답게 살 수 있도록 하는 데 궁극적인 목표를 두어야 한다. 기독교협동조합은 협동조합이라는 경제체계(수단)를 통해서 인간 사회의 불평등을 해소하고, 약자들을 돌보며 세워나가고, 이 사회가 '사람이 살기에 보다 나은 세상으로' 바뀌어나가도록 일익을 담당할 수 있어야 한다. 그럴 때 협동조합은 물질 중심의 자본주의 경제를 사람 중심의 경제로 변화(humanizing the economy)시키는 놀라운 기여를 하게 될 것이다.[33]

셋째로 우리 한국 사회와 관련하여 특별히 고려해야 할 것이 있는데, 그것은 **경제적 민주화를 실현**하는 것이다. 세계에서 유일하게 '재벌'이 존재하는 나라가 우리가 지금 살고 있는 대한민국이다. 물론 한국 재벌이 우리나라의 경제 성장에 일정 부분 기여한 것은 인정해야 한다. 그러나 다른 한편으로는 재벌들로 인해서 우리 사회에 미치는 폐해가 너무 크기도 하다. 재벌들은 약육강식의 경제 구도를 만들어 끊임없이 중소기업을 착취하고 있으며, 또한 이런 현상은 계속 그 아래로 이어지도록 만든다. 소위 말하는 갑과 을의 관계가 우리 사회를 지배하도록 하는 것이다. 계속해서 갑은 갑으로서 자본 권력과 힘을

---

[33] John Restakis, *Humanizing the Economy: Co-operatives in the Age of Capitalism* 참조.

가지고 을을 착취하며, 그 을은 그 아래 위치에 있는 또 다른 을에게 갑질을 한다.

더욱 심각한 것은 대재벌의 자본 자체가 권력이 되어 심지어는 사회적으로 초법적인 불법을 스스럼없이 자행하며, 국가 권력을 좌우할 수 있는 불의한 힘을 행사하기까지 한다는 사실이다. 우리 사회의 민주주의를 거대 자본이 위협하는 지경까지 이르게 된 것이다.

그러나 협동조합은 그 근본이 민주주의 정신에 바탕하고 있다. 자본의 횡포를 막고, 불평등을 해소하고, 공정한 경제 체제를 실현하고자 하는 것이 협동조합이 지향하는 정신이요 원리다. 모든 조합원은 1인 1표의 동등한 권리를 행사할 수 있으며, 조합의 경영 또한 조합원들의 민주적 참여를 통해서 이루어지고, 더 나아가서는 모든 경제 주체들이 동등한 입장에서 경쟁하고 사업을 하는 곳이 바로 협동조합이다.

따라서 협동조합, 특별히 기독교협동조합은 이런 민주적 취지를 그 내부적으로 먼저 실천할 뿐만 아니라, 우리 사회가 안고 있는 경제적 불평등과 불합리한 구조들을 변혁시키는 일에 적극 참여하여 우리 사회를 보다 민주적으로 진보시키는 데 기여할 수 있어야 할 것이다.

끝으로 기독교협동조합이 간과해서는 안 될 것이 실용주의적 정신이다. 기독교 신앙과 정신을 중심으로 하다 보면 자칫 이상적인 면에만 치우치다 현실에서는 실패를 자초할 수 있다. 그러나 협동조합은 엄연히 하나의 사업체다. 그러므로 현실을 경시(輕視)해서는 안 된다. 기독교협동조합은 기독교 정신과 신앙에 바탕을 두되, 현실 상황에 대한 정확한 분석과 이해, 실제적 경영 전략과 효율적인 운영 등을 통해 성공적인 협동조합을 만들어 나가야 한다.

이를 위해서는 교육을 통해서 좋은 인재를 육성하고, 경영에 대한 지식과 능력을 고취하면서, 전문성을 갖춘 경영진을 배치하는 것도 중요한 일이 될 것이다. 그렇게 할 때 기독교협동조합은 이 땅에서 이상과 현실의 조화를 이루면서 미래를 향한 발전을 지속할 수 있는 조직으로 굳건하게 서게 될 것이다.

우리가 사는 세상은 변화를 예측하기 어려울 정도로 급변하고 있다. 정치, 경제, 사회, 문화, 과학과 기술의 진보 등은 실로 몇 년 후를 알 수 없을 정도로 불확실하기만 하다. 그러나 우리가 사는 세상, 우리가 사는 사회가 어떻게 변할지라도 변하지 말아야 할 것은 그 모든 것의 중심에 사람(인간)이 있어야 한다는 것이다. 그리고 그 속에서 우리는 '함께 사는 세상'을 만들어 나가야 한다. 그런 의미에서 기독교협동조합은 '함께 사는 세상'을 위해서 교회가 세상과 함께할 수 있는(함께하는 교회) 소중한 사업이다.

거센 자본주의의 물결은 지금 교회마저도 세속화시키는 힘을 가지고 있다. 그러나 이런 시대적 상황 속에서도 교회는 깨어나 오늘 우리가 사는 사회를 직시하면서, 이 가운데서 하나님의 나라를 어떻게 실현할 것인가를 고민하고 그 대안을 찾아 나설 수 있어야 한다. 협동조합은 바로 그 대안 중의 하나가 될 것이며, 이 시대 하나님의 나라를 이 땅에 실현하는 하나의 방법이 될 수 있을 것이다.

 마치면서

변화하는 사회 변화해야 할 교회

예수는 하나님의 나라가 이미 우리 가운데 있다고 말씀했는데, 그 나라의 면모를 이해하는 하나의 열쇠가 바로 '협동'이다.[1]

본서는 오늘의 위기적 상황 속에서 '교회는 무엇을 하는가?' 또는 '무엇을 할 것인가?'라는 이중적 고민에서 그 출발을 하였다. "무엇을 하는가?"라는 질문에는 오늘 한국교회의 상황에 대한 질타와 질문이 함께 담겨 있다. 지금 한국교회는 자신이 발을 딛고 있는 사회의 위기적 상황에서 능동적으로 대처하지 못하고, 그 결과 교회가 다시 위기를 맞는 역설적 상황에 처해 있기 때문이다. "무엇을 할 것인가?"라는 질문에는, 그럼에도 불구하고 "세상의 빛과 소금"(마 5:13~15)으로서의 역할을 해야 할 교회가 그 대안을 찾아내야만 한

---

[1] Andrew McLeod, *Holy Cooperation!: Building Graceful Economies*, 홍병룡 역,『협동조합, 성경의 눈으로 보다』(서울: 아바서원, 2013), 14.

다는 절박함이 담겨 있다.[2]

사회적 위기와 교회적 위기는 별개가 아니라 상호 유기체적 연관성(聯關性)을 갖고 있으며, 그 영향 역시 함께 공유하고 있다는 점에서 오늘의 한국교회는 우리 시대의 위기를 보다 진지하게 받아들여야 한다. 그리고 더 나아가 그 위기를 극복하기 위해서 교회는 무엇을 해야 할 것인가에 대한 대안을 적극 탐구하고 실천할 수 있어야 한다. 그런 측면에서 필자는 실천신학을 하는 사람으로서 오늘의 한국교회가 사회에 대한 적극적 관심을 가지고, 사회적 위기를 극복하기 위한 하나의 대안으로 협동조합을 생각하게 되었다.[3]

지금 한국은 자본주의로 인해 야기된 심각한 사회적 문제들을 안고 깊은 고민에 빠져 있다. 한국교회는 이런 상황에서 세상을 위해 무엇을 하고 있으며, 무엇을 해야 하는가? 필자는 그 해답의 하나를 협

---

2) 한국교회가 빛과 소금으로서의 세상에 대한 영향력을 잃어버리게 된 중요한 이유 중의 하나는 이웃과 세상을 바로 섬기지 못한 데 있다. 문병하, "목회와 리더십에 관한 연구", 「신학과 실천」, Vol. 48(2016, 봄), 23~24.
3) 실천신학은 신학의 한 분야이면서 근본적으로 "실천(action)을 위한 신학의 이론"을 탐구하는 학문이라는 점에서 실천신학자들은 오늘의 교회나 사회가 처한 상황들을 예의 주시하고, 이에 대한 학문적 진단과 대안을 모색하는 책무에 충실해야 할 것이라 본다. Gerben Heitink, *Praktische Theologie*, trans. Reinder Bruinsma, *Practical Theology*(Grand Rapids: William B. Eerdmans Publishing Company, 1999), 102.

동조합운동에서 찾고자 하여, 교회와 사회를 잇는 목회의 한 대안으로 협동조합에 관한 학문적 연구를 시도하고, 한국교회로 하여금 이에 대한 이해와 관심을 갖도록 하고자 본서를 구상하고 출판하게 되었다.[4]

특별히 일반 사회나 학문 진영에 비해 현재 한국교회와 신학계에서의 협동조합에 대한 이해나 학문적 연구는 아직 미미한 상태라 할 수 있다. 따라서 본서『기독교협동조합』은 협동조합에 대한 기본적 이해와 함께 이를 한국교회에 적용하는 것을 목표로 하여 그 내용을 기술하고자 하였다. 그리고 이 저술과 함께 차후 이에 대한 보다 광범위하고 깊은 후속 연구들이 기독교 신학과 교회 안에서 확산되기를 기대한다.

교회는 이제 변해야 한다. 아니 변해야 산다. 그러므로 이 땅의 교

---

[4] 필자는 현대 한국교회 목회의 패러다임이 변화되어야 한다는 점에서 "전환기에 선 한국교회 목회 패러다임의 변화"라는 연구 논문을 이미 발표하였고, 거기서 한국교회가 교회 안의 목회에 머무르지 않고 세상을 향한 목회를 해야 한다는 점을 강조하면서, 그런 목회를 "목민목회"(牧民牧會)라는 명칭으로 정의하였다. 이현웅, "전환기에 선 한국교회 목회 패러다임의 변화-지역사회 섬김을 위한 미래 목회 실천 방안",「신학과 실천」제31호 (2012. 5) 참조.

회들은 자신의 존재 가치와 목적을 다시 한번 확인하고, 자신의 본질적 사명에 충실할 수 있어야 한다. 그 하나의 방안으로 본서는 협동조합을 이 시대 교회에게 제시하려고 했다. 교회가 다시 세상을 살리는 놀라운 일들을 기대하면서.

협동조합은 자기 안에 갇히지 말고, 자신을 부인하고 자기를 초월하여, 온 생명의 근원이시며 생명과 평화의 세계인 하나님의 나라를 (이 땅에) 열어가는 예수 그리스도를 뒤따르는 21세기 운동이다. …… 협동조합은 더 나은 세상을 만들 수 있다.[5]

---

5) 손은정, "우리나라 협동조합운동의 실태와 한계, 그리고 과제", 「기독교사상」 655호(2013. 7), 65.

참고문헌

가가와 도요히코. *Brotherhood Economics*. 송순명 역. 『우애의 경제학』. 홍성: 그물코, 2014.

고동희, 박선영. 『치즈로 만든 무지개: 지정환 신부의 아름다운 도전』. 서울: 명인문화사, 2007.

곽안련. 『목회학』. 서울: 대한기독교서회, 1999.

국세청. 「2018년 국세통계연보」(2018. 12. 27).

기획재정부. 『제2차 협동조합 실태조사 결과』. 2015.

김경동. 『기독교 공동체 운동의 사회학』. 서울: 한들출판사, 2010.

김균진. "교회론의 성서적·신학적 기초". 한국조직신학회 편. 『교회론』. 서울: 대한기독교서회, 2009.

김기섭. 『깨어나라 협동조합: 더 좋은 세상을 만드는 정직한 노력』. 경기도 파주: 도서출판 들녘, 2013.

김낙년. "한국의 부의 불평등, 2000~2013: 상속세 자료에 의한 접근". http://www.naksung.re.kr, working paper 연번 wp2015-06.

김동주. "장애인노동통합 사회적 경제". 「신학과 사회」 제28집 3호(2014), 67~84.

김영태. 『신비주의와 퀘이커 공동체』. 고양: 도서출판 인간사랑, 2002.

김옥순. 『디아코니아 신학』. 서울: 한들출판사, 2011.

김창진. 『퀘벡 모델: 캐나다 퀘벡의 협동조합 사회경제 공공정책』. 고양: 가을의 아침, 2015.

김태열, 김현경, 우미숙, 전흥규.『협동조합의 도시 볼로냐를 가다』. 충남 홍성: 그물코, 2014.

김현대.『협동조합의 도시』. 파주: 도서출판 한울, 2013.

김형미. "협동조합에 스며든 기독교 사상 - 약한 이에게 부여하는 우애의 경제조직".「기독교사상」제655호(2013. 7). 9~21.

_____. "한국 생활협동조합의 기원 - 식민지 시대의 소비조합운동을 찾아서". 아이쿱협동조합연구소 편.『한국 생활협동조합운동의 기원과 전개』. 파주: 도서출판 푸른나무, 2012.

농협대학교 협동조합경영연구소 편.『협동조합학원론』. 서울: 청목출판사, 2013.

대한YMCA연맹 편.『韓國 YMCA 運動史』. 서울: 路出版, 1986.

박근원.『한국교회 성숙론』. 서울: 대한기독교출판사, 1992.

박영숙, 제롬 글렌.『세계미래보고서 2019』. 서울: 비즈니스북스, 2018.

박용규. "한국교회 위기와 갱신: 역사적 조명".「역사신학 논총」, vol. 15 (2008).

백승우, 정안성, 김수현. "농산물 직거래 활성화를 위한 지자체와 협동조합의 역할".「신학과 사회」제28집 3호(2014). 85~108.

복음주의 실천신학회 편.『실천신학 개론』. 서울: 도서출판 세복, 2002.

사이토 요시아키. 다나카 히로시 역.『현대 일본 생협운동소사』. 홍성: 정우인쇄, 2012.

서울시 협동조합 상담센터.『협동조합 이해하기』. 서울: 서울시 협동조합 상담센터, 2013.

설진아.『소셜 미디어와 사회 변동』. 서울: 커뮤니케이션북스, 2011.

손은정. "우리나라 협동조합운동의 실태와 한계, 그리고 과제."「기독교사상』655호(2013. 7), 50~65.

송두범 외 3인. 『우리는 왜 농촌 마을 홍동을 찾는가』. 홍성: 그물코, 2017.

염찬희. "생협운동의 또 하나의 씨앗 - 천주교 원주교구와 강원도 생협운동". 아이쿱협동조합연구소 엮음. 『한국 생활협동조합운동의 기원과 전개』. 파주: 도서출판 푸른나무, 2012.

_____. "협동교육연구원에 대한 재평가". 아이쿱협동조합연구소 엮음. 『한국 생활협동조합운동의 기원과 전개』. 파주: 도서출판 푸른나무, 2012.

와카츠키 타케유키. 이은선 역. 『꺼지지 않는 협동조합의 불꽃』. 홍성: 그물코, 2012.

윤형근. 『협동조합의 오래된 미래 선구자들』. 충남 홍성: 그물코, 2014.

은준관. 『신학적 교회론』. 서울: 대한기독교서회, 1998.

이광순, 이용원. 『선교학개론』. 서울: 한국장로교출판사, 2003.

이명수. "덴마크 농업의 이해". 「세계농업」 제151호(2013. 3).

이미연. "일제시대 여성 소비조합과 해방 후 1960~70년대 여성 소비조합 운동". 『한국 생활협동조합운동의 기원과 전개』. 파주: 도서출판 푸른나무, 2012.

이번영. 『풀무학교는 어떻게 지역을 바꾸나』. 홍성: 그물코, 2018.

이원규. 『한국교회 어디로 가고 있나』. 서울: 대한기독교서회, 2000.

_____. 『기독교의 위기와 희망』. 서울: 대한기독교서회, 2003.

이인식. 『2035 미래 기술 미래 사회』. 파주: 김영사, 2017.

이인우. "경제 민주화와 협동조합". 「경남발전」 제127호(2013. 7). 6~16.

이종원. "기독교 협동조합의 가능성". 「신학과 사회」 제30집 2호(2016. 5), 9~42.

이혁배. "협동조합의 한계와 가능성". 「기독교사상」 제657호(2013. 9),

206~217.

이현웅. 『21세기에 다시 본 존 칼빈의 설교와 예배』. 서울: 이레서원, 2009.

_____. 『이상적 교회 현실적 교회』. 서울: 프리칭 아카데미, 2007.

_____. "예배, 이제 세상 속으로". 「목회와 신학」. 244호(2009년 10월).

_____. "전환기에 선 한국교회 목회 패러다임의 변화 – 지역사회 섬김을 위한 미래 목회 실천 방안". 「신학과 실천」 제31호(2012, 5). 99~126.

임영선. 『협동조합의 이론과 현실』. 서울: 한국협동조합연구소, 2014.

임종운. 『북미 기독교 공동체 사회』. 서울: 북랩, 2017.

장용석 외. 『사회적 가치의 재구성』. 고양: 도서출판 문우사, 2018.

전택부. 『한국 기독교청년회 운동사』. 서울: 범우사, 1994.

정광모 편. 『서울 YWCA 80년』. 서울: 서울YWCA, 2002.

정용섭. 『敎會 更新의 神學』. 서울: 대한기독교출판사, 1980.

정원각. "단절의 속에서도 협동조합운동의 맥을 이어온 YMCA". 아이쿱협동조합연구소 편. 『한국 생활협동조합운동의 기원과 전개』. 파주: 도서출판 푸른나무, 2012.

_____. "노동운동과 소비자 협동조합운동". 아이쿱협동조합연구소 편. 『한국 생활협동조합운동의 기원과 전개』. 파주: 도서출판 푸른나무, 2012.

_____. "한국의 협동조합운동의 역사와 현재". 「진보평론」 57호(2013. 9). 101~125.

정은미. "1980년대 이후 생협운동의 다양한 흐름과 갈래". 아이쿱협동조합연구소 편. 『한국 생활협동조합운동의 기원과 전개』. 파주: 도서출판 푸른나무, 2012.

정재돈. "왜 협동조합인가?" 「사목정보」 제5권 10호(2012. 10) 106~110.

_____. "한국의 협동조합운동과 국내외 협동조합 모범사례". 「사목정보」

제5권 12호(2012. 12), 105~110.

정재영. 『한국교회의 미래 10년』. 서울: SFC출판부, 2019.

_____. "협동조합운동의 기독교적 가치와 선교적 가능성". 「기독교사상」 제655호(2013. 7), 42~49.

죠션예수교쟝로회. 『죠션예수교쟝로회 춍회 뎨十七회 회록』. 京城: 朝鮮基督敎彰文社, 1928.

_____. 『죠션예수교쟝로회 춍회 뎨二十一회 회록』. 京城: 朝鮮基督敎彰文社, 1932.

주영재. "한국 소득불평등, 2019년 OECD국가 중 1위 된다". 「경향신문」. 2014. 9. 12.

최윤식. 『한국교회 미래 지도』. 서울: 생명의말씀사, 2013.

최혁진. "사회적 협동조합의 등장과 교회의 역할". 「기독교사상」 제655호 (2013. 7), 66~71.

최형걸. 『수도원의 역사』. 파주: 살림출판사, 2015.

통계청. 「세계와 한국의 인구현황 및 전망」(2015. 7. 8).

_____. 「2018년 12월 및 연간 고용동향」(2019. 1. 9).

_____. 「경제활동인구조사」(2019. 2. 13).

한경호. "한국기독교협동조합운동의 역사와 성격". 「기독교사상」 655호 (2013. 7), 22~40.

_____ 편. 『협동조합운동과 마을목회』. 서울: 도서출판 나눔사, 2018.

한국과학기술기획평가원. 『미래 한국 보고서』. 서울: 한스미디어, 2015.

한국기독교학회 편. 『교회와 코이노니아』. 서울: 대한기독교서회, 1993.

한국노동연구원. "2015년까지의 최상위 소득 비중". 「노동리뷰」 (2017. 2), 81~83.

홍순명. 『풀무학교 이야기』. 서울: 도서출판 부키, 2009.
SBS 미래부. 『더 나은 사회 더 나은 미래: 미래 한국 리포트』. 파주: 한울앰플러스, 2017.

Alvaredo, Facundo. Lucas Chancel, Thomas Piketty, Emmanuel Saez and Gabriel Zucman, *Rapport sur les inégalités mondiales 2018*. 장경덕 역. 『세계 불평등 보고서 2018』. 서울: 글항아리, 2018.
Anderson, Bernhard W. *Understanding the Old Testament*. 강성열, 노항규 역. 『구약성서 이해』. 서울: 크리스천 다이제스트, 2009.
Anderson, George W. *The History and Religion of Israel*. 김찬국 역. 『이스라엘 역사와 종교』. 서울: 대한기독교서회, 2005.
Anderson, Ray S. ed. *Theological Foundations for Ministry*. Grand Rapids: William B. Eerdmans Publishing Company, 1979.
_____. *The Shape of Practical Theology: Empowering Ministry with Theological Praxis*. Downers Grove: InterVarsity Press, 2001.
Armstrong, John H. "Semper Reformanda: The Pastoral Role in Modern Reformation". in *Reforming Pastoral Ministry*. Edited by John H. Armstrong. Wheaton: Crossway, 2001.
Aschhoff, Gunther. and Eckart Hemmingsen. *The German Cooperative System: Its History, Structure and Strength*. Frankfurt: Fritz Knapp Verlag, 1996.
Augustine, *The City of God*. in *Nicene and Post-Nicene Fathers*, Edited by Philip Schaff. Peabody: Hendrickson Publishers, 2004.
Barchall, Jonston. *The International Co-operative Movement*.

Manchester: Manchester University Press, 1997.

Battilani, Patrizia. and Harm G. Schöter. ed. *The Cooperative Business Movement, 1950 to the Present*. New York: Cambridge University Press, 2012.

Blauw, Johannes. *The Missionary Nature of the Church*, 전재옥, 전호진, 송용조 역,『교회의 선교적 본질』. 서울: 대한예수교장로회 총회출판국, 1988.

Bonner, Arnold. *British Co-operation*. Manchester: Co-operative Union LTD. 1961.

Botterweck, G. Johannes. and Helmer Ringgren. ed. *Theological Dictionary of the Old Testament*, Translated by David E. Green. Grand Rapids: William B. Eerdmans Publishing Co. 1990.

Bright, John. *A History of Israel*. Louisville: Westminster John Knox Press, 2000.

Brooke, Christopher. *Die Klöester*. 이한우 역.『수도원의 탄생』. 파주: 도서출판 청년사, 2006.

Calvin, John. *Institutes of the Christian Religion* 2. Louisville: Westminster John Knox Press.

Clark, Allen. *Pastoral Theology*.『牧師之法(목사지법)』. 京城: 朝鮮耶蘇敎書會, 1919.

Cole, George Douglas Howard. *A Century of Co-Operation*. 정광민 역.『영국 협동조합의 한 세기』. 홍성: 그물코, 2015.

Conder, Tim. *The Church in Transition: The Journey of Existing Churches into the Emerging Culture*. Grand Rapids: Zondervan, 2005.

Cyprian. *The Treatises of Cyprian*. in *Ante-Nicene Fathers*. Edited by Alexander Roberts and James Donaldson. Peabody: Hendrickson Publishers, 2004.

Dyck, Cornelius J. *An Introduction to Mennonite History*. 김복기 역. 『아나뱁티스트 역사』. 대전: 도서출판 대장간, 2013.

Frank, Karl Suso. *Geschite des Christlichen Mönchtums*. 최형걸 역. 『기독교 수도원의 역사』. 서울: 도서출판 은성, 2006.

Gonzalez, Justo L. *A History of Christian Thought* Ⅱ. 이형기, 차종순 역. 『기독교 사상사(Ⅱ)』. 서울: 한국장로교출판사, 1996.

Heitink, Gerben. *Praktische Theologie*, Translated by Reinder Bruinsma, *Practical Theology* . Grand Rapids: William B. Eerdmans Publishing Company, 1999.

Hessel, Dieter T. *Social Ministry*. Louisville: Westminster/John Knox Press, 1992.

Hoekendijk, J. C. *The Church Inside Out*. 이계준 역. 『흩어지는 교회』. 서울: 대한기독교서회, 2001.

Hofer, John. *The History of the Hutterites*. 김복기 역. 『후터라이트 공동체의 역사』. 춘천: 한국아나뱁티스토출판사, 2008.

Hudnut, Robert K. *Church Growth Is Not the Point*. 『성장제일주의 비판-교회 성장이 전부가 아니다』. 서울: 한국장로교출판사, 1996.

Irizar, Iñazio and Greg MacLeod. *32 Claves Empresariales de Mondragon*. 송성호 역. 『몬드라곤은 어떻게 두 마리 토끼를 잡았나』. 서울: 협동조합 착한책가게, 2016.

Jay, Eric G. *The Church*. 주재용 역. 『교회론의 역사』. 서울: 대한기독교출

판사, 1993.

_____, *The Church: Its Changing Image through Twenty Centuries*. Atlanta: John Knox Press, 1991.

Jesuit Forum for Social Faith and Justice. "Cooperatives: the other Best Kept Secret".(Dec. 2012/Jan. 2013, Vol. 5, No. 2). http://jesuitforum.ca.

Kelly, Douglas and Philip Rollinson, *The Westminster Shorter Catechism in Modern English*. Phillipsburg: Presbyterian and Reformed Publishing Company, 1986.

Kirkby, Mary-Ann. *Secrets of a Hutterite Kitchen: Unveiling The Rituals, Traditions, and Food of the Hutterite Culture*. Toronto: Penguin Canada, 2014.

Kittel, Gerhard. ed. *Theological Dictionary of the New Testament* Ⅲ. Grand Rapids: WM. B. Eerdmans Publishing Company, 1965.

Kuntz-Veit, Regine. *Frère Roger - Die Güte des Herzens*. 윤선아 역.『떼제 공동체와 로제 수사』. 왜관: 분도출판사, 2010.

Maheshvarananda, Dada. *After Capitalism*. 다다 칫따란잔아난다 역,『자본주의를 넘어』.서울: 한살림, 2014.

Matthews, Victor H. and Don C. Benjamin, *Social World of Ancient Israel(1250~587 BCE)*. Peabody: Hendrickson Publishers, 1993.

Mayhue, Richard L. and Robert L. Thomas, ed. *The Master's Perspective on Pastoral Ministry*. Grand Rapids: Kregel Publications, 2002.

McLeod, Andrew. *Holy Cooperation!: Building Graceful Economies*. 홍병룡 역.『협동조합, 성경의 눈으로 보다』. 서울: 아바서원, 2013.

Nadeau, G. E. *The Cooperative Solution: How the United States can* tame recessions, reduce inequality, and protect the environment. Madison: The Cooperative Foundation, 2012.

Neve, J. L. *A History of Christian Thought* 1. 서남동 역. 『기독교 교리사』. 서울: 대한기독교서회, 2003.

Oden, Thomas C. *Pastoral Theology: Essentials of Ministry*. New York: HarperCollins Publishers, 1983.

Parker, Florence E. and Helen I. Cowen. *Coopertive Associations in Europe and Their Possibilities for Post-War Reconstruction*. Washington: United States Government Printing Office, 1944.

Piketty, Thomas. *Le Capital au XXIe Siècle*. 장경덕 외 역. 『21세기 자본』. 파주: 글항아리, 2018.

Ramsay, Nancy J. ed. *Pastoral Care and Counseling: Redefining the Paradigm*. Nashville: Abingdon Press, 2004.

Ravnholt, Henning. *The Denish Co-operative Movement*. Copenhagen: Det Danske Selskab, 1947.

Restakis, John. *Humanizing the Economy: Co-operatives in the Age of Capitalism*. Gabriola Island: New Society Publishers, 2010.

Rutchinson, John W. *The Cooperative Movement in Denmark*. London: Forgotten Books, 2017.

Schaff, Philip ed. *The Creeds of Christendom* II. Grand Rapids: Baker Books, 2007.

Segler, Franklin M. *Understanding, Preparing for, and Practicing Christian Worship*. Nashville: Broadman & Holman Publishers, 1996.

Stephenson, Mark M. *Web-Empowered Ministry Connecting with*

People. Nashville: Abingdon Press, 2011.

The Future's Group. "Where Do We Go from Here?: The Changing Context and Commitments in Social Ministry". in *Social Ministry in the Lutheran Tradition*. Edited by Foster R. McCurley. Minneapolis: Fortress Press, 2008.

The University of Wisconsin Center for Cooperatives, *Cooperatives in the U. S.,* http://www.uwcc.wisc.edu/whatisacoop/History/(2018. 7. 17).

VanGemeren, Willem A. ed. *New International Dictionary of Old Testament Theology and Exegesis* 3. Grand Rapids: Zondervan Publishing House, 1997.

Vaux, Roland de. *Ancient Israel: Its Life and Institutions*. Translated by John Mchugh. Grand Rapids: William B. Eerdmans Publishing Co., 1997.

Veith, Gene Edward. *Postmodern Times*. Wheaton: Crossway Books, 1994.

Walker, Williston. *A History of the Christian Church*. New York: Scribner, 1985.

Watkins, Derrel R. *Christian Social Ministry*. Nashville: Broadman & Holman Publishers, 1994.

Whyte, William F. and Kathleen K. Whyte. *Making Mondragon: The Growth and Dynamics of the Worker Cooperative Complex*. Ithaca and London: ILR Press, 1991.

Wilson, Jim L. *Future Church: Ministry in a Post-Seeker Age*. Nashville: Broadman & Holman Publishers, 2004.

Zamagni, Stefano and Vera Zamagni, *La Cooperazone*, 송성호 역,『협동조합으로 기업하라』. 서울: 한국협동조합연구소, 2013.

Wolff, Richard D. *Capitalism's Crisis Deepens*. Chicago: Haymarket Books, 2016.

www.ica.coop. "Co-operative, identity, values and principles".

함께 사는 세상 함께 하는 교회
기독교협동조합

1판 1쇄 인쇄 _ 2021년 4월 30일
1판 1쇄 발행 _ 2021년 5월 6일

지은이 _ 이현웅
펴낸이 _ 이형규
펴낸곳 _ 쿰란출판사

주소 _ 서울특별시 종로구 이화장길 6
편집부 _ 745-1007, 745-1301~2, 747-1212, 743-1300
영업부 _ 747-1004, FAX 745-8490
본사평생전화번호 _ 0502-756-1004
홈페이지 _ http://www.qumran.co.kr
E-mail _ qrbooks@daum.net / qrbooks@gmail.com
한글인터넷주소 _ 쿰란, 쿰란출판사
페이스북 _ www.facebook.com/qumranpeople
인스타그램 _ www.instagram.com/qrbooks
등록 _ 제1-670호(1988.2.27)
책임교열 _ 김영미·송은주

ⓒ 이현웅 2021 ISBN 979-11-6143-545-9 93230

책값은 뒤표지에 있습니다.
이 출판물은 저작권법에 의해 보호를 받는 저작물이므로 무단 복제할 수 없습니다.
파본(破本)은 구입처에서 교환해 드립니다.